Tarot de Marseille : Livre 2

Le Tarot Eternel 2

Edité par EJP

Livres du même auteur

Les mystères de l'astrologie Maya dévoilés
Le Yi King Pratique
Le Diamant de Naissance (à paraitre fin 2016)
Editions Quintessence

Le Tarot Eternel
Le Chemin de votre vérité profonde
Cinq outils extraordinaires de connaissance de soi
Le manuel professionnel du Diamant de Naissance 1 et 2 (à paraitre fin 2016)
Les runes germaniques sacrées et magiques
Edités par Eric Jackson Perrin

Les bases pratiques de l'astrologie
Les planètes, les signes, les secteurs
Maitriser l'analyse et l'interprétation du thème astrologique
Les planètes en signes
Les planètes en secteurs
Les aspects à la Lune et à Vénus
Les aspects au Soleil et à Mars
Les aspects Mercure, Jupiter, Saturne et Uranus
Les bases de l'astrologie karmique
Edités par Eric Jackson Perrin

****

© 2015 – Eric Jackson Perrin
www.coaching-evolution.net

Edité par Eric Jackson Perrin
69300 Caluire et Cuire

Imprimé en Allemagne par BoD – Books en Demand

ISBN : 979-10-94871-02-7
Dépôt Légal : Octobre 2015

Table des matières

Préface

En cet après midi de fin d'été 1424, l'ancien port de Venise était un peu plus agité que d'habitude. Un navire en partance pour Antioche se préparait à lever l'encre. Sur l'un des quais, plusieurs groupes d'hommes étaient en pleine discussion. La délégation byzantine, venue solliciter de l'aide pour sauver Byzance des armées musulmanes, avait l'air maussade et résignée. Ils avaient été reçus avec tous les honneurs dus à leur rang par les villes de Venise, Milan, Florence et Ferrare et aussi par le Pape lui-même. On leur avait fait comprendre que les ressources pour fournir l'aide demandée étaient impossibles à trouver compte tenu des soucis qu'il y avait à gérer sur place. Le sort de Byzance était celé.

Un autre groupe d'hommes, des marchands, dont certains avaient manifestement des origines orientales et d'autres des traits plus nordiques, affichaient eux un sourire certes discret mais comme soulagé. Leur projet avait pu naître et grâce au Duc de Milan, les dispositions avait été prises pour que ce qu'ils avaient créé ensemble puisse se développer dans les années, les décennies et les siècles à venir, indépendamment des croyances religieuses et des bouleversements économiques et politiques. Les marchands étrangers firent leurs adieux à leurs amis « Italiens » puis embarquèrent sur le navire peu après l'autre groupe. Le navire quitta le port en fin d'après midi.

Peu de temps après, dans les salles de réunion des châteaux et Palais de Milan, Venise, Florence et Ferrare, l'on découvrait avec passion un nouvel outil pédagogique enseignant les vertus de l'âme et le chemin vers Dieu, le jeu du Triomphe, ancêtre du jeu de Tarot.

Ce texte semble certes être « une histoire ». Si vous avez la possibilité d'effectuer des « Sorties Hors du Corps » et d'aller voyager dans les mondes invisibles là où se trouve « La mémoire du temps », vous pourrez vérifier que les choses se sont, à quelques détails près, déroulé ainsi. Si vous n'avez pas cette possibilité, vous pouvez faire appel à votre sensibilité et à votre imagination. Peut-être que l'on trouvera un jour des preuves historiques de ce récit à Venise ou à Milan, mais les archives de Milan, quartier général du projet, ont été détruites lors d'un incendie en 1447. Et c'est sans doute mieux ainsi.

Il y aura donc toujours une part de mystères quand aux origines du Tarot. Ces créateurs souhaitent avant tout mettre en avant cet outil extraordinaire afin que chacun trouve son chemin vers « La Source de toute Vie. Ils ne désirent rien d'autre.

Amicalement

Eric Jackson PERRIN

Introduction

Bonjour !

Ce deuxième livre fait partie d'une série. Il vous permet d'aller beaucoup plus en profondeur sur la voie de la reconnexion à « la Source de toute Vie ».

En le lisant, vous découvrirez tous les aspects des arcanes majeurs, dont le sens spirituel profond de chacun, qui sera traité en détail dans le quatrième livre consacré au développement spirituel. Vous pourrez apprendre à comparer et à associer deux arcanes.

Le livre 1 vous a permis d'interpréter le tirage en croix dans sa version française.

De nombreux exemples de tirages en croix seront démontrés.

 Vous découvrirez trois autres versions du tirage en croix ainsi qu'une interprétation plus précise liée aux grands secteurs de vie que sont la vie personnelle, la vie professionnelle, les finances et la santé.

Et enfin, vous découvrirez de nouveaux tirages à vocation thérapeutiques, dont « le tirage de la Grande Prêtresse » et « le tirage astrologique ».

Les lames présentées grâce à l'aimable autorisation des créateurs sont celles, en première position, du Tarot de Nicolas Rolichon (édité à Lyon entre 1575 et 1630 par Nicolas Rolichon Père ou Fils), reconstitué par Igor Barzilai et disponible sur son site, en seconde position du Tarot Viéville de 1640, reconstitué par Jean-Claude et Roxanne Fornoy et disponible sur leur site et en troisième position du Tarot Universel créé par Bruno De Nys en 2005 et disponible aux éditions du même nom.

Bonne lecture

Amicalement

Eric Jackson Perrin

Lyon, mai 2015

Chapitre 1 : Les arcanes majeurs

Une expérience au cœur de la vie quotidienne et un chemin de développement personnel vers l'éveil.

1-LE BATELEUR OU LE MAGICIEN

THEORIE

Le nom de l'arcane : Le nom d'origine de cet arcane, en Italie du nord, était « Bagatt ou Pagatt», ce qui signifiait celui qui prononce des paroles. Au Moyen-âge, Le Bateleur était une personne qui faisait des tours de magie, avec par exemple des gobelets et des dés. Il effectuait aussi parfois des acrobaties sur la place publique. Il proposait parfois à la vente différents objets de sa fabrication.

C'était un créateur d'événements, un amuseur public, un joueur, un jongleur offrant des spectacles et cherchant toujours à attirer l'attention, un artisan ou un commerçant ambulant. Le Bateleur était parfois aussi écrivain public. C'était surtout une personne capable d'être totalement concentrée dans ce qu'elle faisait parce qu'elle savait réduire au silence son mental et son imagination. Si vous vous exercez à l'art du jonglage, en étant totalement dans l'instant présent, vous comprendrez de quoi il s'agit.

Le numéro de l'arcane : Il fait partie d'une famille de nombres regroupant le 1, le 10 et le 19. Le 1 représente l'impulsion de départ nécessaire à toute création.

Il symbolise ainsi l'action, la conception, la création, l'origine de toute chose et les commencements. Il est l'intention première et la force créatrice originelle qui permettent de retourner à l'Unité. Il symbolise le père qui donne des repères, l'identité qui s'incarne et l'Unité qui existe en toute chose et toute situation. Il ne peut être intégré que grâce à la présence divine et perçoit l'Unité et pas avec le mental qui ne perçoit que la dualité. La présence du 1 indique la nécessité d'oser, de se reconnecter à « la Source » et d'utiliser sa volonté et sa force créatrice dans la vie et dans l'action, afin de s'affirmer et d'atteindre un objectif.

Signification des images symboliques :

Le personnage : Le Bateleur évoque une personne qui s'active dans la vie et dans l'action. Il symbolise une association entre le travail, l'intelligence en action, le jeu, le plaisir et la nécessité d'être totalement dans l'instant présent. Il met en valeur l'émerveillement et l'enthousiasme de l'enfant intérieur qui s'exprime devant la magie et les images de la vie. Le Bateleur est jeune parce qu'il vient juste d'arriver, car il est hors du temps, car il est intensément présent et parce qu'il est relié à l'essence divine de son existence. Il a une confiance naturelle en lui. Ses cheveux blancs évoquent la pureté d'une âme nouvelle et pourtant éternelle qui découvre une nouvelle réalité, tel un enfant ou un jeune adulte. Il s'exprime à travers le Verbe, à travers la mise en scène de lui-même et à travers des actes. Avec lui, tous les espoirs sont permis. Il a conscience d'être un « je « et un « je suis » à travers un sentiment d'évidence.

Les pieds et les chaussures : Le Bateleur a un pied bleu passif et un pied rouge actif. Cela évoque l'équilibre entre l'énergie masculine et l'énergie féminine mais aussi le libre choix d'avancer où non dans la vie. Il a une attitude d'accueil, d'ouverture, de disponibilité à ce qui est et à ce qui pourrait être. Pourtant, il a une chaussure plate tandis que l'autre a un talon. Il est donc bancal.

Cela fait référence à l'incarnation dans le monde de la matière, monde qui d'un point de vue de l'Esprit, est bancal. Le Bateleur est donc, sur un certain plan, en déséquilibre dès le départ, comme chacun et chacune d'entre nous.

Le chapeau en 8 (lemniscate) et le regard : Le centre du chapeau représente un soleil levant qui sort de l'infini. La forme du 8 horizontal représente l'origine, l'infini, l'éternité et les rythmes éternels de la vie ainsi que le lien avec la Source. Il correspond aux énergies qui circulent à travers les incarnations successives.

Il correspond aux lois de l'univers et à la position de l'homme entre la terre et le ciel.

Le Bateleur a émergé d'une réalité invisible et il est connecté à l'univers dont il s'inspire. Ce chapeau Indique ainsi que le Bateleur est relié à la Source et qu'il a une appartenance divine. Il traduit en actions les évidences et les certitudes qui jaillissent spontanément en lui. Sa posture et son regard vers la droite indiquent qu'il est bien ancré dans le présent, qu'il a les pieds sur Terre tout en étant relié au ciel et qu'il agit au mieux pour créer le meilleur avenir possible.

La baguette : La baguette magique évoque à la fois la magie de la foi, de la prière en action et l'illusion. Cet arcane est souvent appelé « Le Magicien » (Mage ici 1) dans différents jeux. Le Bateleur a conscience que le monde qui l'entoure n'est qu'illusions ou reflets de l'intérieur et que derrière les apparences illusoires, il y a « la Réalité ». Sa baguette magique, c'est un certain état d'être qu'il est capable d'adopter et grâce auquel ce qu'il fait devient « magique » et source d'enchantement. La magie se produit quand l'âme agit, c'est-à-dire quand elle est reliée à la source, fortement concentrée et totalement présente à ce qui est. Le Bateleur a tous les outils en main et toutes les clefs pour transformer une situation et pour faire, à sa manière, de la « magie ». Mais pour faire cela et pour exprimer son potentiel, il doit poser sa baguette afin d'avoir les mains libres pour agir.

La Table : Elle représente la vie et le plan terrestre où s'exprime le Bateleur. Le Bateleur utilise les différents éléments de la vie pour créer, pour atteindre ses objectifs et pour se réaliser. Il transforme ainsi la matière par ses propres forces. Le quatrième pied de la table est invisible, ce qui évoque d'une part que l'équilibre du Bateleur n'est pas encore complètement acquis ; il ne le sera que dans l'Empereur, quatrième arcane du tarot mais aussi pour suggérer qu'une part essentielle de la vie repose sur l'invisible.

Les objets sur la table: Les objets représentent les différents éléments qui sont nécessaires à la vie. Ce sont les outils qui lui permettent d'obtenir les résultats recherchés. Les 4 familles des arcanes mineurs sont représentées par une petite épée, un denier, une coupe et un petit bâton. La petitesse est associée à l'humilité, à la simplicité ou parfois au manque d'expérience.

Le Bateleur apprend à développer les qualités des 4 éléments (qualités que l'on retrouve abouties dans l'arcane du Monde sous la forme d'un taureau, d'un lion, d'un aigle et d'un ange) pour s'engager sur le chemin de la vie et de la sagesse.

La tradition tarologique a longtemps associé l'initiation aux vérités profondes à quatre qualités de base : la Volonté et la Foi en tant que couple fondateur, puis la Connaissance et la Pratique de l'exploration du silence. Ces qualités étaient exprimées par les verbes vouloir, oser, savoir et se taire. Elles étaient organisées par une cinquième qualité, l'action juste ou la pratique efficace.

Les dés : Sur de nombreux jeux, on peut voir des dés sur la table. Ils apportent plusieurs messages. Tout comme un dé a plusieurs facettes, le Bateleur est lui aussi fragmenté en de nombreuses facettes. Il les canalise toutes dans une direction, en fonction de son intention et des décisions qu'il prend. Les facettes du dé sont les facettes de l'âme à rassembler et à réintégrer.

Deux dés jetés sur une table peuvent donner 21 combinaisons différentes et donc orienter vers l'un des arcanes majeurs. Trois dés jetés sur une table permettent d'obtenir 56 combinaisons différentes, soit l'une des 56 arcanes mineurs. Les dés peuvent ainsi être utilisés pour faire de la divination et pour guider le Bateleur dans la voie de la chance et du hasard. Ils peuvent aussi simplement être utilisés pour jouer, en devinant par exemple sous lequel des trois gobelets, qui sont rapidement déplacés se trouve un dé. Ce jeu se pratique encore en Italie de nos jours.

Le poignard : Le fait qu'il y ait un poignard et non une épée peut évoquer une conscience non encore élaborée, une conscience qui n'a pas encore conscience d'elle-même, une certaine jeunesse et un potentiel qui demande à murir. Le fait que le Bateleur ne tienne pas le poignard en main peut suggérer une absence de dualité ou une absence de prise de conscience.

Le pain et l'assiette dans les tous premiers jeux : Ils symbolisent d'une part la foi et le pouvoir créateur en action, mais aussi le fait que la vie quotidienne est la nourriture de base de l'évolution spirituelle.

PRATIQUE ET SOLUTIONS

La vie personnelle (Amour, sentiments, foyer, famille) :

Position 1, 3 ou 4 : En positif : Il est favorable de clarifier votre intention, de vous fixer un objectif, de voir que vous avez tous les moyens nécessaire pour obtenir de bon résultats, d'écouter votre cœur et votre enfant intérieur, puis de passer à l'action avec naturel et spontanéité, de vous affirmer, de prendre des initiatives, de provoquer une rencontre, de vous exprimer clairement, de montrer votre motivation et de faire preuve d'audace. Vous ressentez le désir de plaire d'une façon nouvelle ou d'explorer de nouvelles possibilités amoureuses. Il est favorable d'être ou de rechercher un ou une partenaire jeune d'esprit, active et enthousiaste.

Il est propice de démarrer une nouvelle relation si vous êtes célibataire, de prendre le temps de vous connaitre, de redémarrer différemment ou de vous lancer dans de nouveaux projets à deux si vous êtes en couple.

Il y a de nouvelles possibilités amoureuses, une opportunité à saisir, de nouveaux éléments qui interviennent et l'éventualité de prendre un nouveau départ. Il est nécessaire d'écouter votre cœur, d'agir, de prendre des risques, d'entreprendre avec audace et spontanéité et de tenter votre chance afin de créer une nouvelle situation. Si vous êtes célibataire, toutes les conditions sont réunies pour que vous puissiez faire une nouvelle rencontre. Vous expérimentez un flirt qui devient le début d'une belle histoire.

Vous traversez une période de découverte de vous-même, de l'autre et du potentiel de la relation. Vous abordez la situation avec un regard neuf. Tout se passera bien si vous faîtes le nécessaire. Il y a une initiative qui aboutit, une nouvelle rencontre, un nouveau départ dans votre vie sentimentale, un emménagement dans un nouveau lieu, la naissance d'un enfant ou d'un nouveau projet, des activités nouvelles effectuées ensemble si vous êtes en couple et la création d'une vie nouvelle.

Position 2 : En négatif : Une rencontre à lieu mais elle ne débouche pas sur une nouvelle relation. Les initiatives prises donnent de mauvais résultats. Il ne se passe pas grand-chose. La personne que vous avez rencontrée n'est pas sérieuse et manque de maturité Elle ne veut pas ou ne peut pas s'engager. La relation ne démarre pas, il y a une relation feu de paille ou la rencontre d'une nouvelle personne fait perdre tout intérêt pour la relation existante. Un élément nouveau perturbe la relation. Il y a une difficulté à partager, à cause de l'égoïsme ou du manque de maturité.

Il y a des illusions, de la vantardise, une peur de prendre des risques, des mensonges et de l'arrivisme. Vous ne savez pas ce que vous voulez ou vous désirez sans vraiment vouloir. L'impatience, l'instabilité, le manque de courage, d'initiatives, de motivation et de persévérance sont défavorables à la relation.

La santé et le bien-être : Le Bateleur correspond à la tête, à la vitalité, à la création du sang, à la combustion de l'énergie, aux spermatozoïdes, à la réactivité, aux réflexes, au sang, aux dents et aux muscles. Il peut évoquer un examen de santé où tout est mis sur la table.

Position 1, 3 ou 4 : En positif : La présence de l'arcane du Bateleur évoque l'énergie de la jeunesse, de nouvelles possibilités, des actions et un nouveau départ. Cela indique une excellente santé, de l'enthousiasme et beaucoup d'énergie.

Une nouvelle activité, des initiatives, la pratique d'un sport, un regard neuf, la rencontre d'une nouvelle personne, de nouveaux comportements alimentaires, une nouvelle vie ou des éléments nouveaux favorisent la situation et améliorent votre forme.

Position 2 : En négatif : L'Arcane du Bateleur peut symboliser des problèmes de concentration, des maux de tête, des irritations ou des inflammations. Il peut également représenter des problèmes liés au sang et la nécessité d'effectuer un bilan sanguin. Il peut enfin évoquer une personne ou un traitement qui ne sont pas efficaces, un objectif mal défini ou inadapté, des initiatives malheureuses ou une difficulté à faire ce qui est nécessaire, des comportements immatures, de l'impulsivité, de la précipitation, un gaspillage d'énergie, des coupures ou des blessures et un risque de surmenage et d'épuisement (burn-out).

La vie professionnelle :

Positions 1, 3 ou 4 : En positif : Vous avez tous les outils nécessaires pour réussir. Il vous faut juste passer à l'action et prendre des initiatives. Arcane d'action en lien avec le travail, le Bateleur ouvre les horizons à de nombreuses possibilités. Il annonce une nouvelle opportunité, une nouvelle situation, un nouveau projet, un nouveau départ et une nouvelle activité. Il évoque une phase de démarrage où il y a beaucoup de choses à faire. Il y a une possibilité d'embauche ou de mutation. Grâce à votre esprit d'entreprise, à votre sens de l'initiative, à vos facilités d'adaptation, vous osez, vous saisissez une opportunité, vous faîtes le nécessaire pour être efficace.

Vous vous débrouillez, vous tirez parti de chaque situation, vous êtes une personne polyvalente et vous vous adaptez rapidement et efficacement. Vous devenez très vite autonome. Vous obtenez des résultats. Vous atteignez vos objectifs. Vous réussissez.

Position 2 : En négatif : Il y a des objectifs inadaptés, de décisions prises sans réfléchir, un manque de motivation, de préparation, d'initiatives, de compétences ou d'expérience, une tendance à l'agitation, trop d'impatience, de l'inefficacité, de l'imprudence, un travail mal fait, une surchauffe, de la stupidité, de l'immaturité, un abus de confiance et un risque d'échec. Vous n'avez pas l'énergie, les outils ou les moyens nécessaires pour réussir. Votre potentiel est inutilisé ou mal utilisé. Il y a un mauvais départ parce que vous ne voyez pas tous les éléments et paramètres de la situation ou parce que vous vous dispersez. Ce n'est pas le moment de prendre des décisions ou de démarrer quelque chose de nouveau. Les résultats sont mauvais. Un élément nouveau perturbe la situation.

Les finances :

Positions 1, 3 ou 4 : En positif : Les moyens financiers dont vous disposez ne sont pas forcément très importants mais vous vous débrouillez très bien avec ce que vous avez et vivez dans l'instant présent. L'argent est dépensé aussitôt qu'il rentre. Vous ne mettez donc pas d'argent de côté mais vous le faites circuler et l'utilisez efficacement. L'argent vous sert à l'amusement, à financer des activités et de nouveaux projets ou à prendre soin des enfants.

Votre activité, vos initiatives, votre audace ou des éléments nouveaux favoriseront votre situation financière. Il est judicieux de saisir une opportunité, d'explorer de nouvelles possibilités, d'utiliser votre potentiel et d'exploiter vos savoir-faire pour générer des revenus. Il y a des rentrées d'argent par vos propres initiatives ou grâce à vos savoir-faire. Il y a de nouvelles solutions financières, une nouvelle source de revenus, de nouvelles rentrées d'argent et une nouvelle situation financière.

Position 2 : En négatif : Des comportements impulsifs et immatures vous incitent à dépenser sans réfléchir pour des activités ou des sorties ou attirent une personne qui tente de vous escroquer. Il y a un risque de perdre de l'argent ou de contracter des dettes, un manque de conscience financière, une certaine insouciance, un manque d'expérience ou de compétences. Vos objectifs, vos décisions, vos initiatives, votre impulsivité ou votre impatience ont des conséquences financières néfastes. Il y a un mauvais départ. L'argent est gaspillé ou n'est pas géré efficacement.

Les personnages associés au Bateleur : Les débutants, les apprentis, les personnes actives, les enfants, les adolescents, les jeunes de moins de 21 ans, les artisans, les commerçants, un jeune père, un amant, les personnes spontanées et espiègles, les personnes débrouillardes, les autodidactes.

Les métiers associés au Bateleur : Entrepreneur, salarié d'entreprise, artisan, marchand, commerçant, représentant de commerce, travailleur indépendant, comédien, acteur, magicien, écrivain public.

Les lieux et les objets associés au Bateleur : Les ateliers, les entreprises, les salles de sports, une place publique, la rue, les marchés, les théâtres, les lieux publics, les foires et salons, un lieu où il se passe quelque chose.

Les personnages de la mythologie Grecque en lien avec l'arcane : Hélios.

Les liens avec l'astrologie occidentale : Le signe du Bélier, une combinaison Soleil-Mars-Mercure ou la planète Mercure dans le signe du Bélier.

La ou les couleurs en lien avec l'arcane : Blanc, rouge, rouge et blanc.

Les animaux en lien avec l'arcane : Le cheval, le bélier, le singe, le dragon, la loutre, le corbeau, la salamandre.

Pour vivre le meilleur du Bateleur : Je peux incarner le meilleur de moi-même, en tant que Bateleur, uniquement si j'en ai la ferme intention et uniquement si je nourris continuellement mon intention, uniquement si j'acquiers la certitude que je ne viens pas de cette Terre et que je suis bien plus qu'un simple animal, si je développe la sensation de moi-même à travers tout mon corps, uniquement si j'entretiens un corps sain et vigoureux en me nourrissant correctement sur tous les plans et uniquement si je permets à mon enfant intérieur et à sa simplicité de s'exprimer.

Je peux incarner le meilleur du Bateleur uniquement si j'ai le cœur pur et si je fais en sorte qu'il reste ainsi, uniquement si j'apprends à percevoir les élans de mon âme et si je fais en sorte que ma volonté obéisse à ces élans, uniquement si je sais dompter mon impatience, uniquement si je développe quotidiennement mon pouvoir de décision et une volonté forte par une vie active, uniquement si je m'affirme dans la vie et dans l'engagement par une action du cœur en exprimant le meilleur de moi-même loin de toute médiocrité, uniquement si je développe, nourris et protège ma confiance en moi, en sachant me protéger des effets du doute et en focalisant sur ce qu'il y a de positif, uniquement si j'apprends à reconnaitre en moi la force suprême de l'amour, uniquement si je me laisse embraser et enflammer par le feu tout puissant de l'amour en devenant moi-même l'objet de mon amour puis l'amour lui-même, uniquement si je développe un amour désintéressé envers moi-même et envers tout ce qui est vivant et uniquement si j'utilise quotidiennement la force créatrice de l'amour. Cela nécessite de l'énergie.

Une des étapes essentielles consiste à avoir conscience de l'énergie qui circule en moi, à accroître mon niveau d'énergie mais aussi à accumuler l'énergie nécessaire afin de pouvoir déplacer ma conscience depuis mon moi ordinaire jusqu'à mon moi supérieur qui se trouve dans mon cœur. L'énergie est intimement liée à l'intention. L'intention provient de ma structure intérieure invisible. L'intention dirige l'attention grâce à l'énergie. Ma capacité à accumuler de l'énergie passe par l'action de traquer comment je consomme cette énergie et donc où je place mon attention.

Cela implique de faire le point sur ce qui accapare mon énergie et mon attention, puis ensuite d'effectuer des ajustements internes et externes permettant une maîtrise de moi-même et ainsi de ma vie.

Cela nécessite premièrement de voir à quel point mes pensées et les images qui me traversent occupent une place importante et à quel point je leur donne de l'attention et les considère comme des vérités absolues.

Cela nécessite deuxièmement d'apprendre à me détacher des pensées qui me traversent, ce qui s'effectue grâce à l'apprentissage du silence intérieur, afin d'être dans le « sentir avec mon être tout entier », dans une présence totale et pourtant détendue et dans un état naturel de « concentration sans efforts ». Le silence intérieur signifie la mise en veille du mental, qui génère un perpétuel dialogue intérieur, lequel, du point de vue de mon corps spirituel, ressemble à une radio émettant en permanence dans un vacarme assourdissant.

Cela nécessite également de me libérer de mon sentiment de séparation envers ce que je perçois comme étant extérieur à moi. Cela nécessite enfin de me libérer de mon sentiment d'importance personnelle mais aussi de mon histoire personnelle et notamment de mes différentes mémoires (personnelles, familiales ou des mémoires d'âme).

Afin de vivre le Bateleur que je suis sous sa meilleure forme, sous sa meilleure expression, je prends pleinement conscience de mon pouvoir de décision. Je sais que toutes mes actions découlent de mes décisions et que ce sont mes décisions, ma foi et mes actions qui façonnent mon destin et affermissent ma volonté.

Je fais toujours de mon mieux, en pratiquant chaque action avec une attention soutenue, en effectuant ce que je fais avec joie et du mieux possible, comme si ma vie et l'existence de l'univers tout entier dépendaient de la qualité de mes actes.

Je compte avant tout sur mes propres efforts et sur mes propres forces pour réussir. J'apprends à avoir un regard toujours positif sur moi-même et sur ce qui est. Je prends conscience que la parole est source de création, qu'elle est un moyen de création. J'exprime des paroles positives, justes, efficaces et aussi impeccables que possible. Je sais que ce n'est pas parce que je n'ai pas réussi au bout de 99 fois que je ne réussirai pas la centième fois. Je suis toujours prêt à créer une situation nouvelle, à commencer ou à recommencer. J'affirme clairement et avec une ferme résolution mes objectifs.

J'affirme mes « oui » de façon irrévocable» et mes « non » de façon irréversible. Je sais que le passé n'existe plus et que l'avenir est à créer puisqu'il n'existe pas encore.

Quand j'exprime le meilleur de moi-même en tant que Bateleur, Je vis en étant engagé, pleinement conscient, dans l'instant présent, avec un corps sain et vigoureux, en sachant maîtriser mon énergie, ma vitalité, mes pensées et mes croyances. Cela me permet d'organiser, de synthétiser et de m'incarner dans le monde par mes expériences, d'utiliser mon pouvoir créateur pour façonner mon destin, d'exprimer le meilleur de moi-même, d'enchanter, de faire de la magie, d'être action, présence, volonté, enthousiasme, joie, intelligence, amour et créativité permanente.

Je suis alors un enfant de Dieu, centré, réunifié, vif, pétillant, vibrant et je mets toute mon énergie et ma magie au service de la vie.

2-LA PAPESSE OU LA GRANDE PRETRESSE

THEORIE

Le nom de l'arcane : Une grande prêtresse était dans l'antiquité une femme capable d'être l'intermédiaire entre les Dieux et les Hommes. Les prêtresses étaient sollicitées pour célébrer le culte, pour guérir à l'aide de rituels, de plantes, de pierres, de prières ou de sacrifices mais aussi pour prédire l'avenir, pour donner des conseils et pour révéler les mystères de la vie.

Le numéro de l'arcane : Il fait partie d'une famille de nombres regroupant le 2, le 11 et le 20. Le 2 correspond au 1 qui s'est dupliqué et scindé en masculin et féminin, ou male et femelle. Il est l'Idéal ou l'Essence qui est devenu substance. Il est la conscience qui est devenue intuition et qui a besoin d'un corps, d'une forme ou d'un miroir clair et pur pour prendre conscience d'elle-même. Il représente une énergie d'union, une recherche de complément, un opposé complémentaire, la coopération, la flexibilité, les deux facettes d'une situation et parfois aussi une dualité, une opposition ou une rivalité. Le 2 est ce qui donne une valeur au 1. Les deux chiffres zéro et un forment la base des systèmes d'information qui permettent à la technologie moderne d'exister. Là où le 1 symbolise « L'Eternel masculin », le 2 symbolise « l'Eternel Féminin ». Dans sa facette sombre, il représente la séparation, la division et la dualité.

Signification des images symboliques :

Le personnage : Une femme d'un certain âge, vêtue d'une tunique rouge et d'une cape bleue, est assise sur un trône, entre deux colonnes. Elle tient, posé sur son genou droit, un livre ouvert entre ses deux mains. Elle est coiffée d'un voile et d'une tiare à trois étages ornée d'une lune. Dans le tarot universel, elle porte deux clefs. Dans la plupart des jeux de tarot, un voile cache le dossier du trône. Son attitude oscille entre la sérénité et l'austérité. La Grande-Prêtresse est souvent associée à la première personne que rencontre le Bateleur qui vient de naître, c'est-à-dire à sa grand-mère, qui s'occupera de lui jusqu'au retour de sa mère l'Impératrice, occupée à gérer les affaires du royaume.

La Papesse ou Grande Prêtresse est la gardienne des clefs de la connaissance, de la mémoire, des cycles émotionnels, des secrets de la vie et du sacré. Dans certains jeux, elle est appelée la voyante car elle a la capacité de percevoir l'invisible. Elle sait parce qu'elle est capable d'observer en profondeur, avec son âme. Elle sait sans avoir besoin d'apprendre, parce qu'elle capte les informations là où elles sont, dans l'invisible, car elle est reliée à la grande bibliothèque universelle et à la Vie qui coule en elle. Elle est une ambassadrice de l'inconscient et une accoucheuse d'âmes (la maïeutique de Socrate). Elle symbolise la Terre-Mère et la mère nature. Elle est ce qu'il y a de sage dans le féminin. Elle sacralise, fait éclore la vérité et livre de précieuses informations par son silence ou par ses paroles. Pour les hommes, elle est cette part de féminin magique qui permet, grâce à la magie de la foi et à des clefs, d'accéder aux contenus de l'inconscient, aux mystères et à l'inspiration, puis de passer à une autre étape, à un autre état d'être, où tout est lié. Elle est l'alter-ego féminin du Pape, qui transmettra un peu plus loin ses enseignements.

La couronne, la tiare : Elle symbolise sa légitimité et sa souveraineté, tant sur le plan matériel que spirituel. Symbole de reliance au divin, elle a souvent trois étages. Ces trois étages décrivent tout d'abord les trois étapes qui permettent à une impulsion lumineuse de devenir information. Ces trois étapes sont la réflexion, la mémorisation et l'encodage en un symbole, une lettre, un mot, un message puis un livre. Les trois étages symbolisent ensuite les trois plans principaux de l'existence, le plan physique, celui de l'âme et le plan spirituel. La Grande-Prêtresse, symbole de l'Eternel Féminin, a conscience des trois plans. Comme sur l'arcane Tempérance, une fleur à quatre pétales orne sa coiffe. Elle symbolise enfin l'âme qui s'exprime dans les quatre directions du monde matériel.

Le voile : Le voile est le symbole principal de la Grande-Prêtresse. Il représente les mystères, les secrets, les mémoires oubliées, les clefs, les choses cachées et les connaissances. Il symbolise aussi le voile de l'illusion que chaque âme doit un jour soulever ou arracher pour accéder à la réalité. La Grande-Prêtresse peut ainsi dévoiler ou au contraire ne pas dévoiler.

Les colonnes dans certain jeux : Les deux piliers ou colonnes évoquent un sanctuaire sacré et sont associés à la Vie et à la Foi, où encore à la foi et à l'Eglise gardienne de la foi. Ils représentent une voie étroite, un passage secret, un chemin de silence dont la Grande-Prêtresse est la gardienne, mais aussi les opposés complémentaires indispensables à toute vie, comme par exemple l'ombre et la lumière.

Le livre : Un livre est un support permettant de stocker et de conserver des informations mais aussi d'exprimer des messages par l'utilisation d'un langage. Le livre de la Grande-Prêtresse est le livre de la Vie, des secrets de l'âme humaine, du corps humain et de la connaissance. La Grande-Prêtresse indique que la vraie connaissance ne se trouve pas dans les livres mais au fond du silence, dans les mystères de la vie, au plus profond de l'âme. Le livre peut néanmoins évoquer les supports et les moyens nécessaires pour traiter, préserver, mémoriser et transmettre l'information. On associe parfois ce livre aux livres sacrés de l'humanité.

La clef dans certains jeux : Elle symbolise le moyen d'ouvrir une porte afin d'avoir accès à un autre monde. Elle représente la clef de la ville, c'est-à-dire la clef de l'âme.

PRATIQUE ET SOLUTIONS

La vie personnelle (Amour, sentiments, foyer, famille) :

Position 1, 3 ou 4 : En positif : Si l'époque est peu propice à la passion et aux plaisirs charnels, la Grande-prêtresse évoque une relation d'âme à âme et des sentiments profonds, même s'ils sont peu exprimés. Il est favorable de prendre le temps de faire connaissance, d'approfondir et de travailler sur vos mémoires afin de créer des liens profonds. Votre réceptivité, votre intuition, votre capacité à écouter l'autre, à le comprendre et à garder secret ce qui a été dit, votre patience, vos petites attentions, votre maturité, votre sagesse, un intérêt pour des activités spirituelles, un partage de connaissances, votre richesse intérieure, votre intégrité, votre sérénité, votre honnêteté, votre dévouement, votre capacité à faire preuve de discrétion ou une activité en lien avec la méditation favorisent votre vie sentimentale.

Vous avez la possibilité de vivre une relation qui évolue avec fluidité et tranquillité, dans un climat de paix et de sérénité. Votre vie sentimentale peut cependant être en attente, en gestation ou en préparation. Elle peut être liée à des informations qui n'ont pas été dévoilées, à des choses secrètes, dissimulées ou sacrées. L'époque est très positive pour vous occuper de votre intérieur ou de votre âme, pour créer un sanctuaire, pour faire un enfant, pour consulter un(e) thérapeute, pour recevoir de sages conseils et pour mûrir. Une personne vous aime en secret. Un couple peut se former en secret, d'une façon discrète et profonde. Il y a parfois une rencontre par petite annonce. Quelque chose de positif est en préparation et finira par aboutir mais pour l'instant, il ne se passe pas grand-chose. La situation évolue lentement. Il est donc nécessaire d'accepter que certaines choses aient besoin de temps pour se concrétiser.

Position 2 : En négatif : Un manque d'ouverture dû à une éducation où à un système de croyances rigide, un manque de désirs et de communication, une sensation d'indifférence, de la froideur, une intériorisation excessive, le repli sur soi, des blocages liés à l'enfance ou à des expériences passées, des mémoires difficiles non transformées, un excès de retenue, de la mesquinerie, des non-dits, des problèmes cachés, un secret, de la timidité, la frigidité, la passivité, une lourdeur, une négligence des apparences extérieures, une belle-mère insupportable, de la médisance, une trahison ou un secret perturbent la vie amoureuse.

Cet arcane peut parfois évoquer une liaison secrète, une tromperie, de fausses informations, une situation pas claire ou une femme enceinte et qui l'ignore. Des événements défavorables, qui ne sont pas encore visibles, sont en train de se préparer et de naître. Il n'est pas favorable de ne rien faire, d'attendre, de dissimuler des informations, de manquer de profondeur ou de vous replier sur vous-même.

La santé et le bien-être : Cet arcane est associé aux cellules, à la grossesse, à l'estomac, au ventre, à l'utérus, aux fluides du corps, aux cycles menstruels féminins et à tout ce qui est caché.

Position 1, 3 ou 4 : En positif : Les activités nécessitant de la patience, de l'intuition, en lien avec la vie intérieure, avec le corps, avec l'Esprit (yoga, sophrologie, méditation), avec un accroissement de vos connaissances du corps et de l'âme ou avec la consommation de plantes sont bénéfiques.

Il vous est conseillé de consulter une femme médecin ou une thérapeute, de vérifier qu'il n'y a pas de soucis cachés, d'approfondir, de mieux vous connaître, de nettoyer vos mémoires difficiles, de vous reposer, de vous ressourcer, de mener une vie équilibrée, de vous nourrir correctement sur tous les plans, de développer un état de calme intérieur et de joie profonde et de permettre à la vie de s'organiser ou de se réorganiser en profondeur.

Position 2 : En négatif : La Grande-Prêtresse peut être sujette aux maux d'estomac, aux déséquilibres alimentaires, aux règles douloureuses, à la stérilité, aux problèmes de circulation, aux tumeurs, aux allergies, à la sénilité ou à une grossesse difficile. Elle peut symboliser un nœud émotionnel, un blocage psychologique plus ou moins conscient, une mémoire difficile avec un secret lourd à porter, un manque d'informations, une maladie cachée qui se développe sans que personne ne s'en rende compte et qui ne s'est pas encore manifestée, des informations médicales dissimulées ou des difficultés liées à la vieillesse (Arthrose, fragilité du col du fémur, problèmes de vue, Parkinson, Alzheimer). Il est important d'écouter votre intuition, votre ressenti et les messages discrets que votre corps vous envoie. Un secret peut avoir des conséquences défavorables.

Il n'est pas recommandé de ne rien faire, d'attendre, de dissimuler des informations, de ne pas voir les choses en profondeur ou de vous replier sur vous-même.

La vie professionnelle :

Position 1, 3 ou 4 : En positif : Il est pour l'instant judicieux de bien réfléchir, d'étudier la question, de faire preuve de patience et de discrétion, d'attendre, de permettre à la situation de murir, de rester caché, d'effectuer une retraite, d'écouter votre intuition, de trouver les bonnes informations, de remettre à niveau ou d'approfondir vos connaissances, de vous occuper de créer ou de gérer des supports d'information, de constituer un dossier et de bien préparer ce qui doit l'être.

Les activités dans des lieux reclus et liées à des informations confidentielles sont favorisées. La situation évolue lentement mais sûrement, de façon fluide, grâce à une bonne gestion et à de bonnes informations. Vous trouverez les informations et les clefs dont vous avez besoin. L'époque est propice pour effectuer un stage, un apprentissage ou une formation. Des événements, des échanges, des confidences ou des réunions secrètes se déroulent dans les coulisses. La situation actuelle comporte une facette cachée.

Une femme expérimentée ou d'un certain âge peut vous apporter ses conseils et son aide. Une formation ou un stage d'apprentissage s'effectue et aura des répercussions positives. Quelque chose de positif est en préparation.

Position 2 : En négatif : Un manque d'informations, une dissimulation volontaire d'informations, des éléments inconnus, un niveau d'études ou de connaissances insuffisant, des difficultés au niveau de la communication écrite, des illusions, une tendance à la paresse, un manque de clarté, un état de confusion, des difficultés d'adaptation avec les collègues, un sentiment d'ennui, une ambiance glaciale, une tendance au repli sur soi, une timidité, un manque de confiance en soi, des difficultés liées à votre passé ou à des mémoires, des restrictions ou des difficultés administratives perturbent votre vie professionnelle.

Les Finances : Position 1, 3 ou 4 : En positif : Il est favorable de bien réfléchir, d'étudier la question, de faire preuve de patience, de prudence et de discrétion, d'attendre, de permettre à la situation de murir, d'écouter votre intuition, de trouver les bonnes informations, d'approfondir, de vous occuper de documents, de constituer un dossier sur le sujet de la question, de trouver une personne qui peut vous conseiller et de bien préparer ce qui doit l'être. Une bonne gestion des informations financières et de votre budget, la prudence, la sagesse, l'anticipation, une capacité à épargner, un placement judicieux, la prise en compte du long terme, les efforts ou l'influence d'une femme favorisent votre équilibre financier. Des éléments impactant la situation financière sont actuellement en attente ou en préparation. Il n'y a pas d'évolution financière nette dans les temps qui viennent.

Position 2 : En négatif : Il y a une peur de manquer, des mémoires difficiles, des difficultés liées au passé, des éléments occultés, des retards, des complications administratives, des restrictions financières ou des revenus insuffisants qui impactent la situation présente.

Il est judicieux de vérifier que tous les documents et toutes les informations financières nécessaires sont présents, accessibles et identifiés, mais aussi de surveiller vos comptes ou vos découverts, afin d'éviter que des difficultés apparaissent sans que vous ne vous en rendiez compte. Des éléments cachés risquent de perturber votre équilibre financier. Il est défavorable de ne rien faire, d'attendre, de rester en silence, de dissimuler des informations financières, de ne pas voir les choses en profondeur ou de vous replier sur vous-même.

Les personnages associés à la Grande-Prêtresse : Les femmes mariées, les femmes mûres ayant de l'expérience, la grand-mère, la mère quand elle a un certain âge, la sage femme, l'amie fidèle de longue date, une femme de plus de 40 ans, une consultante ou une experte, une femme médecin ou travaillant en milieu hospitalier ou dans une structure, une guérisseuse, une thérapeute, une psychologue, une chamane, une grande prêtresse, la « Vierge Marie » ou une personne de bon conseil. Elle peut aussi parfois représenter une religieuse ou une femme voilée de la religion arabo-musulmane.

Les métiers associés à la Grande-Prêtresse : Thérapeute, psychologue, bibliothécaire, écrivain, imprimeur, concepteur de support d'informations, fonctionnaire, institutrice, enseignante, formatrice, médecin, sage-femme, pédiatre, diététicienne, naturopathe, voyante, gardienne et les métiers qui consistent à prendre soin des autres et de la vie.

Les lieux et objets associés à la Grande-Prêtresse : Les bibliothèques, les maisons d'édition, les lieux sacrés, les lieux de recueillement, les lieux cachés ou secrets, les miroirs, le cabinet d'une thérapeute ou d'une voyante, un hôpital, une clinique, un cloitre, un monastère ou un temple.

Les personnages de la mythologie Grecque en lien avec l'arcane : Les Pythies de Delphes. Athéna.

Les liens avec l'astrologie occidentale : Le signe du Cancer. Une combinaison Lune, Mercure, Saturne et Neptune. L'Axe Cancer-Capricorne et l'axe Vierge-Poissons.

La ou les couleurs en lien avec l'arcane : Lavande ou lait.

Les animaux en lien avec l'arcane : La vache, la tortue, le hibou, la chouette, le chat, le scarabée.

Pour vivre le meilleur de la Grande-Prêtresse : Je peux incarner le meilleur de moi-même en tant que Grande-Prêtresse quand je prends conscience de mes sensations physiques, quand je suis la conscience qui est à l'écoute de ce qui se passe dans mon corps, qui est à l'écoute de mes besoins, quand j'apprends à m'accorder avec moi-même à tous les niveaux et à répondre au besoin de clarté de mon âme, quand je me rends compte qu'il y a une force qui s'appelle la Vie, que cette force faite d'amour coule à travers moi et que je suis la Vie, quand je prends conscience du sens spirituel de ce qui est puis lui donne une forme juste ;

quand j'incarne cet « Eternel Féminin » mystérieux, magique et exaltant, capable de générer et nourrir un amour profond et silencieux qui prend soin de la vie, capable de créer de la fluidité, du bien-être, de la joie et de l'abondance.

Je peux incarner le meilleur de moi-même en tant que Grande-Prêtresse quand je sais percevoir, accepter, accueillir, nourrir et soigner puis accompagner les personnes et gérer positivement les situations.

Cela se produit quand j'utilise ma capacité à sonder l'invisible afin de m'exprimer en tant qu'ambassadrice de l'inconscient et afin de trouver les bonnes informations pour dévoiler et révéler ce qui est nécessaire pour que la vie avance, quand je sais agir pour libérer les nœuds et les charges émotionnelles ou les programmes périmés qui sont enfermés dans les mémoires personnelles ou familiales, quand je nourris et exprime la force magique de la foi, mon intuition et mes capacités de visualisation créatrice. Cela se produit également quand je développe ma compréhension intuitive de l'âme humaine faite de cycles, de besoins et de rythmes, des lois de la vie et de ce qui permet au corps humain d'être en santé et lorsque j'exprime des qualités féminines de douceur toute maternelle, d'amour inconditionnel mais aussi de rigueur et d'organisation efficace, avec un juste dosage d'autorité ou de sévérité.

Je développe ma capacité à faire appel à ma force sacrée et magique de la foi pour créer et concrétiser ce qui est en harmonie avec mon évolution et celle de ma vie, avec une fluidité naturelle. Je porte les êtres et les situations vers leur naissance, vers leur incarnation, vers leur bien-être et vers leur accomplissement. J'apprends à maîtriser les multiples événements de ma vie quotidienne et je fais en sorte qu'ils deviennent la matière première grâce à laquelle je transforme petit à petit ma vie en œuvre d'art et mon âme en temple capable d'accueillir la lumière de l'Esprit. Je sais que le bonheur provient de la joie engendrée par l'utilisation de ma créativité et j'apprends à créer activement mon bonheur sur Terre.

C'est parce que je sais me visualiser en train de vivre en pleine santé, dans la joie, dans la sérénité et dans l'abondance que je les attire dans ma vie. Je suis alors comme Dame Nature, la Terre-Mère et ses filles, les montagnes pleines de sagesse, qui nourrissent et portent la vie avec une organisation naturelle et une détermination sans fin. Il peut alors y avoir de la magie au quotidien et du sacré dans ma vie ! Cela me permet alors d'avancer vers ma résurrection, afin de devenir de plus en plus lumineux(se) et ainsi d'aider autrui à avancer vers leur résurrection (2+20=22).

3-L'IMPERATRICE

THEORIE

Le nom de l'arcane : L'impératrice est l'épouse de l'Empereur et la mère de sa descendance. Elle symbolise celle qui soutient son époux, l'Empereur, dans la gouvernance du royaume, mais aussi celle qui porte la vie et qui prend soin de leur descendance. Elle incarne également le pouvoir au féminin, qui s'exprime pour gérer le quotidien dans la vie et dans l'action.

Le numéro de l'arcane : Il fait partie d'une famille de nombres regroupant le 3, le 12 et le 21. Le chiffre 3 représente la vie qui s'exprime, la vie en mouvement, la vie qui créé sans cesse de nouvelles formes. L'énergie prend corps grâce à l'information. Là où le 1 représente l'expérience de l'unité avec le divin, dans l'amour et le 2 la conscience, la foi et la connaissance de cette expérience, le 3 représente l'expression sacrée issue de l'union de l'expérience et de la conscience. Là où le 1 représente la volonté et la joie et le 2 le don de soi dans la joie, le 3 représente la création de formes dans la joie. C'est l'union de la vie et de la parole. Là où le 1 représente le pouvoir créateur masculin et le 2 l'Eternel féminin qui incorpore, le 3 représente l'union des opposés complémentaires dans l'amour, c'est-à-dire du masculin et du féminin, qui engendrent la vie par le mouvement et la vibration, permettant à ce que l'énergie prenne corps à travers une multitude de formes. Le chiffre trois est aussi appelé « souffle divin ».

Là où le 1 évoque le spermatozoïde et le 2 l'œuf, le 3 évoque la vie qui sort de l'œuf. Le 3 est l'expression du souffle divin qui pousse son premier cri, sa première respiration et qui s'incarne dans la matière. Après la thèse et l'antithèse, le 3 fait la synthèse.

Après le Père (le corps spirituel), le Fils (l'âme) vient le Saint Esprit où le corps physique. Après le déclenchement puis la naissance survient une croissance rapide. Après la création et la stabilité viennent la transformation et le renouveau. Le 1 évoque l'intelligence pratique en action et le 2 le discernement de ce qui est caché. Le 3 évoque l'idée de mouvement voulu et conscient, d'expression, de mise en forme, de création de formes et de communication. Il sort de la dualité en donnant une nouvelle direction parmi une multitude de possibilités. Il invite à demander afin de recevoir, à chercher afin de trouver et à frapper, c'est-à-dire à agir concrètement afin de s'adapter. Ce sont là les bases de la prière, de la vraie magie et du pouvoir de maîtriser les événements. D'où le fait que dans certains jeux, l'impératrice semble ailée.

Signification des images symboliques :

Le personnage : Une jeune femme aérienne, élégante, éduquée, rayonnante à la fois de beauté et d'intelligence est représentée assise sur un trône. Ce trône, qui est dans la plupart des jeux de couleur chair et dont la forme évoque parfois des ailes, représente la vie et l'action dans le monde. L'empire de l'Impératrice est celui de la matière. La jeune femme est couronnée et habillée comme une reine. Son statut d'Impératrice, de reine des reines, lui confère des attributs de maîtrise et de pouvoir mais aussi une dépendance vis-à-vis de ses obligations sociales. Elle transmet des informations, des idées et des ordres.

Elle concrétise les images de la Grande-Prêtresse, met en pratique ses idées et utilise son pouvoir créateur pour mettre en forme les situations afin de gérer de nombreux projets et de créer des richesses. Elle est une mère qui s'engage efficacement pour prendre soin de la vie. Elle dissipe les doutes avec clarté, grâce et intelligence. Elle sait associer réceptivité, écoute, intuition, intelligence, intelligence relationnelle, dynamisme, autorité, activité, charme, joie, douceur et abondance. Elle maîtrise les événements et règne sur la matière aux côtés de l'Empereur. Elle est la mère du Bateleur et l'épouse de l'Empereur qui la regarde et qu'elle regarde.

Le sceptre : C'est un symbole. Il est le symbole de la volonté divine et de la volonté humaine qui se sont unifiées, permettant au pouvoir de s'exprimer de façon légitime. S'il n'a aucune utilité pratique immédiate, il exprime donc symboliquement, par sa présence, un pouvoir d'exprimer la volonté divine, une capacité de parler, d'ordonner, de faire régner l'ordre, de canaliser l'énergie et la parole, de convaincre et de commander avec détermination.

La couronne: Elle symbolise l'expression d'une énergie divine, dans la matière, grâce à la magie de la parole, afin de servir. Elle évoque donc la légitimité d'utiliser son pouvoir et de s'exprimer. Elle est bleue ou rouge ou orange suivant les jeux. Elle symbolise aussi une intelligence toujours en action et une certaine pression mentale.

Dans les premiers jeux de tarot, la couronne avait clairement deux étages. Cela symbolisait l'union du haut et du bas, l'union de la volonté divine avec la volonté humaine. Cette union permettait à la parole de prendre corps et d'effectuer des miracles ou tout au moins d'avoir une importante influence sur les événements. Sept petits cercles sont placés à la base de la couronne.

Le chiffre 7 symbolise l'organisation orientée vers un objectif et la conscience en action. La couronne est ornée de nombreux triangles. Le triangle est une forme géométrique liée au chiffre 3. Il symbolise l'union du masculin et du féminin en action dans la matière mais aussi la trinité du Père, du Fils et du Saint Esprit. Les nombreux triangles représentent les idées et les actions que l'Impératrice parvient ici à coordonner.

L'aigle sur le bouclier : Utilisé par les Grecs, les Romains, les Francs, Charlemagne et par les empereurs Allemands, il représente le pouvoir d'élévation spirituelle acquis grâce au combat pour la lumière. Il symbolise le feu intérieur, le pouvoir sur les événements, l'autorité officielle et la légitimité. Il indique que la vie terrestre doit être vécue comme un moyen d'élévation spirituelle et que le but suprême est l'envol de l'aigle vers la lumière. Il invite chaque personne à récupérer son pouvoir et à l'utiliser afin de se libérer, en harmonie avec la volonté divine, afin de vivre libre comme un aigle dans les cieux.

Dans les premiers jeux de tarot, l'aigle sur le bouclier de l'impératrice regardait vers la gauche tandis que celui de l'Empereur regardait vers la droite. Cela fait référence à la mythologie Grecque où Zeus lança deux aigles, deux messagers célestes, dans deux directions opposées, afin que chacun d'eux trouve le corps spirituel caché au centre du cœur par les deux voies complémentaires du masculin et du féminin, grâce à la vie et à l'action dans « le monde ».

Les deux aigles du couple impérial se retrouvent dans l'arcane du Monde à travers, dans certains jeux, un aigle à deux têtes. L'aigle permet d'être connecté aux aspects supérieurs de l'âme et de recevoir les messages du ciel.

PRATIQUE ET SOLUTIONS

Cet arcane apporte du mouvement, des échanges, de la vie, parfois la naissance d'une nouvelle idée ou d'un nouveau projet ainsi qu'une touche de beauté et de joie. L'Impératrice demande de s'adapter et d'utiliser son intelligence.

La vie personnelle (Amour, sentiments, foyer, famille) :

Position 1, 3 ou 4 : En positif : Si vous êtes célibataire, il est favorable d'utiliser tous les moyens de communication disponibles pour rencontrer de nouvelles personnes et faire de nouvelles connaissances. Il est favorable d'effectuer des sorties, d'aller à une conférence, d'aborder des personnes nouvelles, de communiquer avec ces personnes, de leur proposer des sorties en commun et de créer des rencontres agréables qui se font sur le ton de la légèreté et de l'harmonie.

Votre curiosité naturelle, votre intelligence relationnelle, votre vivacité d'esprit, votre charme, votre capacité à apprécier la beauté, à séduire et à plaire, votre capacité à exprimer ce que vous voulez et ce que vous ressentez, votre capacité à communiquer clairement et à vous adapter, votre besoin de liberté de mouvement, de contacts, de rencontrer des personnes qui vous intéressent et de vivre nouvelles expériences ou une bonne nouvelle favorisent la création d'une relation sentimentale pleine de vie. Il y a une opportunité de créer une nouvelle relation avec une personne de votre entourage et il est favorable de créer cette relation. Vous recevrez ou proposerez une invitation positive. Il y a une lettre d'amour ou un message stipulant que vous plaisez à quelqu'un.

Si vous êtes en couple, il y aura beaucoup de communication, de dialogue, de riches échanges et de complicité. Vous vivrez une relation de type frère et sœur. Il y aura des projets à gérer et une réussite sentimentale qui associera harmonieusement confiance, vie sociale et respect de la liberté de mouvement et de communication du ou de la partenaire.

Position 2 : En négatif : Vous recevez une mauvaise nouvelle ou une lettre décevante. Il y a une femme qui veut tout régenter ou une relation compliquée avec une femme, votre mère ou votre belle mère. Vous exprimez des attitudes et des comportements inappropriés pour créer une relation harmonieuse. Vous avez peut-être une tendance à courir plusieurs lièvres à la fois, à vous disperser et à nourrir une certaine instabilité.

Vous avez peut-être tendance à prendre l'amour pour un jeu ou à jouer avec les sentiments de l'autre, à mentir, à rester à la surface sans vouloir un véritable engagement, à être excessivement centré dans votre mental et à vouloir tellement tout contrôler que vos sentiments ne peuvent plus s'exprimer. Il y a des caprices, de la vanité, de l'orgueil, de la frivolité, une expression abusive de l'autorité, un manque d'intelligence, de conscience, d'adaptabilité, de profondeur, de communication ou une communication inadaptée. Cela perturbe votre vie sentimentale, crée une situation disharmonieuse source de mal-être et empêche une relation équilibrée et joyeuse de se concrétiser.

La santé et le bien-être : L'Impératrice représente ce qui permet une respiration saine, une communication claire, le mouvement, la coordination et une adaptation, c'est-à-dire l'intelligence, le cerveau, la voix, la gorge,   les poumons, le diaphragme, les bras, les épaules et les nerfs.

Position 1, 3 ou 4 : En positif : Votre santé est excellente. Vous êtes souple et mobile parce que vous menez une vie active. Vous bénéficiez d'une bonne circulation de l'énergie et d'une coordination harmonieuse de l'ensemble de votre corps. Vous pétillez comme le champagne.

Il peut cependant être intéressant de voir une femme qui peut vous donner des informations très intéressantes. Il est favorable d'exprimer votre curiosité, de communiquer, d'explorer votre environnement pour voir qui fait quoi, de vous adapter, d'aller vous promener, de bien coordonner les différents paramètres de la situation et d'effectuer une pratique en lien avec le mouvement, la respiration, la communication, l'organisation, la mise en forme ou la beauté. Il y a une bonne nouvelle.

Position 2 : En négatif : Le surmenage et la fatigue nerveuse, qui peuvent arriver quand une personne gère trop de choses à la fois ou quand elle déforme volontairement la vérité, peuvent ici conduire à des maladies liées au stress et à des problèmes au cerveau. Il peut aussi y avoir des problèmes de mouvement, de coordination, de communication, une difficulté au bras ou à l'épaule ou des difficultés pulmonaires et respiratoires. Toutes les informations nécessaires ne sont pas disponibles ou il y a de fausses informations. Il est sans doute ici nécessaire de travailler sur l'adaptation, la communication, la respiration afin de générer une coordination harmonieuse du corps et de l'âme. Il n'est pas favorable d'exprimer de la curiosité, de négliger sa nervosité, d'accorder trop d'importance au mental au point de perdre contact avec ses propres besoins corporels, de prendre les choses à la légère, de faire du tourisme thérapeutique ou de se disperser.

La vie professionnelle :

Position 1, 3 ou 4 : En positif : Il est favorable d'exprimer votre curiosité, de placer la communication au premier plan, de communiquer clairement, de vous mettre en mouvement, d'aller de l'avant, d'effectuer des démarches, de contacter de nouvelles personnes, d'apprendre des choses nouvelles, d'aborder la situation sous toutes ses facettes, de vous déplacer, de rédiger puis envoyer des courriers, d'être flexible, de vous adapter, de coordonner les différents paramètres de la situation et de faire preuve d'intelligence. Les études et les échanges d'informations, de biens ou de services sont favorables et réussissent.

Vos recherches d'activité aboutissent si vous recherchez un emploi. Votre capacité à mettre les choses en forme, vos connaissances, votre intelligence, votre intelligence relationnelle, votre sens de l'humour et votre finesse d'esprit, votre adaptabilité et votre vivacité d'esprit favorisent votre réussite. Les négociations sont aisées, les affaires sont conclues et les projets se concrétisent. Vous participez à un projet intelligemment. C'est une période favorable. Il y a une réussite professionnelle.

Position 2 : En négatif : Il y a des attitudes et des comportements inappropriés, un manque d'études ou de communication, une communication inadaptée, des attitudes ou des actions inadaptées. Il y a une tendance à la dispersion, des comportements superficiels ou dédaigneux envers les collègues, un sentiment de supériorité intellectuelle, un manque de confiance en soi et d'organisation, une mauvaise élocution, une mauvaise coordination des informations ou des différents paramètres de la situation. Il y a une mauvaise gestion de l'information, une tendance à être mal informé, une tendance à être excessivement centré dans votre mental, une mauvaise utilisation du statut et de l'autorité, des rivalités féminines, une femme déséquilibrée, un problème en lien avec des écrits ou des documents ou une mauvaise nouvelle. Tout cela empêchent les choses d'avancer de façon fluide et perturbent votre vie professionnelle ou vos études. Il y a des complications ou un échec.

Les Finances :

Position 1, 3 ou 4 : En positif : Il est favorable d'utiliser les informations que vous avez, de bien vous informer, de réfléchir, de saisir une opportunité, de communiquer, de conclure un accord commercial, d'acheter, de vendre et de faire circuler l'argent. Votre capacité à vous fixer des objectifs et des limites, à équilibrer vos recettes et vos dépenses, à vous adapter, à gérer votre budget intelligemment et à communiquer avec clarté et efficacité vous permet de maîtriser une situation financière ou votre budget tout en vous faisant plaisir. Vous aimez dépenser pour plaire, pour faire plaisir, pour satisfaire votre curiosité ou pour vous instruire. Il y a une intelligence financière, une capacité à trouver des solutions financières intéressantes, un bon niveau de vie et une adaptation de vos besoins à vos ressources. Une femme de bon conseil peut vous aider ou vous donner des informations intéressantes.

Position 2 : En négatif : Un manque d'informations ou des informations inexactes, un problème de document, des dépenses excessives pour plaire, un manque d'intelligence financière, des mensonges, des lacunes dans la coordination des données financières et de la gestion ou une tendance à utiliser l'argent pour exister face au regard des autres ou pour combler vos manques psychologiques perturbent votre situation financière. Il est défavorable de conclure un accord commercial, d'acheter ou de vendre.

Les personnages associés à l'Impératrice: Une femme active, belle et séduisante entre 25 et 50 ans, une femme ayant un statut social, une personne ambitieuse, une femme d'affaires, une personne qui communique bien et qui s'adapte, une personne qui réfléchi beaucoup, une personne calculatrice, une reine, l'épouse, la directrice, la secrétaire de direction.

Les métiers associés à l'Impératrice : Commercial(e), commerçant(e), assistant(e) commercial(e), attaché(e) de presse, chargé(e) de mission, secrétaire de direction, journaliste, rédacteur(trice), assistant(e), responsable, ambassadeur(drice), femme ou homme d'affaires, métiers en lien avec la transmission et la coordination d'informations, métiers où il y a des contacts avec le public, métiers qui font appels au mouvement, aux chiffres ou à la communication, métiers intellectuels, facteur, footballeur, psychomotricienne, kinésithérapeute, spécialiste du langage, employé(e) de bureau.

Les lieux et les objets associés à l'Impératrice: Les lieux d'échanges et d'expression du mouvement, les salles de réunion ou de conférence, les bureaux, une agence de communication, un commerce, un plateau de télévision (avec le jugement), le matériel de bureautique, les devis et documents commerciaux et les objets qui facilitent l'adaptation, l'écriture et la communication.

Les personnages de la mythologie Grecque en lien avec l'arcane : Héra. Artémis.

Les liens avec l'astrologie occidentale : Vénus en Gémeaux ou en Sagittaire. Conjonction Mercure-Vénus ou Mercure-Vénus-Jupiter.

La ou les couleurs en lien avec l'arcane : Vert clair.

Les animaux en lien avec l'arcane : Le chien, la pie, le faucon, la grue, la cigogne, le lynx, le papillon.

Pour vivre le meilleur de l'Impératrice : Je peux incarner le meilleur de moi-même en tant qu'Impératrice quand :

- Je donne une forme juste à tout ce qui est. J'apprends à exprimer ma volonté de joie et à vivre avec joie. J'apprends à respirer correctement, de façon ample et profonde, afin de générer souplesse et fluidité.
- J'apprends à explorer la sensation des mots et l'énergie magique de la Parole
- J'utilise l'énergie magique de la Parole en me ressentant comme étant la conscience des paroles que j'ai choisies.
- J'écoute mon intérieur et ce qu'il y a dans mon environnement.
- Je prends conscience que les pensées et les paroles sont source de création et engendrent des événements dans le monde de la matière
- Je discipline mes pensées en évitant toute pensée sans amour
- Je prends en compte le fait que tout savoir cérébral est éphémère, qu'il ne sert uniquement pour l'adaptation à la vie terrestre et que le véritable savoir est une expérience intérieure vécue, corporelle et intuitive, qui englobe le corps tout entier, où la personne « qui sait » et ce qui est « su » ne font plus qu'un. J'apprends alors à réduire mon mental au silence et à le faire taire là ou s'arrête ses droits.
- Je trouve les mots justes pour communiquer et quand je communique de façon impeccable. J'accepte d'apprendre ce que je ne sais pas. J'acquiers les informations nécessaires à l'exercice de ma profession
 - Je prends conscience de la valeur du rire en tant que force libératrice quand il est associé à la sagesse et quand j'exprime mon sens de l'humour.
- Je prends conscience que toute vie est mouvement, rythme et nombre
- je synchronise mon ressenti, ma volonté, mon cœur, mon énergie, mes paroles, mes actions et mon autorité
- Je m'adapte à la « Nécessité ». Je m'investis dans la vie et dans l'action en utilisant ma créativité et mon intelligence (relationnelle) pour créer de nouvelles formes, afin de servir la vie et de faire de ma vie une œuvre d'art.

4-L'EMPEREUR

THEORIE

Le nom de l'arcane : Symbole d'autorité et de maîtrise de soi, l'Empereur est un homme politique qui gouverne, administre et protège un territoire grâce à son autorité, sa puissante volonté, son sens de l'organisation et sa maîtrise. De nombreux empereurs ont été nommés par le Pape afin d'incarner sur Terre le pouvoir divin. L'Empereur commande les armées, définit les règles et fait la loi sur son territoire. Il décide pour les autres et dirige l'empire. Il incarne le pouvoir au masculin.

Le numéro de l'arcane : Il fait partie d'une famille de nombres regroupant le 4, le 13 et le 22. Le chiffre 4 s'exprime dans la forme à travers le carré. Le carré symbolise la matière et les structures de base qui portent et protègent la vie. Les 4 côtés égaux du carré et ses 4 angles droits évoquent l'ordre, les cadres, la régularité, la stabilité et l'équilibre mais aussi la protection de la cellule vis-à-vis de tout ce qui est extérieur à elle. Le carré se traduit aussi dans la forme par la croix, symbole de vie dans la matière mais aussi de sacrifice et de renoncement à ce qui est inférieur au profit du supérieur. Le 4 est en lien avec les 4 éléments, les 4 directions dans l'espace horizontal et les 4 temps forts qui structurent l'année, les deux équinoxes et les deux solstices.

Le quatrième signe du zodiaque, le signe du Crabe ou du Cancer, représente la cellule familiale, qui forme la base et la structure de la vie. Le 4 évoque enfin une réalisation, une concrétisation, une matérialisation et une stabilisation dans un certain lieu, environnement et contexte.

Signification des images symboliques : (Voir ce qui a été mentionné pour l'Impératrice).

Le personnage : Un homme d'âge mûr, avec les attributs de l'Empereur, est plus ou moins assis, seul, tranquillement, sur un trône, en plein air, symboliquement sous le regard du ciel et de la terre. Il tient sa ceinture bleue, couleur de l'amour et de la sagesse, d'une main et un sceptre surmonté du symbole de la planète Mars, de couleur rouge, couleur de l'action efficace, de l'autre main.

Il réunit ainsi dans l'action le masculin et le féminin. Il a les jambes croisées en forme de 4 et porte des bottines qui dans le jeu du tarot universel sont rouges. Les jambes en 4 sont aussi présentes dans les arcanes du Pendu et du Monde, reliant ces trois cartes entre elles. L'Empereur représente la matière, le Saint-Esprit. Le Pendu représente l'âme et sa magie, le Fils. Le Monde, qui est à l'origine de tout et vers quoi tout abouti représente « le Père », c'est-à-dire à la fois le corps spirituel et l'être qui a spirituellement engendré tous les Anges et les êtres humains. L'Empereur regarde vers la gauche, donc en arrière, vers le passé mais aussi vers l'impératrice. Il ne semble pas tourné vers l'avenir. Il gère le présent, les contraintes de la situation et les conséquences du passé. Il gère et surveille son empire et ses acquis. Il veille au maintien de la paix et de la prospérité au sein de l'Empire. Il est coiffé d'un lourd casque. Il assume son rôle et ses responsabilités.

Même s'il n'est pas libre de faire ce que bon lui semble, il profite aussi de la vie et des satisfactions que lui procurent sa fonction. Il semble avoir accompli ce qu'il avait à faire et avoir bâti son empire.

Le sceptre : Il symbolise à la fois le pouvoir et la légitimité, donnés par Dieu, pour servir l'humanité, en assumant la responsabilité de gérer la matière. Il représente la nécessité de bien gérer la matière, dans la vie et dans l'action, pour accéder à nouveau à Dieu. Il représente la loi et la légitimité. Le sceptre confère à l'Empereur autorité, puissance et divinité.

Le bouclier orné d'un aigle : Le fait qu'il soit posé à terre et placé à côté de l'Empereur suggère que l'aigle représente un objectif suprême qui n'est pas personnel à l'Empereur mais qui concerne tous les êtres.

L'aigle évoque un message divin, un ordre divin, le pouvoir, la vision perçante et l'obligation d'assurer la protection de l'empire. Il évoque l'élévation de la conscience vers les cieux par l'accomplissement des devoirs sur Terre. L'Empereur renonce ainsi à toute vision personnelle ou à toute utilisation personnelle du pouvoir pour se conformer aux lois divines. Il dirige l'empire au nom du droit divin.

Le casque : Il évoque la responsabilité liée au commandement, la charge de travail et la nécessité de focaliser ses pensées vers l'accomplissement de ses devoirs. Il symbolise aussi les contraintes de sa fonction et son renoncement à penser selon son bon vouloir. Le fait que l'Empereur ne porte pas d'armes mais simplement un sceptre avec un symbole de la planète Mars suggère qu'il a renoncé à utiliser la force ou la violence et qu'il ne règne pas par la force mais par une puissance spirituelle légitime issue de l'union avec le divin.

Le trône : L'empereur n'est pas assis sur le trône car il a renoncé à sa volonté personnelle, au repos des gens qui perdent leur temps et au mouvement sans direction. Le trône symbolise ici les réalités spirituelles qui s'incarnent dans la matière et l'empire terrestre reflet de l'empire céleste. Il symbolise la loi divine, la Nécessité, à laquelle l'Empereur cède sa place librement pour agir non pas selon son pouvoir personnel égoïste mais selon la volonté du père, selon la volonté divine. L'Empereur symbolise alors l'ancrage de la volonté divine éternelle dans le monde temporel.

PRATIQUE ET SOLUTIONS

La présence de l'Empereur dans un tirage ancre et concrétise. Elle donne une certaine envergure et une certaine importance à la situation.

La vie personnelle (Amour, sentiments, foyer, famille) :

Position 1, 3 ou 4 : En positif : Que vous soyez célibataire ou en couple, vous êtes bien installé (e) dans votre situation actuelle et n'avez pas forcément envie d'en changer. Il est favorable d'être réaliste, de mettre en place des objectifs concrets et l'organisation adaptée pour les atteindre, de concrétiser, de vous engager dans une relation avec sérieux, de prendre les choses en main, de protéger votre relation, de prendre votre place, de laisser l'autre prendre sa place, de vous installer confortablement en prenant le temps de bien vous connaitre et de construire une relation solide sur le long terme.

Votre expérience, votre maturité, votre autorité, votre sens des valeurs traditionnelles de respect et de fidélité, votre fiabilité, votre capacité à rassurer, votre sens des devoirs, votre besoin de vous réaliser professionnellement, votre sens des responsabilités, votre besoin de stabilité et une volonté commune de construire favorisent votre vie sentimentale.

Il y a une rencontre ou la création d'une relation avec une personne mure, sérieuse, digne de confiance, solide, responsable, puissante, exigeante, sécurisante, réconfortante, qui sait ce qu'elle veut et ne veut pas et dotée de beaucoup de caractère. Il y a une relation solide, stable, constructive, sécurisante et rassurante. Vous réalisez un projet à long terme à deux. Vous bâtissez symboliquement « votre empire » à deux. Il peut y avoir une rencontre dans le travail, un investissement immobilier ou un projet de construction. La raison, la discipline, le sens des devoirs, une vie professionnelle partagée et un désir de prospérité matérielle prédominent parfois sur les sentiments, au détriment d'une complicité affective et sensuelle. Vous gérez votre foyer avec autorité et efficacité.

Position 2 : En négatif : Il y a dans la relation un entêtement, une rigidité, un refus du changement, une situation étouffante, un enfermement, une lourdeur, une routine, une possessivité excessive, de mauvaises bases, des demandes lourdes à satisfaire, un manque ou un excès de structures, des contraintes pénibles, des difficultés matérielles, un excès de travail ou des soucis professionnels, un excès de fermeté, un abus d'autorité, des comportements tyranniques, une tendance à prendre trop de place et à ne pas laisser à l'autre sa place, une tendance à imposer vos choix à votre partenaire, de la jalousie, des luttes de pouvoir, des problèmes de territoire, du harcèlement voire de la violence. Cela pèse sur la vie de couple, engendre des conflits et empêche la construction d'une relation harmonieuse.

La santé et le bien-être : L'Empereur est en lien avec les structures cellulaires, les composantes structurelles, les cycles de production d'énergie, les défenses immunitaires, les jambes, les hanches et la circulation sanguine.

Position 1, 3 ou 4 : En positif : Il est favorable de vous discipliner, de renforcer vos défenses immunitaires, de concrétiser, de vous donner les moyens d'entretenir un corps sain, vigoureux, robuste et puissant, d'avoir une alimentation naturelle de qualité, de maîtriser votre bien-être, d'être en pleine santé ou de rencontrer une personne sérieuse, expérimentée, fiable et capable de produire des résultats sur le long terme.

Votre bon sens, votre réalisme et une organisation de vie adaptée vous permettent de maintenir une santé solide et de récupérer lentement mais surement si vous avez vécu une difficulté.

Position 2 : En négatif : Avec cet arcane, il peut exister des problèmes structurels, des choses qui ne sont pas à leur place, une défaillance des cellules qui défendent l'organisme, des difficultés motrices, des douleurs au niveau de la ceinture dorsale ou du bassin, un problème de nerf sciatique, des problèmes de circulation, des problèmes de dos, un phénomène de rigidité, un taux de cholestérol trop élevé et des excès alimentaires qui génèrent un surpoids.

Une hygiène de vie défaillante, un manque d'exercice ou trop d'efforts ainsi qu'un régime alimentaire déséquilibré peuvent être la cause de difficultés. Si vous avez besoin d'aide, il est judicieux de mettre votre fierté de côté et de solliciter l'aide d'une personne fiable. Si quelque chose doit être changé pour apporter un mieux-être, il est temps de mettre en réserve votre entêtement et de vous organiser.

La vie professionnelle :

Position 1, 3 ou 4 : En positif : Il est favorable de définir des objectifs à long terme et de mettre en place l'organisation permettant de les atteindre, d'élaborer des plans, d'être réaliste, de bien structurer les choses, de construire, d'exprimer votre autorité, de prendre votre place, de bâtir votre empire, de contribuer à l'empire de quelqu'un d'autre ou de chercher un emploi stable dans une entreprise ou une organisation solide et bien structurée. Les fonctions d'organisation, de management, d'encadrement et de pouvoir sont ici mises en valeur. Votre expérience, votre autorité, votre assurance, votre sens de l'organisation, votre persévérance, votre capacité à rassurer, votre fiabilité et votre puissance de travail favorisent votre situation professionnelle.

Il y a un emploi stable et prévisible, une mission solide, un poste à responsabilité, un chantier d'envergure, une embauche durable, la possibilité d'affirmer votre autorité et de diriger, une reconnaissance de vos compétences d'organisation ou de management par la hiérarchie, l'appui de votre responsable, une protection par des personnes haut placées et parfois une promotion avec plus de responsabilités. Un homme d'autorité peut vous aider si vous le sollicitez.

Il y a une réalisation et un avancement grâce à vos importantes capacités de travail, à une maîtrise des opérations, à votre force caractère ou grâce au soutien d'un homme d'autorité. Vos bases professionnelles sont solides et votre situation est maîtrisée. Les choses se concrétisent de façon durable.

Vous récoltez les fruits de votre travail et développez une assise professionnelle. Vous pouvez aller de l'avant.

Position 2 : En négatif : Il est ici défavorable de suivre votre objectif, de construire, d'exprimer votre autorité, de prendre votre place, de bâtir votre empire, de contribuer à l'empire de quelqu'un d'autre et de chercher un emploi stable dans cette entreprise ou cette organisation. Une surcharge de travail, des contraintes trop lourdes, une structure excessivement complexe, des problèmes de structure, de règles ou de bâtiment (avec la Maison-Dieu), un blocage, des adversaires rigides, un conflit d'autorité, un patron tyrannique ou esclavagiste, un responsable hiérarchique mal disposé ou abusant de son pouvoir, une situation qui ne se concrétise pas, un problème matériel, un chantier qui se passe mal, une rupture de contrat, une perte d'emploi, une précarité professionnelle ou un manque de soutien nuisent à votre vie professionnelle.

Les Finances :

Position 1, 3 ou 4 : En positif : Il est favorable d'effectuer un investissement à long terme, de construire, de vous engager financièrement et de conclure une affaire. Votre puissance de travail, votre réalisme, votre rigueur dans la gestion de votre budget, votre maîtrise des différents paramètres de la situation financière, l'aide d'un homme d'autorité et votre réalisme favorisent votre situation financière et assurent votre sécurité, votre stabilité, votre solidité et votre prospérité. Votre argent est gagné grâce à votre travail ou grâce à votre capacité à faire fructifier un capital par des placements immobiliers solides.

Votre situation est rassurante, confortable voire royale. Il peut y avoir une transaction financière importante qui apporte une ampleur nouvelle à votre situation financière, un important investissement à long terme ou le soutien d'un homme d'expérience qui maîtrise la matière. Vous développez une rentabilité confortable, une sécurité financière, des revenus stables et une assise financière.

Position 2 : En négatif : Il est défavorable d'effectuer un investissement à long terme, de construire et de s'engager financièrement. Il y a des charges structurelles trop importantes et des contraintes financières pesantes qui risquent de plomber vos finances. Il peut y avoir un entêtement à investir dans des projets non rentables, une démesure, des dépenses excessives et irréalistes, des dépenses qui sont surtout motivées par un besoin de montrer votre puissance ou un partenaire financier rigide et mal disposé ou encore une mauvaise gestion de l'empire. Il y a un blocage matériel, une difficulté à investir, des comportements rigides inadaptés ou quelque chose qui ne se concrétise pas.

Les personnages associés à l'Empereur : Un chef de famille, un patron, un homme d'affaires, un constructeur, un producteur, un bâtisseur, un décideur, un responsable, un politicien, un empereur réel ou symbolique, un monarque, l'homme, un homme entre 29 et 60 ans, le compagnon, le père, le grand-père, le dirigeant, le cadre, le chef.

Les métiers associés à l'Empereur : Un chef d'entreprise, un chef d'équipe, un chef de projet, un chef de service, un politicien, un dirigeant, un cadre, un agent de maîtrise, un homme d'affaires, un contremaître, un bâtisseur, un constructeur, un chef de chantier, un gendarme, un militaire, un préfet, un ministre ou un président.

Les lieux/objets associés à l'Empereur : Les structures, les bâtiments imposants, les grosses propriétés, les grandes maisons bourgeoises, le comité de direction, le conseil d'administration, le siège de l'empire, de l'entreprise, du parlement ou du gouvernement, les centres de décision, les agences gouvernementales, les lieux où l'on débat des affaires de l'empire, les textes de lois, tout ce qui apporte du confort , les objets symboles de pouvoir, les armures, les chaises et les sièges, les équipements de chantier et les matériaux de construction.

Les personnages de la mythologie Grecques en lien avec l'arcane : Zeus.

Les liens avec l'astrologie occidentale : Il incarne une combinaison de Jupiter, Saturne et Mars. Certains tarologues l'associent avec le signe du Taureau qui évoque la maîtrise de la matière, la stabilité et la productivité, d'autres avec le Capricorne qui bâtit son empire. On peut aussi l'associer à l'axe Cancer-Capricorne.

La ou les couleurs en lien avec l'arcane : Vert moyen.

Les animaux en lien avec l'arcane : L'aigle, le taureau, le castor.

Pour vivre le meilleur de l'Empereur :

Vous avez conscience que la vie, le monde et l'évolution obéissent à des règles impliquant des droits et des devoirs. Vous avez conscience que seule la confiance en soi permet la réalisation et vous savez à la fois reconnaitre, nourrir et protéger votre confiance par les attitudes et les actions appropriées, en écartant toute illusion.

Vous avez conscience que la véritable autorité, celle qui est légitime, est à l'opposé de toute contrainte et de toute violence. Elle ne peut être fondée que sur la confiance et la liberté, c'est-à-dire sur l'accomplissement des lois de l'univers, de la « Nécessité ». L'autorité nourrit sa légitimité en prenant avant tout soin du bien-être et de l'évolution d'autrui. Vous avez conscience de votre autorité, de votre capacité à donner la juste direction à prendre, de votre puissance de travail et de votre pouvoir sur les affaires du monde.

Vous avez conscience que le monde extérieur, la vie et l'action permettent à l'âme de grandir. Vous avez conscience de la valeur du travail, de votre pouvoir de questionnement et de décision, de votre pouvoir de concentration et vous savez faire preuve de persévérance jusqu'à l'obtention du résultat recherché.

Vous mettez votre autorité et votre puissance au service de la société et de la vie en définissant des objectifs justes puis en vous impliquant pour accomplir vos devoirs, mais aussi pour réaliser vos rêves dans le monde extérieur. Vous êtes chaque jour dans l'action, en faisant toujours de votre mieux, en maîtrisant vos pensées, vos paroles, vos attitudes et vos actions. Vous prenez votre place dans le monde et vous bâtissez à votre manière, votre « empire » intérieur et extérieur.

5-LE GRAND PRETRE OU LE PAPE

THEORIE

Le nom de l'arcane : Cet arcane est souvent appelé Grand-Prêtre ou Hiérophante. Un Hiérophante était un prêtre qui s'occupait des cérémonies religieuses dans la Grèce antique. Il permettait à chacun d'avoir une vision spirituelle de son âme et de son chemin d'évolution afin de retrouver Dieu. Le Pape est le chef religieux et spirituel de l'église catholique. Il symbolise dès l'origine le pouvoir religieux ou spirituel de l'église Chrétienne qui triomphe sur les cultes antiques.

Le Pape est un communiquant qui protège, bénit, unit, pardonne, donne du sens et enseigne. Il est un intermédiaire entre le monde des hommes et le monde divin. Il fait rayonner sur Terre le feu spirituel qui conduit vers l'amour divin. Il consacre et légitime l'Empereur. Il incarne surtout de nos jours un exemple moral et une autorité spirituelle. Il conseille, aide sincèrement et donne sans retenue à qui veut bien recevoir.

Le numéro de l'arcane : Il fait partie d'un binôme de nombres composé du chiffre 5 et du chiffre 14. Le chiffre 5 est en lien avec le corps spirituel qui s'exprime pour gérer la matière, avec l'énergie de vie, avec le mouvement organisé mais aussi avec certaines structures liées à la création de la vie. Ces structures sont des formes géométriques à faces égales (**le** tétraèdre, **l'**octaèdre, **l'**icosaèdre, **le** cube **et le** dodécaèdre). Le 5 est aussi en lien avec les cinq corps dans une plante (la racine, la tige, la feuille, la fleur et le fruit), les cinq sens principaux (la vue, l'ouïe, le toucher, l'odorat, le goût) et les cinq éléments (le feu, la terre, l'air, l'eau et l'éther) qui structurent la vie. Le cinquième élément, fait d'amour et d'harmonie avec l'ordre cosmique, permet de maîtriser les quatre autres. Le chiffre 5 organise l'énergie en équilibrant matière et esprit. Il est en lien avec les 5 doigts de la main qui représentent l'expression organisée du meilleur de soi. Le chiffre 5 symbolise en effet la volonté chargé de puissance, parce qu'unie à Dieu, qui domine les 4 éléments en s'exprimant de manière positive. Il est souvent représenté par une étoile à 5 branches, qui symbolise l'harmonie du corps, de l'âme et de l'Esprit ou par un pentagramme. Le 5 est aussi associé à la conscience du lien qui existe entre l'intérieur et l'extérieur de soi, à l'expression du cœur et de la lumière en soi, à l'unité dans la diversité, à la connexion entre le ciel et la terre afin d'agir selon la volonté divine, à la royauté, à la connaissance du sens, à la nouveauté, à la créativité sur un territoire spécifique, à la progression et à la transmission (éducation, enseignement).

En ésotérisme Chrétien, le chiffre 5 est associé à l'homme uni à Dieu mais aussi aux 5 plaies du Christ (les blessures où ont été plantés les clous lors de sa crucifixion, lui permettant ainsi d'effectuer l'acte d'amour qui a changé le champ électromagnétique de la planète Terre). Ces cinq plaies sont celle du cœur : désir d'importance personnelle et de grandeur, absence d'humilité, celles des deux mains : désir de prendre et de conserver, c'est-à-dire de posséder pour soi, et celles des deux pieds : désir d'agir au détriment d'autrui, selon son bon vouloir. Elles doivent être clouées à la croix pour que puisse s'exprimer la volonté divine. En tant que somme de 1+4, le chiffre 5 symbolise la conscience et l'action dans la matière. En tant que somme de 2+3, il symbolise le dépassement de la dualité par l'intelligence de vie et par les capacités d'adaptation.

Il symbolise enfin l'étoile flamboyante à cinq branches que le chercheur rencontre quand il s'approche de son corps spirituel, de son but suprême. En tant qu'énergie positive et force d'amour, il protège enfin contre la négativité.

Signification des images symboliques :

Le personnage : Un homme d'âge mûr, somptueusement vêtu, debout, tient d'une main un sceptre tandis qu'avec l'autre, deux doigts repliés, il pointe vers son cœur, indiquant ainsi que le juste chemin à suivre et l'objectif suprême se trouvent dans le cœur. Il fait un signe de bénédiction afin de faciliter la venue de l'aide nécessaire.

Sa cape est accrochée au niveau de la gorge par un bijou en forme de Soleil, ce qui évoque la parole divine. Il porte des gants. Sa tête est recouverte d'une tiare ornée de pierres précieuses, comme la Papesse. Les pierres précieuses évoquent la lumière de la connaissance qui met fin à l'ignorance. Son attitude évoque la bonté et la bienveillance. C'est un érudit, un expert, un enseignant. Il est tourné vers ses semblables avec qui il partage ses connaissances et son expérience. Il les aide et soulage leurs souffrances physiques, morales et spirituelles.

Le Pape s'adresse aux autres, divulgue des informations et transmet oralement un enseignement, des révélations, des conseils ou une mise en garde. Il est un médecin du corps et de l'âme. Il réconforte et enseigne les principes de la vie, de l'amour, de l'évolution spirituelle, du sacré et des valeurs éternelles qui apportent du sens. Il est le gardien des connaissances du chemin étroit qui mène au retour à Dieu et des rituels ou actions qui balisent ce chemin. Il est le gardien des enseignements de la foi, de l'espérance et de l'amour au sein du tarot.

Les deux colonnes : Elles symbolisent le canal par lequel passe le flux montant des prières et le flux descendant des bénédictions divines. Elles sont la prière et la bénédiction, le jour et la nuit, la volonté humaine et la volonté divine, le travail personnel et la grâce de Dieu. Elles représentent les piliers ou les qualités qui donnent accès au temple, c'est-à-dire au corps spirituel et donc à l'expérience spirituelle. Parmi ces qualités, il y a l'acceptation d'autrui, la rigueur, la bienveillance, l'action consciente et la sérénité. Le Pape, par ses actions et ses enseignements, permet de concilier, de créer et maintenir un équilibre entre ce que représentent les deux colonnes.

La tiare : Elle symbolise la conscience et la vision spirituelle sur les trois plans (plan de la matière, plan de l'âme et plan de l'Esprit) et la capacité à orienter ses pensées, ses comportements et ses actions en fonction d'un idéal spirituel. Elle permet de comparer toute situation existante à cet idéal spirituel où à un schéma de parfaite santé.

Les gants et l'espace vide entre les index : La main symbolise l'action et le gant oriente l'action d'une manière spécifique suite à un engagement pris. L'engagement est celui de retrouver Dieu et de servir Dieu tandis que l'action est de conformer sa vie aux lois spirituelles.

Le gant symbolise la pureté rituelle et la connaissance des pratiques qui permettent de retrouver Dieu mais aussi d'avoir une autorité légitime sur la situation. Les rituels sont ceux qui permettent à une âme de se reconnecter avec son essence divine. Ils font partie d'un processus en trois étapes qui sont la purification, grâce à l'amour de tous les êtres et de Dieu, l'illumination de l'âme grâce à la méditation et à l'union mystique avec la Source, avec le Divin, qui s'ensuit, ce qui abouti au triple objectif, c'est-à-dire à la santé du cœur, à la joie de l'âme et à la paix de l'Esprit. La purification signifie créé du vide et enlever quelque chose qui n'appartient pas à la volonté divine mais à la volonté humaine. Cela signifie ici maintenir en silence les pensées non issues de l'amour du cœur et de la vérité, l'imagination, les peurs, les désirs et les actions inférieures.

Le sceptre : Il relie le haut et le bas, le ciel et la terre. Il symbolise la capacité à être et à agir de façon à ce que ce qui est en bas soit comme ce qui est en haut. Le sceptre représente un pouvoir légitime né de la capacité à aimer à la foi Dieu, son prochain et tous les êtres. Il représente la capacité à accomplir la volonté de Dieu sur Terre. Il symbolise ici le pouvoir, que se sont octroyés les Papes Catholiques, de représenter Jésus-Christ sur la Terre et de diffuser son message d'amour. Dans certains jeux de tarot, les 3 barres du sceptre représentent le corps, l'âme et l'esprit ou encore la vie sur Terre, le purgatoire et le paradis. Elles symbolisent la pratique de l'obéissance génératrice d'ordre et de paix, de la pauvreté permettant de recevoir la grâce et la lumière de Dieu et de la chasteté qui valorise exclusivement ce qui vient du cœur et de l'amour. Elles représentent aussi les trois étapes du processus menant à l'union avec Dieu évoquées précédemment. Le sceptre offre ainsi la capacité de créer, tant au niveau spirituel qu'au niveau de l'âme, du mental et du corps. Il symbolise le pouvoir de guérir l'âme, le mental et le corps, la joie qui en résulte et la libération qui s'ensuit. Il représente donc l'unité intérieure extériorisée ainsi que les règles et les valeurs spirituelles qui s'appliquent au groupe. Des flammes semblent sortir du sceptre du tarot de Viéville comme pour montrer que Dieu est un feu vivant.

PRATIQUE ET SOLUTIONS

La présence du Grand-Prêtre dans un tirage montre que la situation est fortement liée à l'environnement et qu'elle nécessite une vision liée au cœur, de la tolérance et une maîtrise de l'information. Le Grand-Prêtre permet une « bonne » conduite. Il neutralise les aspects négatifs d'un jeu et amplifie les aspects positifs.

La vie personnelle (Amour, sentiments, foyer, famille) : Position 1, 3 ou 4 : En positif : Il est favorable d'être centré dans votre cœur, d'agir selon vos valeurs ou votre philosophie de vie, d'agir selon les valeurs morales existantes dans votre environnement, de tenir vos promesses et de respecter vos engagements, de relier le ciel et la terre en vous, de donner du sens à ce qui se passe, de vivre une situation qui a du sens, de développer un sens du sacré, de faire une expertise de la situation ou d'en tirer un enseignement, de trouver un guide, d'écouter de bons conseils, de discuter et négocier, de faire preuve de compréhension, d'intelligence, de conscience spirituelle, de compassion, d'indulgence et de bienveillance, de réconcilier les parties en désaccord, de trouver un terrain d'entente, de vous donner la permission d'exprimer le meilleur de vous-même, de partager des valeurs morales, philosophiques, religieuses ou spirituelles, de voir que vous êtes une personne bénie des dieux, de conclure un accord permettant une relation harmonieuse, de contracter une alliance ou d'officialiser une relation.

Il y a une rencontre avec une personne bienveillante, compréhensive, tolérante, dotée de valeurs morales et experte dans son domaine. Il y a des sentiments et des liens sincères et solides, une vision positive voire sacrée du couple, des promesses qui sont tenues, une excellente entente fondée sur un respect mutuel, un engagement réciproque, une intelligence au quotidien, une philosophie de vie partagée, une relation sérieuse, joyeuse et sereine fondée sur la confiance et sur un partage d'enseignements, la création d'une union, la légalisation d'une union (avec l'amoureux), la bénédiction d'une union, une union bénie des Dieux, une paix joyeuse du ménage, une capacité à pardonner, une réconciliation, un couple protégé, un couple spirituel ou une relation où ce le lien spirituel prédomine sur les liens charnels. Il y a parfois un mariage ou l'officialisation d'une relation.

Position 2 : En négatif : Il est ici défavorable de discuter, de négocier, de faire confiance à la personne qui souhaite vous guider, d'écouter des conseils, de faire appel à une personne intermédiaire, d'effectuer une formation, de partager des valeurs morales, philosophiques, religieuses ou spirituelles, de signer un accord ou d'officialiser une relation. Il y a un manque d'harmonie avec l'ordre cosmique car le ciel et la terre ne sont pas connectés. Il y a deux philosophies de vie totalement différentes, des modes de vies différents, des objectifs différents, des divergences religieuses ou culturelles, une personne intéressée malgré des apparences très comme il faut, un couple désuni où chacun prêche pour sa paroisse en étant convaincu d'avoir raison, un manque d'engagement, de confiance et de bénédiction, une impossibilité à trouver un terrain d'entente, une rupture de contrat, une relation de type professeur-élève ou maître-disciple ou père-enfant, une rencontre avec une personne mariée ou vivant une relation avec quelqu'un d'autre, un excès de conformisme, un abus d'autorité et de pouvoir, de l'intolérance et du dogmatisme ou une personne envahissante et étouffante. La création d'une relation harmonieuse ou officielle est retardée, remise en cause ou annulée.

La santé et le bien-être : Cet arcane est en lien avec le foie et la circulation sanguine.

Position 1, 3 ou 4 : En positif : Il est favorable d'effectuer une visite chez un médecin compétent, chez un thérapeute bienveillant, chez un guide qualifié ou chez un expert afin de recevoir des conseils appropriés et de suivre un traitement adapté. Une prise en charge efficace par le système médical occidental ou oriental, une organisation de vie en accord avec vos valeurs, une bonne hygiène de vie, une pratique spirituelle et votre foi en vos capacités d'être en santé favorisent votre bonne santé, une amélioration de votre état de santé et votre guérison. L'énergie du ciel et l'énergie de la terre circulent harmonieusement en vous et vous guident pour organiser une vie équilibrée.

Position 2 : En négatif : Cet arcane peut représenter des problèmes de communication, d'audition, de tension artérielle, de foie, de circulation sanguine, de protection de l'organisme ou de surpoids. Il est défavorable de négocier, de conclure un accord officiel, d'effectuer une visite chez un médecin, chez un thérapeute, chez un guide ou chez un expert afin de recevoir des conseils ou de suivre des traitements qui risquent de ne pas être appropriés. L'énergie du ciel et l'énergie de la terre ne circulent pas harmonieusement en vous. Un problème de sens, une organisation de vie défaillante, une pratique inadaptée ou une orientation disharmonieuse perturbe votre santé.

La vie professionnelle :

Position 1, 3 ou 4 : En positif : Il est favorable de trouver et d'incarner votre vocation, d'agir selon vos valeurs ou votre philosophie de vie, de donner du sens à ce qui se passe, de vivre une situation qui a du sens, de trouver un guide ou un expert, de faire une expertise, d'écouter de bons conseils, d'utiliser votre sens pédagogique pour enseigner, de partager et transmettre vos connaissances, de trouver, intégrer ou restituer un enseignement, d'effectuer des études supérieures, une formation, un stage ou un module de spécialisation. L'univers médical ou paramédical ainsi que les professions libérales sont favorisés.

Il est favorable de faire preuve de compréhension, d'intelligence, de diplomatie et de bienveillance, de réconcilier les parties en désaccord, de trouver un terrain d'entente, de vous donner la permission d'exprimer le meilleur de vous-même, de discuter et de négocier, de conclure un accord, de signer un contrat, de contracter une alliance, d'officialiser un partenariat, de tenir vos promesses et de respecter vos engagements.

Vous récoltez les fruits de vos études, de vos connaissances, de votre travail, de votre expérience, de votre expertise et de votre sérieux. Il est favorable de rechercher un emploi sérieusement si vous n'en avez pas. Vous recevez de bons conseils, un soutien moral, l'aide d'un spécialiste ou des dieux, la protection d'un supérieur hiérarchique ou l'appui d'une personne mure et bienveillante. Vous êtes bien installé(e) dans votre travail où vous êtes perçu(e) comme une référence que l'on sollicite, que l'on écoute et que l'on vient consulter. Vous réussissez à atteindre votre objectif et votre situation évolue favorablement.

Position 2 : En négatif : Il y a des valeurs qui sont inadaptées, un objectif qui n'est pas réaliste, un projet qui ne tient pas compte de l'environnement ou de la législation, un système d'information trop compliqué, un enfermement dans un système de croyances sclérosant, de l'intolérance, une difficulté à conseiller judicieusement, une incapacité à écouter les conseils d'autrui ou encore une difficulté d'adaptation au système parce que vous ne comprenez pas ou n'acceptez pas les règles.

Vous recevez des mauvais conseils, vous orientez dans une mauvaise direction ou ne rencontrez pas la confiance de vos supérieurs hiérarchiques, ce qui freine votre évolution. Il y a un manque de sens pratique, de bon sens, de pragmatisme, de justesse, de formation, de connaissances, de spécialisation, d'expertise, de soutien, de support, d'aide, de bénédiction ou de chance.

Les Finances : Position 1, 3 ou 4 : En positif : Il est bénéfique et important de bien comprendre l'environnement économique mais aussi les lois de l'abondance et le sens spirituel de l'argent. Il est favorable d'investir dans une formation ou un stage, de solliciter les conseils d'un expert, d'avoir des informations fiables, de réfléchir et de faire preuve de bon sens mais aussi d'intelligence, de discernement, de rigueur, d'équilibre et d'une moralité irréprochable, de discuter et négocier, de contracter une alliance et de signer un contrat.

Votre ouverture spirituelle, votre bon sens, votre intelligence, des attitudes saines, positives, morales, légales et équilibrées envers l'argent, une gestion financière en harmonie avec votre philosophie de vie et avec vos valeurs spirituelles, une gestion équilibrée, une capacité à trouver et à écouter de bons conseils, une maîtrise de votre budget et une protection financière par une personne sérieuse et qualifiée favorisent votre situation financière. Vos difficultés éventuelles sont facilement maîtrisées. Vous recevez une réponse positive d'un organisme financier. Votre situation financière évolue favorablement et s'annonce prospère.

Position 2 : En négatif : Des difficultés ou des limitations financières existent. Elles peuvent être causées par des obligations légales contraignantes ou par un non respect des règles légales présentes dans votre environnement, par une mauvaise philosophie de vie, par un manque de bon sens, par des dépenses excessives, par des coûts de formation ou de stage trop élevés, par un refus d'un organisme financier de vous aider ou par un manque de connaissances, d'expertise, de rigueur et d'organisation. Vous risquez d'investir dans une formation de mauvaise qualité, de recevoir des mauvais conseils ou d'être victime d'une tentative d'escroquerie. Il est défavorable d'investir ou de signer un contrat.

Les personnages associés au Grand-Prêtre : Les personnes maitrisant une spécialité, ayant des connaissances, une certaine érudition, une expertise, des qualités humaines, une éthique, un sens philosophique, de la générosité, une valeur morale et spirituelle, une bienveillance, une générosité, une foi, un dévouement envers une cause et une proximité avec les gens. Les personnes mariées. Les spécialistes.

Les métiers associés au Grand-Prêtre : Conseiller, consultant, professeur, enseignant, maître de conférences, guide, médecin, religieux, prêtre, homme d'église, guérisseur, notaire, avocat, psychologue, thérapeute, conférencier spécialisé, coach, expert.

Les lieux/objets associés au Grand-Prêtre : Un lieu positif, un lieu où l'on s'exprime et où on enseigne, un centre de formation, une salle de conférence, une université, un lieu sacré où l'on trouve la paix et la sérénité, un temple, une église, un lieu de culte, un lieu calme et vibrant, les objets et équipements nécessaires à l'enseignement.

Les personnages de la mythologie Grecques en lien avec l'arcane : Asclépios.

Les liens avec l'astrologie occidentale : Jupiter en tant que deuxième maître des Poissons. Conjonction Soleil, Jupiter, Neptune.

La ou les couleurs en lien avec l'arcane : Violet.

Les animaux en lien avec l'arcane : L'éléphant, l'hippopotame, le bison, l'élan, le cerf, le buffle.

Pour vivre le meilleur du Grand-Prêtre : Vous avez conscience des origines spirituelles de l'être humain et des processus d'incarnation qui scindent l'être humain en un pôle masculin et un pôle féminin, le fragmente en diverses sous-personnalités plus ou moins autonomes et le déconnecte presque entièrement de sa source créatrice. Vous avez conscience qu'un être humain est constitué d'un corps spirituel autour duquel gravite une âme faite de multiples volontés et que cet ensemble est incarné dans un corps physique. Vous avez conscience que l'âme ne peut grandir que par la vie et l'action et qu'elle ne peut s'épanouir que par la prière, la méditation et par un cheminement effectué dans une totale liberté de choix, où une partie de la vie est consacrée au développement spirituel. Vous avez conscience des différents enseignements nécessaires, en lien avec le corps spirituel (Le Père), l'âme (le Fils) et le corps physique (le Saint Esprit), qui sont accessibles à l'humanité pour que ces membres puissent retrouver le chemin de l'union avec Dieu. Vous savez que chaque âme finira un jour par se rassembler à nouveau autour de son centre et vous êtes motivé pour apporter votre contribution à l'évolution de la vie, souvent en dispensant certains enseignements. Vous avez conscience que la confiance en soi, un sens de l'objectif et un centrage dans le cœur sont indispensables pour avancer sur le chemin et vous savez à la fois reconnaitre, nourrir et protéger votre amour et votre confiance par les attitudes et les actions appropriées, en écartant toute illusion.

Vous avez conscience que la véritable autorité, celle qui est légitime, nourrit sa légitimité en prenant avant tout soin du bien-être et de l'évolution d'autrui, qu'elle est à l'opposé de toute contrainte et de toute dépendance et qu'elle ne peut être fondée que sur la confiance, la liberté de choix et l'accomplissement de la « Nécessité », c'est-à-dire des lois de l'univers. Votre synchronisation avec ces mêmes lois vous permet d'être « béni des Dieux ».

Vous avez conscience de votre autorité, de votre capacité à donner le sens et la juste direction à prendre, de votre puissance organisatrice et de votre pouvoir de restituer la force de la foi et de l'amour. Vous êtes chaque jour dans l'action, en faisant toujours de votre mieux, en cultivant la maîtrise de votre corps, de votre cœur, de votre joie, de vos pensées, de vos paroles, de vos attitudes, de votre grandeur d'âme et de vos actions. Vous prenez votre place dans le monde, suivez votre propre chemin vers Dieu et vers votre unité intérieure, dispensez des enseignements et aidez les personnes qui sont prêtes à avancer sur leur chemin. Vous êtes alors un Grand-Prêtre au service de la vie.

6-L'AMOUREUX, LES AMOUREUX OU LES DEUX ROUTES

THEORIE

Le nom de l'arcane : L'amoureux ou l'amoureuse désigne une personne dont l'attention est centrée sur une autre personne avec qui elle est en lien, en relation, pour qui elle ressent du désir et de l'amour et avec laquelle elle vit ou espère vivre une relation dite « amoureuse ».

Le numéro de l'arcane : Il fait partie d'un binôme de nombres composé du chiffre 6 et du chiffre 15. Combinaison de 5+1, de 4+2 ou de 2x3, le 6 est un symbole à la fois de créativité dans la forme, d'engagement, de choix, d'associations multiples, d'équilibre, de sensibilité à la beauté, de désir et de limites structurantes. Il est en lien avec l'étoile à 6 branches formée par 2 triangles, l'un pointé vers le ciel et l'autre vers la Terre. Cette association entre deux triangles masculins et féminins évoque la rencontre entre deux pôles complémentaires qui s'équilibrent avec précision et perfection. Il symbolise l'expérience du couple comme moyen d'apprendre à aimer et comme moyen de retrouver l'unité intérieure masculin-féminin.

Signification des images symboliques :

Le personnage : Un jeune homme debout est entouré d'une jeune femme qui lui ressemble et d'une femme plus âgée. Il regarde la femme plus âgée et tient sa ceinture de sa main droite.

Il semble indécis concernant qui il doit écouter et suivre. Cela évoque une difficulté à « y aller », à s'engager dans une relation amoureuse. Dans certains jeux, le jeune homme ne porte ni pantalon, ni chaussettes ni chaussures. Dans le Tarot de Bruno de Nys, le pantalon du jeune homme, comme celui du Bateleur, a une jambe bleue et une jambe rouge, ce qui évoque le libre choix, l'équilibre entre l'action et la non-action. Son expression, suivant les jeux de tarot, est tantôt hésitante, tantôt embarrassée et tantôt disponible à ce qui est.

La femme plus âgée : Elle fait face au jeune homme à un angle de 45°. Elle porte une couronne affichant une certaine position sociale et un statut. Son expression est sereine mais déterminée. Sa main gauche est posée sur l'épaule droite du jeune homme et sa main droite est orientée vers le deuxième chakra, aussi appelé Hara, du jeune homme, qui symbolise la sensualité et les plaisirs charnels. Elle est capable de l'initier aux secrets du plaisir sexuel et de la gestion de son énergie sexuelle. Ses bras ne sont pas visibles ce qui implique des actions secrètes. Elle représente la responsabilité, le choix de s'engager sur un chemin spirituel, le discernement qui permet d'apprendre à distinguer entre plaisirs éphémères et joie durable, la force de caractère et la sagesse qui permettent de donner une juste forme à ce qui est. Elle peut aussi symboliser le choix de la raison et une relation d'intérêts. Elle peut enfin représenter la tentation de focaliser son énergie et sa conscience sur les plaisirs charnels.

La tentation se manifeste alors lorsqu'on est déconnecté de ses vrais désirs et de la volonté divine et aussi quand on est disposé à agir d'une certaine façon qui n'est plus en harmonie avec l'ordre des choses.

La tentation peut être vaincue en réaffirmant ces valeurs et par la force du « non », de part le choix qui a été fait.

La jeune femme : Elle est ravissante et féminine. Elle se tient aux côtés du jeune homme. Elle a sa main gauche posée sur le cœur du jeune homme tandis que sa main droite est posée sur son propre ventre. Elle est capable d'initier aux plaisirs du cœur et des sentiments. Dans certains jeux de Tarot, les manches du vêtement de la jeune femme sont blanches, ce qui évoque la pureté des actes, des intentions et des sentiments. Le jeune homme et la jeune femme semblent très liés et former un couple d'amoureux, mais ils pourraient aussi être des frères et sœurs recevant un enseignement de la mère ou encore des âmes jumelles. Elle représente les sentiments, les émotions, la tendresse, la gentillesse, la compassion, l'amour et une relation basée sur le cœur. Elle peut cependant aussi symboliser les plaisirs immédiatement assouvis, la tentation et la facilité.

L'angelot : Au dessus du jeune homme, devant un grand soleil aux rayons rouges-orangés, un angelot tenant un arc et une flèche semble prêt à viser le cœur du jeune homme. L'angelot symbolise le paradis sur terre, la joie profonde, le bonheur, les différentes formes d'amour, la part d'inconnu, la voix de l'univers, le destin, l'inspiration divine permettant de se poser les bonnes questions, de faire les bons choix et d'écouter les signes envoyés par la vie. Il symbolise la volonté de joie et la capacité à créer son bonheur. Il symbolise aussi l'influence de l'inconscient dans les choix et les engagements. Il cherche une cible, un objectif, c'est-à-dire le bon partenaire, le trouve et l'atteint. Il est là pour aider le jeune homme à écouter son cœur afin de faire triompher l'Amour et la joie céleste. Dans certains jeux, il a les yeux bandés, ce qui peut suggérer soit que parfois l'amour aveugle ou que l'amour véritable ne se voit pas avec les yeux physiques.

Les jeux anglo-saxons : Dans certains jeux anglo-saxons comme le Raider-Waite, la femme plus âgée est absente et les deux jeunes gens sont nus. Derrière la jeune femme se trouve un arbre autour duquel est enroulé un serpent.

Cela évoque l'union spirituelle Homme et Femme, l'union des âmes jumelles, dans un même corps, qui existait avant l'incarnation dans la matière et le désir de récréer cette unité, autant que possible, à travers le couple, sur Terre.

C'est ce désir qui incite à chercher le bon partenaire. Cela évoque également la légende d'Adam et Eve, c'est-à-dire le choix d'incarnation dans la matière mais aussi le choix d'être maitre de ses sens ou d'en être esclave. Dans certain jeux, on distingue deux routes allant dans des directions différentes, ce qui indique le choix entre deux chemins, entre d'un côté le chemin qui mène à l'obéissance, à la pauvreté, à la chasteté et au bonheur de l'âme où à celui qui mène au pouvoir, à la richesse matérielle, aux plaisirs charnels et à la luxure.

La mise en scène : Beaucoup d'encre a coulé quand à l'interprétation de cette mise en scène. Les hypothèses paraissent nombreuses lorsque l'on n'est pas centré dans son cœur et nous sommes alors apparemment devant un choix multiple d'interprétations. *Première hypothèse :* La femme plus âgée est la mère du jeune homme.

Elle lui a trouvé une épouse qui lui correspond, en accord avec ses vrais désirs et a arrangé le mariage comme cela se pratiquait beaucoup dans le passé. Elle lui donne la permission de créer une vie de couple et le pousse à s'engager, en l'initiant aux secrets de la sexualité, au monde des sentiments, de l'amour, de la joie et de la création du bonheur en couple.

Deuxième hypothèse : La jeune fille présente sa mère à son chéri d'amour. *Troisième hypothèse :* Deux femmes aiment le même homme. L'amoureux doit choisir entre deux femmes, entre deux chemins, voire entre « le bien » et « le mal ». Dans tous les cas, il y a un engagement et donc un choix. Ce choix nécessite d'avoir des valeurs, de faire preuve de discernement, d'avoir conscience de ses sentiments et de ses vrais désirs, de faire le tri parmi toutes les formes, de choisir celles qui créent une joie profonde et durable et de savoir combiner le sens de l'effort et l'acceptation de la grâce.

Quatrième hypothèse : En considérant l'aspect symbolique des personnages, il est nécessaire d'effectuer un mariage intérieur afin de devenir capable de faire appel à la fois aux qualités masculines de l'âme et à ses qualités féminines, à celles liées à la jeunesse et à celles liées à la maturité, en trouvant le bon dosage, ou encore de concilier le cœur et la raison, le désir et la conscience, la vie terrestre et la vie spirituelle.

Cinquième hypothèse : Une jeune femme reçoit un enseignement de la part de son frère et de sa mère ou un jeune homme reçoit une initiation de la part de sa sœur et de sa mère.

PRATIQUE ET SOLUTIONS

Cet arcane apporte joie et couleur au tirage. Il invite à aller vers les autres, à créer des liens, à aimer et souvent à faire un choix. Il demande d'être à l'écoute de ses désirs profonds et de ceux des autres.

La vie personnelle (Amour, sentiments, foyer, famille) : Position 1, 3 ou 4 : En positif : Si vous êtes célibataire, il est favorable de voir qu'il y a de multiples possibilités et qu'il est nécessaire de bien choisir, d'écouter vos vrais désirs et votre cœur afin de faire le bon choix, de faire le choix qui vous apporte joie et sérénité, d'attirer, de plaire et de séduire, de vous engager dans une relation, de vous investir dans une activité artistique, d'effectuer un travail en lien avec la beauté, d'exprimer votre intelligence relationnelle, de faire des rencontres, de développer votre vie sociale et de faire l'expérience de la vie de couple.

Si vous êtes en couple, il est favorable de générer de l'harmonie au sein de votre couple, de prendre soin de votre partenaire, de cultiver votre bonheur et de faire des choix vous apportant davantage de joie et de sérénité.

Cet arcane, qui symbolise avant tout la vie de couple et les relations sociales, évoque une très belle rencontre, un rendez-vous amoureux, le démarrage d'une belle histoire amoureuse pour une personne célibataire, une expérience amoureuse, le bonheur du partage, des sentiments et désirs réciproques, la joie de vivre, un certain romantisme, les plaisirs du corps, des décisions prises à deux et la création du bonheur au sein du couple.

Votre engagement dans la relation, votre charme, votre sens de la séduction, votre besoin d'harmonie et de beauté, votre gentillesse, votre sens du service, votre sincérité, votre dévouement, votre intelligence relationnelle et votre tempérament équilibré favorisent votre épanouissement affectif.

Position 2 : En négatif : Il est défavorable d'hésiter, de demander l'avis de tout le monde, d'attirer, de plaire et de séduire, d'effectuer ce choix là, de vous engager dans cette relation, d'avoir des activités sociales qui prennent trop de temps, de vous investir dans une activité artistique ou d'effectuer un travail en lien avec la beauté. Des doutes, des peurs, une tendance à hésiter, une perte de confiance en l'autre, une difficulté à aller vers les autres, à engager la conversation, à écouter vos vrais désirs, à faire le bon choix, à aimer, à partager et à vous engager, des attitudes superficielles, un manque de sincérité et de maturité, une tentation, une rivalité amoureuse, une tendance à l'infidélité, une double vie ou un manque d'équilibre et de joie perturbent votre vie sentimentale ou votre vie sociale.

Il y a un risque d'incompréhension, d'erreurs d'interprétation, de déformations de la réalité, de malentendus, de rencontre avec une personne qui n'est pas sérieuse, d'interférences familiales, de contrariétés sentimentales, de dépendance affective, de vous retrouver dans une situation n'offrant aucune sécurité et la possibilité d'un conflit voire d'une crise sentimentale.

Il y a une absence d'engagement, une relation fantasmée ou sans lendemains, des relations libertines, une infidélité, un adultère, une illusion de bonheur cachant un sentiment de honte, de trahison et d'abandon, une sensation d'abandon et un manque affectif. Vous aimez deux personnes en même temps et n'arrivez pas à choisir entre les deux.

La santé et le bien-être : Cet arcane est en lien avec les organes doubles comme les reins, les testicules ou les ovaires, avec la circulation sanguine, la thyroïde, l'équilibre, les vaisseaux cardiaques et avec la gestion du sucre dans l'organisme.

Position 1, 3 ou 4 : En positif : Une bonne harmonie générale, des relations équilibrées et une capacité à être à l'écoute de votre corps et de ses besoins vous permettent d'être en bonne santé. Si vous avez un ennui, plusieurs traitements sont possibles. Il est nécessaire de faire un choix en écoutant vos vrais désirs. Votre capacité à voir la beauté là où elle se trouve vous redonne de l'énergie.

Il est favorable de communiquer, de partager vos soucis ou de trouver une association qui peut vous aider.

En négatif : Vous éprouvez des difficultés à choisir le bon médecin ou le bon traitement. Il peut exister un souci de santé à la résolution incertaine, une insuffisance d'ordre rénale, un problème de thyroïde ou des problèmes circulatoires. Un déséquilibre doit être identifié et corrigé.

La vie professionnelle : Position 1, 3 ou 4 : En positif : Il est favorable d'exprimer votre intelligence relationnelle, votre sociabilité ou vos capacités artistiques, de voir qu'il y a de multiples possibilités et donc une nécessité de faire un choix en écoutant vos vrais désirs, d'aimer ce que vous faîtes et de faire ce que vous aimez, de vous investir dans plusieurs activités professionnelles ou dans plusieurs entreprises, d'accepter un poste à temps partiel ou un contrat à durée déterminée et de travailler en binôme ou en collaboration avec d'autres personnes. Il est favorable de faire appel à votre libre arbitre, de préserver votre équilibre et de générer de l'harmonie.

Cet Arcane peut évoquer la possibilité de travailler dans un lieu agréable avec de belles personnes ou la possibilité de travailler dans une activité en lien avec la beauté. Il peut suggérer un choix à faire entre deux possibilités ou entre plusieurs choix qui se présentent en même temps ainsi qu'un tournant dans votre carrière. Il peut représenter la nécessité de vous investir dans une équipe de travail ou dans un service. Il peut évoquer une rencontre sentimentale sur votre lieu de travail ou la possibilité de travailler en couple. Il souligne le rôle important de votre relationnel, de votre tenue vestimentaire et du plaisir à travailler dans une ambiance agréable. Votre réussite professionnelle s'accomplit grâce à des choix judicieux, à votre intelligence relationnelle, à vos relations, à une apparence séduisante et à un travail d'équipe harmonieux.

Position 2 : En négatif : Il n'est pas favorable d'effectuer ce choix là. Une difficulté à faire un choix entre plusieurs opportunités, une difficulté à assumer vos responsabilités, un manque de liberté de choix, une timidité, une instabilité psychologique, un manque de confiance en vous, un manque d'organisation et de compétences, un manque de motivation pour travailler, une tendance à l'hésitation, des difficultés relationnelles, des rivalités féminines, une tentation sexuelle sur votre lieu de travail, une tendance à systématiquement embellir la réalité ou des problèmes affectifs personnels peuvent perturber votre vie professionnelle.

Il peut y avoir des doutes à votre égard de la part de vos supérieurs ou de vos collègues, un conflit relationnel au sein d'une équipe, un non renouvellement de contrat et un échec à un entretien ou à un examen.

Les Finances : Position 1, 3 ou 4 : En positif : Il est favorable de résister à la tentation et aux multiples sollicitations, de préserver votre libre arbitre et d'équilibrer votre budget. Votre réseau social, une association, un partenariat, votre intelligence relationnelle, l'aide de votre partenaire ou vos talents artistiques peuvent favoriser votre situation financière. Des choix financiers sont à effectuer. Il est nécessaire d'écouter votre cœur et vos vrais désirs pour décider des bon choix financiers. Il y a des dépenses et des placements possibles liés à l'art, à votre beauté, à vos plaisirs, à vos relations ou à votre vie de couple.

Position 2 : En négatif : Il n'est pas judicieux de dépenser pour satisfaire un désir, pour faire plaisir à autrui ou pour entretenir une relation, d'effectuer ce choix financier, de céder à une tentation ou d'investir dans l'art ou la beauté. Un manque de maturité dans votre gestion financière, une attitude insouciante de votre part, de celle de votre conjoint ou de la part de collaborateurs, une personne qui a tendance à embellir la réalité financière, des dépenses excessives pour compenser un manque affectif ou une tendance à dépenser pour le plaisir risquent d'engendrer des déséquilibres financiers et des difficultés financières.

Les personnages associés à l'Amoureux : Le ou la chéri(e) d'amour, Les artistes, les personnes jeunes et belles, les belles personnes, les personnes joyeuses, gentilles et charmantes, les adolescents, les personnes amoureuses.

Les métiers associés à l'Amoureux : Les métiers d'art, les métiers en lien avec les arts plastiques, le design, la beauté ou la danse, décoratrice, conseiller d'orientation, conseiller conjugal, coach d'image, les métiers de la mode, tailleur, couturière, accessoiriste, esthéticienne, maquilleuse, visagiste, les personnes qui aident à faire des choix et à élaborer des stratégies, les animateurs tv/radio (avec Tempérance ou le Jugement), les métiers en lien avec les relations publiques comme attaché(e) de presse.

Les lieux/objets associés à l'Amoureux : Les lieux où l'art et la beauté s'expriment, les endroits magnifiques, les beaux paysages, les carrefours, la croisée de deux routes, les lieux de rencontre des amoureux, les lieux où les gens se retrouvent et partagent, les parcs publics, les parcs d'attraction et de loisirs.

Les personnages de la mythologie Grecques en lien avec l'arcane : Deucalion et Pyrrha. Eros. Aphrodite.

Les liens avec l'astrologie occidentale : Vénus à la fois dans ses facettes Taureau et Balance. Certains aspects du signe du Taureau et de la Balance.

La ou les couleurs en lien avec l'arcane : Rose, bleu ciel, bleu clair.

Les animaux en lien avec l'arcane : La biche, le mouton, les oiseaux colorés, le canard, l'âne, le lapin, l'ibis.

Pour vivre le meilleur de l'Amoureux : Vous avez conscience que dans le monde de la matière, la vie n'existe qu'à travers des opposés complémentaires qui doivent être harmonisés, que l'Esprit se manifeste à travers la forme, que toute forme est expression de l'Esprit, qu'une forme ne peut exister dans la matière que si son contraire existe aussi et que tout ce qui vous plait ou vous déplait chez autrui n'est en réalité qu'une partie de vous avec laquelle vous n'êtes pas en harmonie. Vous apprenez à interpréter le langage de la forme, à écouter votre corps, vos sentiments, vos gouts, votre besoin de joie et vos vrais désirs.

Vous augmentez votre conscience des forces d'attraction et des liens qui unissent « les êtres et les choses ». Vous prenez conscience que chaque être humain est d'un certain point de vue une partie de vous et développez un sentiment qu'il existe une grande loi de l'équilibre. Vous développez votre conscience qu'il existe toujours deux chemins, que l'un mène à la joie et l'autre à la souffrance. Vous agissez pour donner à chaque situation et à chaque création sa forme la plus harmonieuse et exercez votre capacité à faire le bon choix afin de devenir un maître de la forme dans tous les domaines, comme par exemple dans vos comportements, dans votre joie ou votre souffrance, dans votre tenue vestimentaire où dans votre maison et son décor. Vous avez conscience que le sentiment de bonheur nait de l'utilisation du pouvoir de rendre les autres heureux et qu'il est le résultat d'un engagement ferme de votre volonté. Vous avez conscience que la joie véritable résulte d'une création et que seul un engagement à vivre dans la joie vous permet d'avancer vers votre vérité profonde. Vous avez conscience du rôle sacré du couple dans l'évolution spirituelle et vous agissez pour découvrir à l'intérieur de vous votre pôle complémentaire puis pour créer un couple nageant dans l'harmonie conjugale et le bonheur. En étant créateur de formes, de joie et de bonheur, vous exprimez l'artiste qui est en vous et faîtes ainsi de votre vie une œuvre d'art.

7-LE CHARIOT

THEORIE

Le nom de l'arcane : Un Chariot est un véhicule permettant de se déplacer. Il est construit grâce à une intelligence technique. Il permet les déplacements, les échanges, le commerce, les voyages et la conquête de nouveaux territoires.

Les premiers chariots ont été créés grâce au développement de la technologie de la roue et de la jante, vers 2500 ans avant Jésus-Christ, en Perse, en Mésopotamie, chez les Celtes, en Egypte, en Grèce puis à Rome. Ils étaient construits pour la guerre et pour conduire les troupes sur le champ de bataille.

Puis, avec le développement de la cavalerie, ils sont devenus obsolètes en tant qu'arme de guerre. Ils ont alors été utilisés pour le jeu (courses de char) et pour la parade, comme symbole de victoire, de prestige et de célébrité.

Dans la mythologie ancienne de nombreuses civilisations, quand un être humain évoluait suffisamment, il activait et approvisionnait en énergie ses sept centres d'énergie. Il devenait capable, par la volonté et la maîtrise de soi, de se construire un véhicule ailé ou un « chariot de lumière » grâce auquel son âme pouvait voyager vers des mondes de plus en plus lumineux. Il parvenait alors à effectuer des « sorties hors du corps » ou « des voyages dans les mondes invisibles » et à explorer l'invisible.

Il devenait petit à petit conscient dans les trois dimensions de la réalité, c'est-à-dire le monde de la matière (le char sur le sol), le monde de l'âme(les chevaux) et le monde de l'Esprit (le prince). Il devenait alors conscient des sept mondes les plus denses. Ainsi, le Char d'Hélios, le Char d'Osiris, le Chariot de Thor et le char d'Ezékiel étaient jadis célèbres. Dans certains jeux de Tarots, un point sépare le nom de son article dans tout les arcanes, sauf pour le Chariot et la Force. Le point représente un arrêt nécessitant un recentrage. Le Chariot et la Force, étant parfaitement centrés dans leurs élans et maîtres d'eux-mêmes, n'ont nul besoin de ce point. L'individualisme de l'arcane du chariot est enfin souligné par le fait que c'est le premier arcane dont le nom est composé de lettres différentes.

Le numéro de l'arcane : Il fait partie d'un binôme de nombres composé du chiffre 7 et du chiffre 16. Le chiffre 7 peut être obtenu en additionnant les chiffres 1 et 6, 2 et 5 ou encore 3 et 4. Il réuni donc les trois premiers couples du Tarot. Il représente l'union du ciel et de la terre, les impulsions (1) qui prennent forme (6), les connaissances, les dualités ou le couple masculin-féminin (2) qui s'expriment (5) et les idées (3) qui se concrétisent (4) ou encore les structures (4) qui se mettent en mouvement (3). Il est ainsi considéré comme un nombre dynamique, sacré, mystique et magique. Il est associé à l'ordre invisible du monde (7 notes de musique, 7 couleurs, 7 jours, 7 chakras, les 7 orifices du visage humain, 7 péchés capitaux et les 7 planètes visibles à l'œil nu).

Le tarot lui-même peut être structuré en trois séries de sept arcanes où chaque arcane représente une partie de l'âme selon la vision du philosophe Grec Platon. Le chiffre 7 est également lié aux cycles de la Lune car il permet de diviser le mois en 4 périodes de sept jours.

Il est aussi lié au cycle d'Uranus qui demeure sept ans dans un signe astrologique et qui régi les cycles des civilisations sur Terre. Le 7 est très proche du 1 par son graphisme. Il ressemble à un 1 sur le point de s'envoler. Il est un 1 qui a pris de l'assurance parce qu'il y a acquis de l'expérience.

Le chiffre 7 regroupe 3 séries de concepts :

- Action, motivation, mouvement, engagement, conquête, résultats rapides et victoire.
- Intériorité, mise au point, bilan technique, approfondissement, analyse, réflexion, initiation, foi, spiritualité.

- L'ordre et l'organisation en action pour atteindre un objectif et pour se diriger vers la civilisation (Justice).

Signification des images symboliques :

Le personnage : Un jeune homme, ressemblant au Bateleur et au jeune amoureux de la lame précédente, se tient debout sur un chariot très particulier. Il est somptueusement vêtu. Sa tête est couronnée et deux luminaires (soit le Soleil et la Lune, symboles de l'Esprit et de l'âme) ornent ses épaules. Il tient un sceptre dans sa main droite et dans certain jeux, il tient des rennes de sa main gauche. Il semble regarder vers un lieu ou un objet bien spécifique.

Le Soleil et la Lune : Ils symbolisent les qualités transmises par le père et celles transmises par la mère mais aussi la victoire du conscient sur l'inconscient et la prédominance du présent sur le passé et la famille. Le jeune homme a partiellement vaincu les forces de l'inconscient et obtenu une première victoire sur lui-même. Mais le poids de la famille et du passé est encore là.

La couronne d'or, le sceptre et l'aigle : Ils symbolisent la légitimité et le statut princier du jeune homme, fils de l'Impératrice et de l'Empereur, mais aussi l'utilisation du pouvoir par la parole et la domination des événements.

Le Chariot : L'objet est ici plus important que le personnage et c'est par l'utilisation du chariot, c'est-à-dire par l'action, que le personnage prend toute sa dimension. Le chariot est composé d'un caisson central structuré par quatre colonnes fines qui sont emboîtées dans le caisson central.

Elles représentent les enseignements reçus de la grande Prêtresse et du Grand Prêtre mais aussi les potentialités positives ou négatives. Elles permettent au jeune guerrier d'utiliser son libre-arbitre. Elles portent un morceau de toile ou un rideau qui recouvre le char et qui peut à tout moment cacher le jeune homme, ce qui nous renvoie à la Grande-Prêtresse. Il y a ensuite deux roues qui sont de travers dans certains jeux, et bien dans l'axe dans d'autres. Les roues symbolisent les cycles de la vie, dans lesquels se lance le jeune homme.

Les chevaux : Le chariot est tiré par deux moitiés de chevaux. Les chevaux symbolisent les forces de l'inconscient et de la conscience, l'énergie de la vie qui va de l'avant, un élan dans une certaine direction et l'action. Ils sont souvent liés à de l'événementiel. Le cheval noir symbolise la passion et ce qui émane de l'inconscient tandis que le cheval blanc symbolise la volonté consciente et la clarté de l'esprit.

Les chevaux donnent au conducteur de char l'énergie nécessaire pour lutter et pour vaincre les obstacles en prenant des décisions courageuses. Le char porte soit un écusson sur sa façade avant, soit un aigle où encore, dans certains jeux, deux lettres S.M pour « Sa Majesté » ou Souffre et Mercure, ce qui symbolisent le principe masculin et le principe féminin qui s'allient dans l'action.

Dans certains jeux, le chariot est pleinement opérationnel et le jeune homme, que l'on peut associer à un Général, est prêt à mener ses troupes au combat. Mais dans d'autres jeux, le char n'est pas du tout fonctionnel (il y a deux moitiés de chevaux, les roues qui ne sont pas dans l'axe et le chariot est comme posé sur un sol très accidenté). Il ressemble à un objet factice pour une scène de théâtre ou pour faire une photo-souvenir de parade. Il est, de ce point de vue, un objet permettant d'effectuer une représentation théâtrale ou une fiction !

Cela évoque l'idée que le jeune homme, malgré toute sa motivation, son intelligence technique et stratégique, sa force et son pouvoir, est encore prisonnier de son rôle, de son passé, de ces illusions et de ses fictions ou croyances erronées. Cela rappelle aussi le fait que le plus grand voyage est celui qui conduit au centre du cœur, dans le corps spirituel, que le monde extérieur est uniquement là pour permettre un développement de l'âme et qu'il est inutile de s'égarer sur les nombreuses routes du monde extérieur. Il y a encore maintes choses dont le jeune homme sur le chariot n'a pas encore conscience, comme la civilisation, l'ordre du monde et des réalités spirituelles. Cela se fera plus tard, et même dès l'étape suivante, quand il rencontrera la Justice.

Mais pour l'instant, le jeune homme, qui a fait son choix, qui s'est engagé dans l'amour à l'étape précédente, est devenu prince ou général. Il doit à présent s'organiser et s'aligner pour s'engager dans la vie, libre et autonome, avec audace, motivation, dynamisme, courage et passion. Il conduit son véhicule, prêt à parcourir le monde et à affronter tous les défis. Il s'agit ici de conquérir son idéal, d'accomplir sa mission, de lutter pour obtenir la victoire et de triompher. Grâce à son pouvoir et sa légitimité, il se donne l'autorisation d'avancer et il montre aux soldats (aux forces de son âme) la direction à suivre. Il commence à prendre conscience du rôle important de ce qui est invisible et de l'ordre invisible caché derrière le monde visible.

PRATIQUE ET SOLUTIONS

Cet arcane, qui dynamise un tirage, symbolise les missions, l'activité et le travail dans son ensemble.

La vie personnelle (Amour, sentiments, foyer, famille) : Position 1, 3 ou 4 : En positif : Il est favorable d'avoir une vision claire de vos attentes, d'avoir confiance en vous, de vous fixer des objectifs et de mettre en place l'organisation adaptée pour les atteindre, de faire appel à votre volonté et d'être entreprenant, de prendre des décisions et des initiatives, d'exprimer votre autorité, d'effectuer des sorties et des démarches à l'extérieur de chez vous, de faire preuve de courage et d'aller de l'avant. Vous êtes capable d'orienter en conscience vos passions et vos émotions et de prendre les rennes de la situation en main. Vous êtes sans doute parfois plus préoccupé(e) par votre activité et par votre réussite que par votre vie sentimentale ou alors vous avez la possibilité de vous engager à deux dans une entreprise, dans un projet, dans un voyage ou dans un combat partagé.

Votre travail, vos déplacements, un éloignement ou un déménagement peuvent favoriser votre vie sentimentale. Il y a une possibilité d'effectuer une rencontre lors d'une mission, d'un déplacement, d'un voyage ou dans le cadre de votre travail. Votre besoin de conquérir, votre désir et votre plaisir, votre envie de réussir et vos capacités d'engagement dynamisent vos élans amoureux. Amour rime chez vous avec passion. Vous démarrez ou vivez une passion amoureuse. L'entente physique entre vous et votre partenaire est excellente. Votre vie affective progresse rapidement. Votre relation au sein du couple est engagée, intense, enthousiasmante et harmonieuse.

Vous vous donnez les moyens de créer votre bonheur et de surmonter toute difficulté tout en préservant une certaine liberté d'action, une part d'Indépendance et l'autonomie de chaque partenaire. Il y aura une victoire et une réussite sentimentale.

Position 2 : En négatif : Il est ici défavorable de vous fixer des objectifs, de mettre en place l'organisation adaptée pour les atteindre, d'être entreprenant, de prendre des décisions, d'exprimer votre autorité, d'aller de l'avant, de vous mettre en colère ou de nourrir des rapports de force. L'excès d'énergie dont vous disposez, votre impulsivité, votre agressivité, votre tendance à vous comporter comme un général qui mène ses troupes au combat et à abuser de votre autorité, votre difficulté à accepter ce qui est, votre tendance à vous mettre en colère, votre ambition professionnelle, vos excès de travail, un éloignement dû au travail, de trop nombreux déplacements, un déménagement, votre tendance à consacrer trop de temps dans vos activités à l'extérieur et pas assez dans votre foyer nuisent à votre vie sociale ou sentimentale.

Cela risque de provoquer des conflits, des frustrations, une perte de motivation, un désengagement et la tentation d'aller voir ailleurs. Vos rencontres sont surtout des aventures, des passions et des expériences qui ne durent pas forcément. Il y a un blocage, qui peut être d'ordre physique, d'ordre psychologique ou causé par des contraintes professionnelles, qui doit être solutionné.

La santé et le bien-être : Cet arcane correspond aux parties du corps permettant le mouvement (jambes, cuisses, hanches, bassin) et la combustion de l'énergie, au système psychomoteur et aux jambes.

Position 1, 3 ou 4 : En positif : Il est favorable de vous fixer des objectifs, d'entreprendre des démarches pour les atteindre, de faire de l'exercice physique et de pratiquer un sport. Vos besoins d'engagement, de compétition et d'intensité peuvent être canalisés par la pratique d'un sport. Vous bénéficiez d'une excellente santé et d'une bonne vitalité grâce à des attitudes positives et à une vie active. Vous considérez les éventuels ennuis de santé comme un défi et faîtes tout ce qui est nécessaire, avec énergie et détermination, pour les surmonter, pour maîtriser votre santé et pour être toujours en forme.

Position 2 : En négatif : Il est ici défavorable d'aller de l'avant, de pratiquer un sport, d'être dans l'excès, de faire preuve d'impulsivité et de précipitation, de vous mettre en colère ou de vous lancer corps et âme dans une activité qui risque de vous épuiser. Vous pouvez rencontrer une défaillance technique, une panne, une difficulté à vous déplacer, un handicap, un dysfonctionnement au niveau de vos jambes ou de votre bassin, un problème lors d'un déplacement, le mal de mer, un problème d'alimentation cardiaque ou un manque d'énergie. Il y a un risque de surmenage, de rupture d'équilibre et de burn-out.

La vie professionnelle : Position 1, 3 ou 4 : En positif : Cet arcane est le symbole principal du monde du travail, de l'activité professionnelle et de l'entreprise.

Le Chariot évoque un général qui mène ses troupes au combat et donc une mission, un projet nécessitant dynamisme, organisation, un plan d'action, des déplacements, une intelligence technique et stratégique, de l'autorité et de la combativité.

Il est favorable de vous fixer des objectifs clairs et pertinents, d'entreprendre des démarches pour les atteindre, de vous affirmer, d'avoir confiance en vous, d'aller de l'avant, d'être rapide et efficace, d'être dynamique et combatif, de montrer que vous avez les compétences permettant d'obtenir des résultats, d'exprimer votre autorité et d'agir pour atteindre votre destination.

Votre capacité à vous donner l'autorisation et les moyens nécessaires, à prendre des décisions puis à passer à l'action, votre dynamisme, votre enthousiasme, votre confiance en vous, votre audace ainsi que votre capacité à bien canaliser votre énergie vous permettent de créer le succès, la réussite, la victoire et le triomphe. Si vous êtes sans emploi votre motivation et votre capacité à maîtriser tous les paramètres de l'entretien professionnel favorisent une reprise d'activité. Vous avez besoin de préserver une certaine liberté d'action, une part d'Independence et votre autonomie.

Le Chariot évoque une mission présente ou à venir, un projet nécessitant des déplacements, un poste à responsabilités, une mutation, une promotion, une période d'intense activité, une évolution rapide de la situation, une réponse positive, un résultat positif, la réussite de vos projets et de belles réalisations.

Position 2 : En négatif : Il est ici défavorable de chercher à atteindre cet objectif ou cette destination, d'être rapide et efficace, d'être dynamique et combatif, d'exprimer votre autorité, de partir en mission, de confier cette mission à cette personne et d'aller de l'avant. Il y a un souci d'organisation, d'objectif, d'évaluation des risques, de comportement, d'agressivité, de relation à l'autorité, de moyens ou de destination.

Un manque de motivation, d'engagement, de préparation, de stratégie, d'organisation, de coordination ou de dynamisme, la précipitation, des prises de risques excessives, des abus de pouvoir, une personne qui vous met des bâtons dans les roues, des erreurs, un manque de réalisme, une suractivité pouvant tourner au burn-out, un excès d'orgueil, un problème de mobilité ou des problèmes techniques conduisent à l'échec. Une mission, un voyage ou un déplacement sont annulés. Il y a un incident de parcours. Vous perdez votre route, votre véhicule, vos moyens ou votre emploi.

Les Finances : Position 1, 3 ou 4 : En positif : Il est favorable de vous fixer des objectifs financiers, de faire preuve d'audace, d'engager des dépenses pour un projet, pour une expédition ou pour l'achat d'un véhicule, de maîtriser votre budget et d'œuvrer pour accéder à une autonomie financière. Vous avez la possibilité de réaliser des gains grâce à votre esprit d'entreprise, à votre activité, à vos initiatives, à votre travail, à votre efficacité, à votre courage, à votre capacité à prendre des risques bien calculés, à un déplacement ou un voyage, à vos aptitudes à diriger ou à votre capacité de conduire un véhicule.

Il est ici possible de compter sur une rentrée d'argent, sur une augmentation, sur l'excellente rentabilité d'un investissement et sur la réussite d'une affaire. Vous avez la possibilité de réaliser des gains importants, d'obtenir une victoire financière, d'atteindre un succès financier et de générer une réussite financière.

Position 2 : En négatif : Il est ici défavorable de chercher à atteindre cet objectif, de prendre des risques, d'engager des frais pour un véhicule et d'aller de l'avant. Des obstacles peuvent contrarier vos projets financiers. Il y a un risque de dépenses impulsives et excessives, d'excès de confiance, d'orgueil, de prise de risques mal calculées, de problèmes de voiture, de devoir engager des frais de réparations couteux, d'une expédition hors de prix, d'investissements qui ne donnent aucun résultat ou de comportements disharmonieux qui engendrent des déséquilibres financiers difficiles à combler.

Les personnages associés au Chariot : Les personnes jeunes entre 25 et 35 ans, les personnes audacieuses et dynamiques, qui ont un statut social, les entrepreneurs, les cadres, les voyageurs, les conducteurs de véhicules, les chefs, les commandants, les militaires et policiers, les champions, les personnes prétentieuses.

Les métiers associés au Chariot : Les professions en lien avec des véhicules ou qui nécessitent des déplacements (commerciaux et VRP, cadres, techniciens de maintenance), les métiers de l'automobile et du transport (concessionnaire, pilote, garagiste, chauffeur), les métiers de la logistique et les approvisionnements, les agents de planifications, les organisateurs d'événementiels, les métiers de l'entreprise, les conducteurs d'engin, les pilotes, les chauffeurs de taxi, les sportifs, les ambassadeurs, les conquérants, les personnes actives entre 20 et 40 ans, les coachs, les guides, les conseillers et les consultants, les métiers en lien avec les chevaux.

Les lieux/objets associés au Chariot : Cet arcane représente les véhicules, les moyens de déplacement (vélo, scooter, moto, voiture, bus, tram ou même train), les routes et autoroutes, l'intérieur d'un véhicule, les champs de courses, les lieux de fabrication ou de réparation de véhicules, les centres de décision, les auto-écoles, les salles de sport et les arènes.

Les personnages de la mythologie Grecques en lien avec l'arcane : Apollon. Arès. Iris.

Les liens avec l'astrologie occidentale : Comme le Bateleur, cet arcane porte les énergies du Soleil, de Mars et de Mercure mais il y a ici une présence importante de Jupiter et une présence plus discrète de la Lune. On peut associer cet arcane à une conjonction Mars-Jupiter-Soleil-Mercure.

Les couleurs en lien avec l'arcane : Rouge. Les sept couleurs de l'arc en ciel.

Les animaux en lien avec l'arcane : Le tigre, le guépard, le jaguar, les chevaux sauvages, les purs-sangs.

Pour vivre le meilleur du Chariot : Vous avez conscience que toute âme à besoin, pour se développer, de vie et d'action dans l'instant présent. Vous avez conscience de votre pouvoir de décision, de votre autorité mais aussi de l'importance des objectifs que vous vous fixez et de vos intentions. Vous savez que toutes vos actions découlent de vos décisions et que ce sont elles qui façonnent votre destin.

Vous avez conscience que l'objectif suprême est de vivre pleinement chaque partie de votre être puis de les rassembler toutes en les introduisant dans votre cœur, en votre centre, afin de vous reconnecter à votre « source créatrice divine » dans un élan d'amour.

Toujours en action et engagé dans un projet, vous êtes alors, symboliquement, comme un général qui mène ces troupes au combat pour servir son roi, votre être supérieur, afin d'avancer vers la victoire finale.

Vous définissez des objectifs légitimes et nobles, prenez des décisions, fixez les étapes, mettez en place une stratégie, trouvez puis organisez les ressources nécessaires, communiquez avec les mots justes et vous allez vers la destination choisie. Vous développez votre conscience de l'énergie et des stratégies qui permettent de réussir. Vous utilisez votre volonté, votre pouvoir de décision, votre capacité d'engagement, vos capacités d'organisation, votre intelligence et votre autorité pour transformer les événements jusqu'à obtention du résultat souhaité. En faisant à chaque instant de votre mieux pour améliorer ce qui est, vous mettez votre énergie au service de la vie. En vous donnant l'autorisation d'avancer vers le meilleur de vous-même, vous autorisez et aider autrui à en faire autant.

8-LA JUSTICE

THEORIE

Le nom de l'arcane : La justice est ce qui existe quand la loi est respectée. La loi ou plutôt les lois sont une description de l'ordre, de la structure et du fonctionnement d'une société pour les lois humaines et de l'univers pour les lois spirituelles.

Le numéro de l'arcane : Il fait partie d'un binôme de nombres composé du chiffre 8 et du chiffre 17. Lorsqu'il est en position horizontale, le 8 est le symbole de « La Source », de l'infini et de l'éternité. En position verticale, il s'incarne dans le monde des Humains en tant que principe de Justice, en tant qu'ordre du monde, où, selon les termes de l'Archange Bô Yin Râ, en tant « qu'Organisme Collectif de l'Humanité », qui rétablit l'ordre cosmique et l'équilibre, selon la loi éternelle et selon la Nécessité, lorsque ceux-ci sont perturbés.

En position verticale, le huit représente le point de rencontre et d'équilibre entre deux cycles, un cycle matériel ancré dans la matière et dans la civilisation et un cycle spirituel fait de conscience et relié à la vie dans l'au-delà, à l'énergie et à l'univers. Le 8 symbolise ce qui n'a ni commencement, ni fin. Il est éternel et indestructible. Il est la Vérité et la Réalité telles qu'elles ont toujours existées. Sa combinaison de 2x4 évoque la structure, l'ordre, la stabilité, l'équilibre immuable et un double pouvoir, le pouvoir de mettre en pratique et celui de rétablir l'équilibre soit dans un sens ou soit dans un autre. Il évoque également la puissance suprême et les transformations nécessaires pour que soit révélée notre vérité profonde. Dans certains jeux anglo-saxons, la Justice a été placée en position 11 et la Force en position 8. Quand on est juste à l'intérieur, on est centré dans la force du cœur et maître de soi, quoi qu'il advienne dans le monde extérieur. Ces deux arcanes sont deux énergies complémentaires pour accéder à la lumière divine (11+8= 19 Le Soleil). Cette inversion entre les arcanes 8 et 11 ne me parait cependant pas correspondre, d'après les recherches que j'ai effectuées, à la réalité.

Signification des images symboliques :

Le personnage : Une belle jeune femme, somptueusement vêtue, est assise sur un trône jaune. Son expression n'est ni douce, ni dure, mais simplement juste et impartiale voire un peu désabusée et mélancolique. Elle tient une balance dans sa main gauche et une épée dans sa main droite. Son coude et son genou gauches touchent l'un des plateaux de la balance et peuvent influencer la façon dont celle-ci va pencher. Elle porte sur la tête une couronne, dans laquelle une pierre précieuse et un symbole du Soleil sont incrustés.

Elle porte aussi autour du cou une chaine en or, comme l'Empereur ou dans certains jeux une corde. Elle est le seule arcane qui vous regarde droit dans les yeux. Cela signifie qu'elle voit clairement ce qui se passe à l'intérieur de chaque personne car elle est la seule à regarder en face la vérité.

Dans certains jeux, les yeux de la justice sont recouverts d'un épais bandeau. Cela signifie que la justice, où les Hommes, sont parfois aveugles mais aussi que la vraie justice et la justesse doivent être trouvées à l'intérieur de soi, en tournant son regard vers l'intérieur. La justice opère en trois étapes. Elle consulte son code de lois, elle argumente en pesant le pour et le contre en fonction des faits puis elle prend une décision et prononce un jugement.

Elle est là pour ça. Elle symbolise les règles qui permettent à la civilisation d'exister, les lois de la société, votre tribunal intérieur et son code de lois ainsi que votre tendance à décrire la réalité et à la juger en fonction de ce code de lois.

La chaine en or : Elle symbolise l'engagement envers ce qui est divin pour faire régner ce qui est juste sur Terre, l'engagement pour faire respecter l'autorité de l'Empereur et pour faire régner la paix au sein de l'empire et la paix qui survient quand tous les éléments s'emboitent harmonieusement.

Les deux colonnes : Elles symbolisent la volonté individuelle et la volonté divine, aussi appelée la Nécessité. L'être humain dispose du libre arbitre mais l'action juste, qui est ce que cherche à promouvoir la loi, s'inscrit entre la liberté d'agir selon la volonté individuelle et la nécessité d'agir selon les lois divines.

Le trône jaune : Il symbolise l'ordre éternel du monde grâce auquel le ciel et la terre peuvent être reliés. Cet ordre s'exprime à travers les lois de l'univers.

La balance : Elle symbolise l'équilibre des opposés complémentaires comme d'un côté les actions de l'âme et de l'autre l'ordre cosmique, le discernement et l'action, ce qui est donné et ce qui est reçu, le conscient et l'inconscient, l'intérieur et l'extérieur, ce qui est en haut et ce qui est en bas, la grâce et la rigueur, la sagesse et la puissance mais aussi le mouvement et la gravité. Les deux doivent être équilibrés et en harmonie.

La balance pèse le pour et le contre. Elle rééquilibre ensuite les déséquilibres. Celui qui juge sera jugé et celui qui pardonne sera pardonné. Elle apporte justesse, sérénité et stabilité aux personnes qui les recherchent. Elle invite à trouver au centre de soi son point d'équilibre, à travers l'amour, afin d'accéder à la sérénité de l'âme et à la paix de l'Esprit. Dans la mythologie, le cœur d'une personne était placé sur le plateau droit de la balance et une plume sur le côté gauche. Si le cœur était lourd, la personne se retrouverait dans les mondes les plus denses, dans les enfers, tandis que si le cœur était plus léger que la plume, son âme pouvait alors s'élever vers les mondes les plus lumineux.

L'épée : C'est un symbole de vérité, de décision, d'intelligence en action et de parole juste. Elle sanctionne en cas de rupture d'équilibre et lorsque la loi est transgressée, ce qui se produit quand la volonté personnelle n'est plus en harmonie avec la loi divine. Elle s'abat en tranchant et occasionne alors une libération et un rééquilibrage. Elle préserve ainsi la paix et elle maintien ou rétablit l'ordre.

Les ailes : Dans le tarot de Rolichon et de Viéville, elle semble ailée ce qui évoque que la véritable justice est céleste mais aussi qu'être juste donne des ailes et nourrit la foi.

PRATIQUE ET SOLUTIONS

La vie personnelle (Amour, sentiments, foyer, famille) : Position 1, 3 ou 4 : En positif : Il est favorable de remettre de l'ordre dans votre vie sentimentale et de rééquilibrer, officialiser et légaliser ce qui doit l'être, de faire preuve d'équilibre, de droiture, de diplomatie, de justesse et de vérité dans vos paroles et dans vos actions, d'avoir conscience du rôle sacré du couple, de mieux connaitre les lois qui régissent la création d'une relation sentimentale harmonieuse, d'observer que toute action a des conséquences et d'analyser les conséquences de vos comportements. Il est également judicieux de vous poser les bonnes questions quand à vos objectifs, vos possibilités et vos attentes, de faire le point sur votre situation, d'exprimer votre sens des valeurs, de fixer des limites justes, d'incarner des principes moraux, de peser le pour et le contre puis de trancher et d'agir selon ce qui est juste pour vous.

Le respect, l'intégrité, l'équité, l'honnêteté, la fidélité, la fiabilité, le sérieux, une bonne éducation, un bon jugement, des activités associatives ainsi qu'une volonté de construire et de créer votre bonheur favorisent votre vie sentimentale. Cet arcane évoque une rencontre avec une personne sérieuse, la construction d'un équilibre sentimental à travers une relation harmonieuse, sérieuse, solide et durable, un événement juridique, la légalisation d'une relation, une séparation qui se déroule dans de bonnes conditions dans la mesure où cela est juste et la fin d'une relation pesante. Vous récoltez les conséquences des actions que vous avez semées et cela est positif.

Position 2 : En négatif : Il est ici défavorable, déséquilibrant, compliqué voir lourd de conclure une alliance ou de vous investir dans cette relation. Une tendance à accorder trop d'importance à votre mental, une attitude dure, froide, entêtée, inflexible et trop stricte, un déséquilibre entre le donner et le recevoir, un manque de souplesse, une éducation rigide, une blessure d'injustice, une tendance à confondre perfectionnisme et évolution, un excès de sérieux, d'exigences, de conditions et de reproches, des mauvaises habitudes, une relation extraconjugale, la rencontre d'une personne mariée, un problème juridique, des complications administratives ou l'ennui d'une vie trop bien réglée et monotone perturbent votre équilibre et vos relations sentimentales, empêchent un partage harmonieux et plombent votre vie. Il y a un risque élevé de rupture de contrat, d'échec sentimental, de divorce, de procès, de perte de droits, de complications, de blocages ou d'importants retards. Vous subissez de manière négative les conséquences des actions que vous avez semées ou les conséquences des déséquilibres qui existent dans la société.

La santé et le bien-être : L'arcane de la Justice est en relation avec les reins, les glandes surrénales, les proportions, la coopération entre les différentes parties du corps, les grands équilibres corporels (température, pH, sucres) et avec l'équilibre alimentaire en particulier.

Position 1, 3 ou 4 : En positif : Il est ici possible et favorable d'être à l'écoute de tout signe de déséquilibre, d'effectuer si nécessaire un bilan, de prendre soin de vos reins et de vos glandes surrénales, de faire preuve de justesse, de discipline, de responsabilité, d'ordre et de rigueur, de prendre en compte les conséquences de vos actions, de comprendre les lois qui régissent la santé puis de créer et préserver une santé équilibrée grâce à une certaine discipline et à une vie saine qui prend soin à la fois de votre corps et de votre esprit.

Position 2 : En négatif : Il y a un déséquilibre et un manque de justesse, d'ordre et de vérité. Il peut y avoir un excès ou un manque de discipline, des difficultés pancréatiques, des difficultés rénales, des calculs rénaux, des perturbations du sens de l'équilibre, des vertiges, des problèmes de rigidité, des soucis de régulation ou des problèmes de poids. Sans doute est t-il ici nécessaire d'effectuer un bilan, de consulter une personne spécialiste de l'équilibre énergétique (Médecine traditionnelle chinoise) ou des reins, d'effectuer une action de rééquilibrage et de changer certaines habitudes.

La vie professionnelle :

Position 1, 3 ou 4 : En positif : Il est favorable d'accomplir vos devoirs, de constater que vous récoltez les conséquences de vos actions ou que ce qui se passe est juste, de respecter les règles, d'être en règle, d'effectuer des démarches administratives, de vous discipliner et d'adopter des comportements équilibrés. Une décision favorable est à prendre ou est en train d'être prise. Il y a un accord, une alliance, une officialisation, un agrément, la signature d'un contrat de travail, une réussite à un examen, la délivrance d'une autorisation ou d'un diplôme, une réponse favorable, une décision de justice en votre faveur et la légalisation de quelque chose.

La Justice rétablit l'équilibre là où il y a un déséquilibre. Elle apporte de l'ordre, une légalisation, un rééquilibrage, une réhabilitation et une sécurité. Votre vie professionnelle est source d'équilibre.

Il y a une nécessité d'exprimer les qualités de l'arcane (équilibre, conscience, ordre, organisation, méthode, rigueur, discipline, honnêteté, respect des lois, responsabilité, justesse, vérité, éthique et sens juridique) et de rechercher autant que possible une excellence. Un bilan professionnel est d'actualité. Il y a un contrôle des savoirs-faire et des savoirs-être. Les activités au sein de structures associatives, administratives, juridiques, artistiques ou dans des structures ou celles qui assurent le maintien de la civilisation sont favorisées.

Votre situation se structure et évolue lentement mais surement vers plus d'équilibre et d'harmonie.

Position 2 : **En négatif** : Il n'est pas favorable de vous investir dans cette structure ou dans cette association, de contracter une alliance ou de signer un contrat. Il y a un échec, une réponse défavorable, un refus administratif, une injustice, un conflit avec les administrations, un problème juridique, un déséquilibre professionnel ou un conflit social. Il y a une bureaucratie excessive, un non paiement de ce qui est du, un contrôle fiscal, un matraquage fiscal, un système rigide et une situation plombée par des personnes inflexibles ou par des règles qui nuisent à votre liberté d'action.

Des comportements durs, froids, rigides et entêtés, un excès de zèle, un perfectionnisme excessif, un non respect des règles, un manque de justesse, d'ordre et de vérité nuisent à votre vie professionnelle. Un accord, une alliance, une officialisation, un agrément, la signature d'un contrat de travail, la délivrance d'une autorisation et la légalisation de quelque chose sont bloquées, retardées ou empêchés. Il y a une nécessité de vous remettre en cause et de trouver un nouvel équilibre.

Les Finances : Position 1, 3 ou 4 : En positif : Il est favorable de constater que vous récoltez les conséquences de vos actions, d'être en règle, de rembourser vos dettes si vous en avez, de vous discipliner et d'adopter des comportements équilibrés. Votre rigueur dans la gestion des différents éléments de votre situation financière, votre honnêteté, votre justesse, votre finesse, votre prudence, vos efforts, votre sens de l'équilibre financier, votre capacité à planifier un budget à long terme, la bonne tenue de votre comptabilité, votre stabilité professionnelle, votre capacité à être en règle avec les administrations, des dossiers impeccables et vos bonnes relations avec les différentes administrations sont nécessaires et favorisent l'harmonie dans vos finances. Vous présentez un bilan juste, impeccable et équilibré. Cela favorise une certaine sérénité. Il y a un accord, une alliance, une officialisation, un agrément, une signature, la délivrance d'une autorisation, l'obtention d'un prêt ou une décision prise en votre faveur.

Position 2 : En négatif : Un déséquilibre financier, un manque de sérieux, de rigueur et de prévoyance, un non respect des règles, un collaborateur douteux, un contrôle fiscal, un rappel d'impôts, une amende, des problèmes administratifs, une perte d'argent dans un procès, des charges ou des crédits plombants, des dépenses excessives pour vous embellir, une mauvaise gestion, un fonctionnaire inflexible, un problème de dossier ou un problème juridique perturbe votre situation financière. Un accord, une alliance, une officialisation, un agrément, une signature, la délivrance d'une autorisation ou l'obtention d'un prêt sont bloqués, retardés ou annulés.

Les personnages associés à la Justice : Les fonctionnaires, les personnes ayant un lien avec les organismes sociaux et les services publics, les juges d'instruction, les avocats, les conciliateurs, les clercs, les comptables, les militaires (avec le Diable ou l'Arcane sans nom), les policiers (avec la Force), une femme sévère et exigeante, les personnes ayant un travail bien établi et contribuant au bon fonctionnement de la civilisation.

Les métiers associés à la Justice : Les activités en lien avec le droit et la magistrature (juge, avocat, clerc, notaire, huissier), les métiers de l'administration et de la fonction publique (préfet, maire, adjoint, agent administratif), les métiers de décision, les métiers liés aux chiffres et aux ressources humaines (comptable, contrôleur de gestion, auditeur, statisticien), les métiers permettant de rétablir un équilibre physique ou psychologique et enfin les métiers associés aux relations publiques, à la forme, à la couleur, à la danse, à l'art ou à la beauté.

Les lieux/objets associés à la Justice : Un bâtiment public, une administration, un tribunal, une banque, un lieu où on compte, où l'on pèse, où l'on utilise des chiffres et où se prennent des décisions, les contrats, les règles du jeu, une salle d'examen, les constitutions et les documents légaux.

Les personnages de la mythologie Grecques en lien avec l'arcane : Thémis. Dikké.

Les liens avec l'astrologie occidentale : Le signe de la balance dans ses aspects liés à la planète Saturne et Vénus. L'axe Balance-Bélier ou la paire Balance-Scorpion.

La ou les couleurs en lien avec l'arcane : Magenta. Les sept couleurs de l'arc en ciel et blanc.

Les animaux en lien avec l'arcane : Les oiseaux élégants, les grues, les hérons, les fourmis.

Pour vivre le meilleur de la Justice : Vous avez conscience que l'Esprit s'exprime dans la matière à travers une structure, un ordre éternel, des lois, une discipline et des formes, que sur la Terre, cela créé des « civilisations » et que les lois créées par les « Hommes » sont une tentative de reproduire les lois spirituelles.

Vous avez conscience que la justice existe quand la loi est respectée, qu'elle est la gardienne de la civilisation et que seule une discipline qui intègre la loi vous permet de devenir une expression, c'est-à-dire une forme, de l'Esprit. Vous apprenez à connaître les lois, à interpréter le langage de la forme mais aussi à écouter votre corps, vos sentiments, votre besoin de joie et ce qui est juste pour vous. Vous avez conscience que le monde de la matière existe uniquement grâce à une tension entre deux forces opposées et que toute action entraine inévitablement une réaction. Vous avez ainsi conscience de la grande loi de l'équilibre, qui contrebalance la tendance des choses matérielles à aller vers le chaos mais aussi de la loi de la compensation, qui équilibre ce qui est du, ce qui est donné et ce qui est reçu. Cela vous rend responsable, juste et éthique. Vous développez votre conscience des liens qui unissent « les êtres et les choses », selon laquelle chaque être humain est, d'un certain point de vue, une partie de vous et qu'il existe une force « divine », présente en chaque être humain, qui a conscience de tout ce qui se passe dans chacun de ses membres. Vous agissez pour donner à chaque situation sa meilleure forme et vous développez votre capacité à trancher afin de devenir un maître de la forme dans vos comportements, dans votre joie ou dans votre souffrance, dans vos relations, mais aussi dans votre tenue vestimentaire où dans votre maison et son décor. Vous avez conscience de votre devoir d'être une personne heureuse, que le sentiment de bonheur et la joie véritable naissent de l'utilisation de votre pouvoir créateur et que seul un engagement à vivre dans la joie et dans la justesse vous permet d'avancer vers votre vérité profonde. Vous avez conscience du rôle sacré du couple dans l'évolution spirituelle et vous agissez pour créer un couple vivant dans l'harmonie et le bonheur conjugal.

Vous avez aussi conscience que tout être humain à une dette à payer envers l'humanité et vous agissez pour apporter votre contribution à « la civilisation », en étant créateur de formes, de joie et de bonheur, en créant des liens avec d'autres personnes, en aidant des personnes à créer des liens entre elles et en participant à des activités associatives. Vous apprenez à rassembler les différentes parties de votre être en une « personnalité » unifiée, à retrouver la joie et à faire de votre vie une œuvre d'art structurée, dans l'harmonie et la justesse. Vous avez conscience qu'en utilisant votre libre arbitre pour vivre en harmonie avec les lois divines, vous vous synchronisez avec « la Nécessité » et vous créez alors, en pleine conscience, le début du chemin vers votre liberté.

9-L'HERMITE

THEORIE

Le nom de l'arcane : L'Hermite est associé à un vieux sage ou à un moine qui s'est isolé du monde extérieur pour se consacrer à sa vie intérieure, pour trouver son propre chemin et sa propre vérité. Il avance lentement mais surement sur le chemin étroit du retour qui mène jusqu'à la Source.

Il a renoncé aux artifices, au confort de la vie matérielle et à l'agitation du monde extérieur. Sur ce chemin, il apprend à être seul, à descendre dans les profondeurs de son être, à effectuer un long travail spirituel, à prendre conscience de l'ordre du monde, des vérités éternelles et à incarner la sagesse.

Cela passe par l'ouverture d'un gros chantier, par un bilan, par une introspection qui éclaire le passé, par un apprentissage de la structure des choses et de l'architecture de la vie, par un cheminement intérieur aboutissant à une libération et par la construction de sa cathédrale intérieure.

Il peut ensuite sortir de son isolement, apporter aux autres la lumière de la connaissance, c'est à dire les plans nécessaires pour cheminer en fonction de sa propre structure, éclairer le chemin et guider chaque personne vers sa vérité profonde. Il met ainsi sa sagesse au service de l'humanité. Certains Tarologues associent cet arcane soit au personnage de Diogène, un ermite Grecque se promenant avec une lanterne dans la main, soit à Moise guidant les pèlerins vers la terre promise ou encore à Hermès apportant aux Hommes la lumière de la sagesse. De nombreuses sociétés organisaient jadis des temps de solitude, d'isolement ou de silence permettant l'introspection et la maturation.

Le numéro de l'arcane : Il fait partie d'un binôme de nombres composé du chiffre 9 et du chiffre 18. Composé de 1+8, 2+7, 3+6, 4+5 et surtout 3x3 , le 9 englobe tous les chiffres, les rassemble tous et les transcende. Il termine un cycle pour en commencer un nouveau. Il symbolise la totalité, l'intégration des choses, la communion, la connaissance, l'intuition, l'inspiration, le lâcher-prise, le service aux autres, l'amour inconditionnel, la compassion, l'éveil spirituel et la pratique de la spiritualité, le retour aux sources, ce qui est immuable, l'aboutissement de quelque chose et l'aube d'un nouveau jour. Lorsqu'on l'additionne à un autre chiffre et que l'on réduit le résultat, le chiffre 9 disparait, tel un chemin qui s'efface derrière soi (exemple : 1+9=10=1, 2+9=11=2, 3+9=12=3 etc.).

Signification des images symboliques :

Le personnage : Un homme d'un certain âge, vêtu d'une tunique et d'une cape qui rappellent celles des moines, chemine lentement mais surement, en silence, vers la gauche, donc vers l'arcane de la Justice. Ce cheminement lent vers la gauche symbolise un retour sur le passé mais surtout le chemin intérieur vers le retour à la Source. Il n'a comme bagage qu'une lanterne, un peu voilée, qu'il tient dans sa main droite et un bâton qu'il tient dans sa main gauche. Sa sagesse lui permet d'éclairer son propre chemin. Trois rides ornent son front.

Dans certains jeux, l'Hermite se trouve dans un lieu qui peut être une grotte, une mine ou le sous-sol d'une cathédrale. Cela permet de l'associer au grand architecte, au bâtisseur de cathédrales et au chef de chantier. Il construit symboliquement son « temple de l'éternité » pour accueillir la lumière de sa vérité profonde. L'âge évoque l'expérience accumulée de la vie, le temps qui passe, la capacité à donner de l'espace au temps mais surtout à avoir un jugement juste et profond. L'Hermite est peut-être le grand-père ou l'arrière grand-père du Bateleur.

Le bâton : Il est enroulé d'un serpent dans certains jeux, tel un caducée. Il symbolise le lien avec la Terre et la sagesse et le maître sur lesquels on s'appuie. Il permet de sentir l'énergie et d'interpréter avec objectivité et précision ce qui est ressenti. C'est le bâton de la connaissance, de l'expérience, des sages conseils, de l'énergie qu'il puise dans la terre et tout autour de lui pour se nourrir et de la force intérieure qui le soutien tout au long de son chemin.

Mais c'est aussi le bâton du doute qui oblige à questionner, à sonder le terrain et à n'avancer qu'avec prudence.

La cape : Elle symbolise à la fois les forces de l'âme et la connaissance des réalités profondes. Elle est le manteau de la vérité à laquelle chacun peut accéder en plongeant sous la cape, dans le noir.

Les trois rides : Elles symbolisent la profondeur, la capacité de concentration et la vision intérieure sur les 3 plans : matière, âme et esprit. Malgré les apparences et son âge, l'Hermite a l'esprit Vif, une perception aiguisée et la maîtrise de ses réflexes. C'est un chercheur passionné capable d'apporter des solutions issues de l'expérience et de révéler l'essence.

La lanterne : L'Hermite a les yeux fixés sur elle car elle est ce qu'il y a de plus important. Elle est le but suprême. Elle représente le cœur dans son enveloppe, montrant que chaque être humain doit devenir un être de cœur, un feu d'amour qui brille comme une lumière. La lanterne représente aussi le modèle de ce qui doit être accompli, c'est-à-dire le placement de la conscience dans le corps spirituel prévu à cet effet, afin que l'état d'être nommé « Dieu » naisse à nouveau, dans ce corps, qui a été « rallumé ». Elle évoque aussi le passé qui est éclairé, l'ordre du monde derrière lequel se trouvent la lumière et la conscience de l'ordre des choses qui guide l'Hermite. La bougie ou l'huile de la lampe représente la vie, l'effort et le travail sur soi servant de nourriture à Dieu et de combustible à la lumière intérieure.

PRATIQUE ET SOLUTIONS

La vie personnelle (Amour, sentiments, foyer, famille) : Position 1, 3 ou 4 : En positif : Il est possible que vous traversiez pour l'instant un désert affectif et un temps d'hiver.

Vous êtes alors comme une graine qui murit en silence dans les profondeurs de la terre. Si vous êtes célibataire, vous le vivez bien. Il est cependant favorable d'attendre, de prendre votre temps, d'accepter que les choses prennent parfois du temps, et même des années, pour murir, de faire preuve de patience, de laisser la situation évoluer à son rythme, de prendre un peu de distance, de s'octroyer un temps de réflexion, d'introspection, de solitude, de questionnement et d'approfondissement.

Si l'Hermite est plutôt synonyme de célibat et de vie monastique, votre profondeur, votre besoin de trouver la paix intérieure et la lumière de la sagesse, votre besoin d'accéder à la sérénité, votre recherche de qualité, de solidité et de sécurité, votre maturité, votre besoin de confiance, celui de construire et d'avancer vous permettent de vivre une relation profonde, sérieuse, solide et durable.

Vous pouvez rencontrer une personne profonde, sage, beaucoup plus âgée ou beaucoup plus jeune que vous ou qui travaille dans une activité en lien avec les structures et les chantiers (agriculture, fonction publique, BTP, ostéopathie, conseil spirituel etc.) Il y a parfois une relation passée qui revient dans votre présent.

Si vous rencontrez quelqu'un, il est judicieux de prendre le temps de bien faire connaissance avec l'autre, d'accepter d'être en chantier, de vous détacher intérieurement d'une relation passée pour avancer, d'abandonner des croyances et comportements devenu obsolètes, de vous fixer des objectifs à long terme vous permettant d'avancer et de cheminer vers votre vérité profonde au niveau des relations sentimentales et de la vie de couple.

Votre vie de couple peut et devrait vous apporter plus de sérénité et répondre à votre besoin d'évolution spirituelle. Votre situation évolue lentement mais surement vers plus de sagesse, de sérénité et de sécurité.

Position 2 : **En négatif** : Il est défavorable d'attendre, de prendre vos distances, de rester dans un état de solitude, de vous isoler, de vous replier sur vous-même, de vous poser trop de question, d'avoir trop d'exigences et de sélectivité, de nourrir votre tristesse, de faire preuve de timidité, de distance, de froideur, dureté et de lourdeur.

Votre manque de joie, votre pessimisme, votre difficulté à prendre des risques et à vous amuser, votre peur du changement, votre peur de manquer, votre refus de construire et de partager, votre manque de respect de vous-même et de l'autre, votre apparence peu flatteuse, votre manque de charme, de communication, de désirs et de sensualité, votre tendance à l'isolement et au repli sur vous, votre indifférence, votre difficulté à sortir de chez vous et à créer des liens, votre excès de sérieux et de monotonie, votre fixation sur votre passé, votre âge, une blessure d'abandon, des difficultés matérielles ou un simple besoin d'être tranquille et en paix freinent vos élans affectifs et perturbent votre vie sentimentale. Il y a une solitude pesante, une relation plombante ou un célibat subi.

La santé et le bien-être : L'Hermite est en lien avec la colonne vertébrale, les dents, le système immunitaire, le vieillissement et les os (avec l'Arcane sans nom). **Position 1, 3 ou 4** : **En positif** : Il est favorable de ralentir, de faire une pause ou une retraite, de faire preuve de simplicité, de faire du yoga, de la méditation ou de la marche ou encore d'aller à la montagne. Même si vous ne débordez pas d'énergie, vous êtes particulièrement résistant grâce à votre bon système immunitaire. Votre vie saine et simple, une certaine endurance ainsi qu'une certaine solidité favorisent votre longévité. Votre situation évolue lentement mais surement.

Position 2 : En négatif : Des excès de travail, une discipline et une sévérité excessive, une tendance à l'ascétisme, le pessimisme et la tristesse, un chantier pénible, un manque de moyen, une blessure d'abandon, une tendance à résister d'une façon excessive à la vie, votre manque de mouvement, une maladie liée à la vieillesse, de l'arthrose, de l'ostéoporose, des rhumatismes, des problèmes de dents, une gêne pour marcher, une chute, une fracture ou une immobilisation forcée engendrent une difficulté à faire circuler l'énergie dans votre corps, de la fatigue voire de la dépression. Il est ici nécessaire de vous remettre en question, de prendre soin de votre corps et de votre âme et de retrouver votre joie.

La vie professionnelle : Position 1, 3 ou 4 : En positif : Il est favorable de tenir compte du facteur temps et de prendre votre temps, de réfléchir et d'approfondir, de prendre du recul, d'aller à l'essentiel et au fond des choses, de définir un objectif à long terme ou un plan de carrière, de planifier des étapes et de les franchir une par une, d'optimiser votre organisation, d'effectuer des recherches ou de longues études, de gérer un chantier, de travailler seul(e), de travailler sur les structures, l'architecture, la qualité ou la sécurité, de faire preuve de prudence, de patience et de sagesse, de prendre soin de personnes âgées ou de préparer votre retraite.

Votre simplicité, votre capacité à aller à l'essentiel, votre bonne organisation, votre sens de l'effort et de la précision, votre recherche de qualité, vos puissantes capacités de travail, votre sérieux, votre droiture, votre profondeur, votre maturité, votre bonne gestion du temps, votre patience, votre ancienneté, votre expérience, votre capacité à faire preuve de bon sens et à voir les choses à long terme favorisent votre vie professionnelle. Les activités en lien avec le développement personnel et la spiritualité, ou celles qui apportent plus de qualité, d'ordre, de maturité et de sérénité, sont favorisées.

Votre situation évolue lentement mais surement et le temps joue en votre faveur. Vous récoltez les fruits de vos efforts. Vous pouvez avoir une réponse positive mais cela risque de prendre un certain temps.

Position 2 : **En négatif** : Il n'est pas favorable d'attendre, de prendre trop de temps, de trop poser de questions, de trop approfondir, de rester seul(e), d'être triste ou obstiné(e) ou de rester en silence. Votre rigidité, votre lenteur, des exigences excessives, un sentiment de ne pas être rémunéré(e) à votre juste valeur, des frustrations, une difficulté à sortir de votre isolement, votre obstination, votre manque de communication, d'adaptation et d'ouverture sur le monde, votre juge moral sévère, une peur de l'échec, une blessure d'abandon ou votre timidité freinent votre vie professionnelle.

Il y a des obstacles, des restrictions, des procédures complexes, une sélectivité excessive, des blocages, des freins, des retards ou un environnement vieillot, austère, lourd et plombant. Il y a une mise à l'écart, une période de chômage, une mise à la retraite (avec l'Arcane sans nom), une réponse négative et un échec. Vous ne récoltez pas les fruits de vos efforts. Il est ici nécessaire de faire preuve de patience, de prudence et de sagesse ou de solliciter une personne sage pour créer une situation nouvelle plus fluide et plus harmonieuse.

Les Finances : Position 1, 3 ou 4 : En positif : Il est favorable de faire preuve de réflexion, d'organisation, de précision, de rigueur, de patience, de prudence, de sérieux, de sagesse et de prévoyance, de voir les choses à long terme, d'accepter que les choses risquent de prendre du temps, de prendre du recul par rapport aux choses matérielles, de reconnaitre votre besoin de sécurité et de sérénité, de vivre avec peu, de vous débrouiller seul(e), de faire des économies, d'épargner ou d'investir dans des placements sûrs, dans la pierre ou dans des terres.

Les qualités citées précédemment, des investissements à long terme, une aide de l'état ou des rentes immobilières favorisent et consolident votre situation financière.

Votre situation financière est soit en chantier, soit en cheminement ou soit elle est tranquille et sereine. Le temps joue en votre faveur. Votre situation évolue lentement mais surement. Vous récoltez les fruits de vos efforts.

Position 2 : **En négatif** : Un manque de compréhension des lois de l'abondance, une croyance que tout va bien du moment que vous avez le minimum pour survivre, des contraintes, des restrictions financières, des frais pour des travaux, un manque de soutien de l'état, un travail mal payé ou payé avec beaucoup de retard, l'abandon de quelque chose ou un manque de chance génèrent des difficultés financières, une insuffisance de revenus et une période d'austérité. Vos revenus sont très modestes. Vous avez juste le minimum vital. Vos rentrées d'argent sont difficiles.

Vous avez une tendance à l'avarice et à la mesquinerie. Vous êtes obligé(e) de puiser dans vos quelques économies. Vous devez assumer seul(e) votre situation financière. Il y a des retards dans vos rentrées d'argent. La patience, la prudence et la sagesse sont nécessaires.

Les personnages associés à l'Hermite : Les vieux sages, les médecins de l'âme, les personnes âgées de plus de 60 ans, les personnes calmes, les célibataires, le grand-père ou l'arrière grand-père, les retraités.

Les métiers associés à l'Hermite : Les chercheurs, les métiers nécessitant d'éclairer le passé et de poser beaucoup de questions, les activités solitaires, les explorateurs, les activités difficiles ou nécessitant des efforts, les métiers du BTP, les plombiers, les activités monastiques, les historiens, les archéologues, les archivistes, les gérontologues, les architectes, les scientifiques, les philosophes, les bâtisseurs, les guides, les thérapeutes, les agriculteurs, les sourciers, les géologues, les géobiologues, les éclaireurs, les alpinistes, les guides de montagne.

Les lieux/objets associés à l'Hermite : Les lieux isolés et coupés du monde, une cellule de monastère, un centre de recherche, un laboratoire, une maison de retraite, une grotte, une chambre froide, un chantier, une cathédrale, un magasin qui vend des pierres, les pierres, les cannes, la montagne, un pays froid ou désertique, une vieille maison, une lanterne.

Les personnages de la mythologie Grecques en lien avec l'arcane : Chronos. Diogène.

Les liens avec l'astrologie occidentale : Saturne et le signe du Capricorne.
La ou les couleurs en lien avec l'arcane : Brun.

Les animaux en lien avec l'arcane : La chèvre, le bouc, l'ours, le chameau, l'éléphant, le marabout.

Pour vivre le meilleur de l'Hermite : Vous avez fait le choix d'abandonner ce qui doit l'être afin d'aller à l'essentiel et vivre votre vérité profonde. Vous avez conscience qu'il existe une réalité invisible éternelle, qu'elle est régie par une structure ordonnée et qu'elle s'exprime dans différentes formes de temps à travers des lois et des cycles. Vous avez ainsi conscience de qui vous êtes : un être spirituel incarné dans le monde de la matière de par son choix d'incarnation. Vous avez aussi conscience des conséquences de ce choix, c'est-à-dire une séparation entre votre conscience et sa source créatrice, puis une division de qui vous étiez (un être spirituel masculin et féminin dans une conscience unie à son créateur) en une moitié d'être humain, masculin ou féminin et enfin un éclatement de votre âme en de multiples morceaux ou sous-personnalités plus ou moins autonomes.

Vous avez conscience que votre objectif à plus ou moins long terme, le seul qui donne un sens profond à votre vie, est de replacer votre conscience au centre de votre être et que cela passe par l'ouverture d'un chantier, par un cheminement exigeant efforts et discipline, puis par une reconstruction de vous en tant que temple, en fonction d'un « plan d'âme », afin de pouvoir réunifier tout ce que vous portez en vous, dont votre masculin et votre féminin.

Vous avez appris l'art de poser les bonnes questions de la bonne manière et vous avez conscience que vous seul(e) pouvez trouver vos réponses, seulement en vous et par l'expérience vécue. Vous consacrez un temps à votre vie intérieure et à la méditation, où vous apprenez à immobiliser votre corps avec douceur, à être totalement détendu(e) et relaxé(e), mais toujours alerte, à respirer naturellement et profondément, dans l'intensité de l'instant présent, jusqu'à ne presque plus vous apercevoir que votre conscience est dans un corps physique.

Vous apprenez à ignorer toute pensée, son, couleur ou toute image qui chercheraient à attirer votre attention, en ne leur accordant aucune importance. Puis vous apprenez à entrer dans un silence vivant et pulsant au rythme de l'éternité, de façon à vous ressentir comme un liquide vibrant contenu dans un récipient, dans un état de calme rempli de confiance et de foi, libre de tout désir, de toute impatience, de toute attente et de toute crainte. Vous avez conscience que le doute fait partie du chemin, qu'il favorise le développement de la foi, que c'est en apprenant à aimer le doute que vous pouvez vous en protéger.

Vous apprenez alors, dans un grand et vibrant silence, à ressentir une joie profonde qui s'éveille et à vous laisser guider par votre Ange-Gardien, petit à petit, vers le centre de votre cœur, jusqu'à la conscience de votre corps spirituel. Puis vous découvrez comment arrêter votre séance. Vous sentez que celle-ci est terminée quand vos perceptions s'atténuent puis disparaissent. Vous réintégrez alors à nouveau votre vie de tous les jours, où chacune de vos actions fait partie de votre « chemin du retour » vers votre être éternel et vous prenez en compte les lois spirituelles qui vous conduisent vers votre vérité profonde. Dans le monde extérieur, vous avez conscience que tout être humain a le devoir de travailler et vous utilisez vos capacités pour servir là où il y a une demande réellement utile. Vous avancez ainsi à votre rythme vers votre vérité profonde et vers la paix intérieure.

10-LA ROUE DE FORTUNE

THEORIE

Le nom de l'arcane : La roue du jeu de tarot est une pièce de menuiserie complexe qui imite la forme du Soleil. Elle permettait, grâce au mouvement cyclique, soit de transformer de l'énergie hydraulique en énergie cinétique, soit de fabriquer des chariots, soit encore de fabriquer des métiers à tisser.

Elle était donc synonyme de savoir faire technique, d'intelligence et d'adaptation au monde de la matière. La fortune est l'action de la destinée, c'est-à-dire de la loi. Elle est une conséquence qui fait suite à une cause. La roue de fortune symbolise ainsi le mouvement cyclique des lois de l'univers et les conséquences que ce mouvement produit.

Le numéro de l'arcane : Il fait partie d'une famille de nombres regroupant le 1, le 10 et le 19. Composé de 1 + 0, le 10 correspond à une évolution vers une nouvelle étape, à un passage vers une amélioration, à une reprise d'activité, à un redémarrage et à un renouvellement. Il évoque également une activité permettant un retour à la case départ, à la source, à l'unité ainsi qu'un processus de création avec une connexion nouvelle à l'univers. Il évoque aussi l'influence des cycles et du destin ainsi que le pouvoir personnel capable d'infléchir la destinée parce qu'il est la somme des 4 premiers chiffres. Il symbolise finalement l'activité et le travail qui sont nécessaires pour que la vie dans la matière se déroule dans de bonnes conditions. Cela fait appel à l'intelligence technique qui permet une adaptation par la conception d'outils, de sciences et de technologies.

Signification des images symboliques : La roue : C'est le troisième arcane où une réalisation en bois est présente. Une pièce de menuiserie complexe composée ici de 12 éléments, nécessitant un savoir faire technique, est posée sur le sol, dans certains jeux, et sur une galaxie dans le Tarot de Bruno de Nys. Elle est composée d'une base et d'une roue à deux anneaux. La roue est reliée à une boule centrale par 6 traverses et à l'une des deux colonnes sortant de la base par une manivelle. Les 6 traverses symbolisent les six directions dans l'espace et renvoient aux choix de l'Amoureux. La roue est un instrument en bois fabriquée à l'aide d'outils et de techniques.

La roue symbolise les cycles répétitifs de la vie, la chute dans la matière et le retour vers la lumière, les cycles planétaires, les cycles et composantes du temps (secondes, heures, jours, semaines, mois, années, décennies, siècles, millénaires, ères et grandes années d'environs 26000 ans), ce qui nait, vit puis meurt, les saisons, la condition humaine, l'impermanence de la matière, les aléas de la vie, les cycles de l'âme avec ses hauts et ses bas, la destinée, les lois de causes à effets, le karma, la rotation des planètes, l'inspiration et l'expiration, le souffle qui met la vie en mouvement, l'immobilité et le mouvement, les événements qui surgissent indépendamment de notre volonté mais aussi l'intelligence technique synonyme de conduite juste et d'adaptation. La boule centrale symbolise la Terre et la vie dans la matière.

Dans les tout premiers jeux de Tarots : L'arcane était parfois représenté sous la forme d'un instrument de torture auquel était accrochée une personne et, en référence à la société romaine, il représentait les personnes qui étaient obligées de travailler, les esclaves. Il indiquait que l'on ne peut pas se libérer de son passé et payer ses dettes envers le monde à travers le service et le travail.

Les trois créatures : Trois créatures, ressemblant à des singes, entourent la roue. Le singe symbolise l'intelligence et l'adaptabilité mais aussi une forme de vie inférieure à l'être humain. Ces créatures représentent les forces qui président à la destinée de l'homme. Elles représentent nos pensées, les schémas inconscients que l'on répète sans cesse, le pilote automatique qui nous maintien en vie, nos mémoires génétiques, les programmes ancestraux qui nous entrainent d'un côté ou de l'autre et qui façonnent notre destin mais aussi l'usage qui est fait de l'intelligence. En Inde, le mental mal géré est associé à un singe fou. Dans les premiers jeux de tarot, la créature du haut portait un bonnet d'âne, symbole de stupidité pour celui qui laisse le mental diriger sa vie à la place de son cœur et de sa conscience.

Deux créatures animales vêtues sont agrippées de chaque côté de la roue. Elles sont associées à des génies et à des intelligences. Le génie du bien, qui se dirige vers le ciel, apporte conscience, opportunités et bonne fortune. Il est parfois associé à une colombe, symbole de l'âme. Le génie du mal, qui se dirige vers la Terre, précipite vers l'involution et la destruction. Il est parfois associé à un serpent, symbole de la matière et des cycles répétitifs. Les génies ne se mettent cependant en mouvement que si une main fait tourner la roue. Ils rencontrent alors la créature animale nue, ailée et couronnée, mi singe mi chauve-souris, qui trône au sommet de la roue. Cette créature, qui tient une petite épée, est parfois associée à un sphinx, ce qui symbolise le pouvoir de régénération et de renaissance vers un nouveau cycle de vie. Elle représente le présent. Elle a une légitimité et des connaissances. Elle a le pouvoir de trancher et de transformer grâce à son épée, le pouvoir de naviguer dans l'invisible grâce à ses ailes et le pouvoir d'expression. Les ailes et l'épée la relient au Diable, symbolisant le fait que l'intelligence et le mental peuvent être synonymes de pouvoir positif mais aussi de sabotage quand ils prennent le pouvoir à la place de la conscience, du cœur et du corps et lorsqu'ils ne sont pas mis au service de l'âme. L'intelligence peut ainsi entrainer l'âme vers le haut ou vers le bas. Le cheminement intérieur qui a été effectué à l'arcane précédent, l'Hermite et la capacité à vivre pleinement dans l'instant présent permettent ici de ne pas répéter les schémas du passé et de faire tourner la roue de l'évolution dans le bon sens.

PRATIQUE ET SOLUTIONS

La vie personnelle (Amour, sentiments, foyer, famille) : Position 1, 3 ou 4 : En positif : Il est favorable de tirer un trait sur le passé, de tenter votre chance, de vous mettre en mouvement, de voir et saisir une opportunité, de communiquer avec précision, d'utiliser votre intelligence pour vous adapter, d'accepter la nouveauté, de mettre en place de nouveaux projets et de démarrer un nouveau cycle. Votre intelligence, votre pertinence, votre capacité à intéresser et à stimuler votre partenaire, votre bonne hygiène de vie ainsi que votre sens du service favorisent vos relations. Si vous êtes une personne célibataire, il y a une belle opportunité que vous devez saisir, une rencontre inattendue liée au hasard ou à une activité de service, peut-être des rencontres multiples, une rencontre qui révèle vos schémas répétitifs ou qui vous permet d'en sortir. La chance est au rendez-vous. Il y a un tournant heureux et une évolution sentimentale à très court terme. Si vous êtes en couple, votre situation évolue de façon logique et positive parce que vous la nourrissez en permanence avec de nouveaux projets. La roue tourne et la vie continue. La roue du destin se manifeste à travers un événement imprévu qui peut modifier votre situation. Il peut y avoir un déménagement (avec la Maison-Dieu) ou une nouvelle étape d'un nouveau cycle.

Position 2 : En négatif : Il n'est pas favorable de tenter votre chance ou de répéter une même situation que dans le passé. Il y a une situation sentimentale répétitive, instable ou qui fonctionne mal, une dispersion, des soucis financiers, un manque d'intelligence, une relation très limitée qui tourne en rond, un manque de chance, une opportunité qui vous passe sous le nez ou une nouvelle rencontre qui vous perturbe plus d'autre chose. Il y a un manque de compréhension des lois de la vie, de votre destinée, de la séduction ou du couple. Il est nécessaire de bien analyser la situation, de refaire tourner la roue dans le bon sens, peut-être de tourner la page et de repartir sur un nouveau cycle de vie.

La santé et le bien-être : Cet arcane est en lien avec les cycles et les rythmes du corps et de l'âme, la respiration, les mains, les nerfs, les intestins, les articulations, les joints articulaires, les méridiens énergétiques et les chakras, le renouvellement de l'énergie, les comportements alimentaires et l'hygiène de vie. **Position 1, 3 ou 4 : En positif** : Il est favorable d'analyser la situation en détail, de tenter votre chance, de saisir une opportunité, de vous mettre en mouvement, de vous soigner avec des plantes et de vous adapter avec intelligence au changement.

Il y a un changement, la mise en place de nouvelles habitudes, un nouveau traitement et le démarrage d'un nouveau cycle. Une énergie nouvelle vous redonne des forces. Votre bonne hygiène de vie, votre maîtrise technique et l'utilisation des plantes vous permettent d'être en bonne santé. La roue tourne dans le bon sens et votre situation évolue rapidement d'une façon positive.

Position 2 : En négatif : Cet arcane en lien avec la santé indique qu'il y a un souci technique et que quelque chose ne tourne pas rond. Il est ici judicieux de solliciter de l'aide, d'effectuer des examens ou d'entreprendre bilan technique ou énergétique. Il n'est pas favorable de continuer à ce rythme là ou de répéter une situation du passé. Une difficulté d'adaptation au changement, une nervosité excessive, une sensation de stress lié à un événement nouveau et une difficulté à séparer le pur de l'impur créé des tensions énergétiques, des nœuds, des problèmes intestinaux ou une tension générale excessive. Il peut exister des problèmes articulaires, de l'arthrose, un dérèglement du cycle menstruel ou un souci de communication entre les deux hémisphères cérébraux. Il peut y avoir un manque de chance.

La vie professionnelle : Position 1, 3 ou 4 : En positif : Il est favorable de tenter votre chance, de vous mettre en mouvement, de voir et saisir une opportunité, de communiquer avec précision, d'utiliser votre intelligence pour vous adapter, de proposer vos services, d'accepter la nouveauté et l'imprévu, de mettre en place de nouveaux projets, de changer de poste ou d'orientation et de démarrer un nouveau cycle.

Il y a un tournant professionnel, une mutation, une promotion, un changement de poste, une réorientation, une opportunité à saisir, un coup de chance, un concours de circonstances et une évolution positive. Quelque chose, une rencontre ou un événement, modifie la situation et engendre une évolution logique. Les activités commerciales, techniques, de services ou financières sont favorisées. Vos projets se concrétisent rapidement grâce à votre intelligence, à votre maîtrise technique et à votre sens stratégique. Vous vous adaptez parfaitement à la situation.

Position 2 : **En négatif :** Il n'est pas favorable de tenter votre chance, de vous mettre en mouvement ou de répéter une situation du passé. Votre manque d'intelligence et de stratégie, votre manque de connaissances techniques, vos difficultés d'adaptation, votre manque de mobilité, une importance excessive apportée aux détails, votre tendance à la dispersion, votre mauvaise évaluation des risques, des erreurs dans les chiffres, votre tendance à répéter les erreurs du passé ou une intervention du destin, des contraintes économiques dues à des événements extérieurs, un revirement de situation, un élément imprévu ou un manque de chance perturbent votre vie professionnelle.

Il y a une situation instable. Il y a un risque de panne ou de problème technique, financier, économique ou comptable. La roue est grippée. Un contrat n'est pas renouvelé. Il n'est actuellement pas possible de faire évoluer les choses. Vous vous heurtez toujours aux mêmes obstacles. Vous risquez de devoir redoubler ou de devoir repasser un autre entretien. Vous loupez une opportunité. Ce qui apparait comme une opportunité apporte surtout des problèmes. La roue du destin tourne en votre défaveur.

Les Finances : Position 1, 3 ou 4 : En positif : Il est favorable de tenter votre chance, de saisir une opportunité, de solliciter un prêt ou une augmentation et d'utiliser votre intelligence technique et votre souplesse pour vous adapter. Votre situation financière est liée à des événements extérieurs. Il y a une évolution financière logique. Il y a des hauts et des bas mais la chance et le hasard sont au rendez-vous et améliorent vos finances. Un prêt bancaire est accepté. Il y a une opportunité à saisir, une affaire rentable à accepter et conclure, une intelligence financière à exprimer et une chance financière qui intervient. Il y a de nouvelles rentrées d'argent et une nouvelle étape d'un nouveau cycle. Vous recevez une somme d'argent imprévue. Vous disposez des moyens financiers nécessaires pour répondre à vos besoins. Votre situation financière évolue positivement.

Position 2 : En négatif : Il n'est pas favorable de tenter votre chance et de saisir ce qui se présente comme une opportunité. Il est nécessaire de vous donner les moyens d'améliorer votre situation financière, d'éviter de répéter les erreurs du passé et de faire preuve de discernement et d'intelligence.

Il y a des charges trop lourdes, un risque d'endettement, une mauvaise analyse budgétaire, de fausses informations, une prise de risques mal évaluée, des dépenses imprévues, un partenaire plus ou moins honnête ou un changement imprévu. Un prêt bancaire est refusé. Une rentrée d'argent prévue ne se fait pas suite à un revirement de situation. La roue du destin tourne dans le mauvais sens. Il y a du gaspillage, une affaire non rentable, un abus de confiance, une perte d'argent et une situation financière compliquée et difficile.

Les personnages associés à la Roue de Fortune : Les personnes qui ont tout gagné ou tout perdu, les personnes qui savent tout faire, les bricoleurs, les financiers, les techniciens, les précurseurs, les personnes qui s'occupent d'animaux ou de plantes et les gens qui s'adaptent intelligemment.

Les métiers associés à la Roue de Fortune : Les métiers impliquant des connaissances techniques, des technologies, une gestion de connaissances, du mouvement, des déplacements et une activité permanente. La Roue représente les commerçants, les comptables, les inventeurs, les mécaniciens (avec le Chariot), les métiers en lien avec la fortune et les finances, les banquiers, les financiers, les techniciens, les horlogers, les joueurs professionnels, les métiers liés aux plantes, à l'environnement et au nettoyage, les instituteurs et institutrices, les imprimeurs ainsi que les métiers liés à l'hygiène et à la santé (naturopathe, kinésithérapeute, pharmacien, pneumologue, neurologue, technicien de santé).

Les lieux/objets associés à la Roue de Fortune : Tout ce qui a une forme circulaire, les disques, les roues, les cercles. Les forêts, les esprits de la forêt et les élémentaux. Les objets en bois. Les appareils électriques. Les générateurs d'énergie. Un atelier technique, une menuiserie, une agence, un commerce, une salle informatique, une salle de soins avec des appareils techniques, un lieu où l'on utilise des chiffres, des symboles ou des outils, une salle de jeu, un casino, un parc animalier, un zoo, un carrefour.

Les personnages de la mythologie Grecques en lien avec l'arcane : Dédale. Hygie.

Les liens avec l'astrologie occidentale : Le signe la Vierge avec un peu de Capricorne.

La ou les couleurs en lien avec l'arcane : Gris moyen.

Les animaux en lien avec l'arcane : Le singe, le renard, le coyote, les termites, les rongeurs, le rat, la souris, la loutre, l'écureuil, le perroquet.

Pour vivre le meilleur de la Roue de Fortune : Vous avez conscience que l'intelligence et les pensées sont de merveilleux outils qui sont nécessaires à l'adaptation au monde matériel et vous avez conscience de leur pouvoir limitant, c'est-à-dire que la pensée ne peut jamais remplacer l'expérience vécue et l'action consciente.

Vous savez que pour connaitre quelque chose, vous devez devenir ce que vous voulez connaitre, que et que seule l'intuition et la certitude intérieure vous permettent d'accéder à votre vérité profonde.

Vous accordez ainsi uniquement de l'importance aux informations qui ont une utilité pratique et veillez à maîtriser votre mental en le maintenant sous silence quand il n'est pas sollicité. Vous avez conscience de l'importance de bien gérer votre instinct de critique et vous veillez à l'utiliser uniquement d'une façon utile, constructive, au service du cœur et du progrès. Vous prenez conscience de la valeur libératrice du rire pour éliminer de mauvaises habitudes et vous apprenez à sortir de schémas répétitifs nuisibles grâce au rire. Vous avez conscience que la vie est régie par des lois et que l'on fait tourner la roue du destin dans le bon sens en obéissant à ces lois.

Vous apprenez à discerner et différencier la partie invisible de votre corps physique de votre âme et à voir que si vous laissez le premier prendre les commandes, il vous entraine alors vers le bas tandis que l'âme, ses aspirations religieuses et son sens du sacré vous transportent vers le haut. Vous avez conscience que l'être humain est régi par des cycles. Dans votre corps, vous apprenez à observer l'énergie qui monte et qui descend dans votre colonne vertébrale et les états intérieurs associés.

Vous apprenez également à observer les cycles de votre âme avec leurs différents temps. Vous avez conscience que de par votre choix de vous incarner dans la matière, vous portez votre part de responsabilité dans le chaos qui règne sur Terre et que cela se traduit par une dette envers l'humanité, à honorer sous forme de services à rendre en fonction de vos capacités et des besoins.

Vous agissez ainsi pour servir l'humanité. Vous avez conscience que tout travail effectué avec joie, avec intensité, en l'aimant, en y consacrant toute votre attention et en faisant toujours de votre mieux, de façon à obtenir le meilleur résultat possible, vous procure un accroissement et un renouvellement de vos forces spirituelles.

Vous avez conscience que l'argent est l'expression et la valorisation, dans la matière, de forces spirituelles, que seule la capacité à mettre l'argent en mouvement permet à l'esprit de s'ancrer dans la matière.

Vous avez conscience qu'il est de votre devoir de maîtriser le monde de la matière et de faire circuler l'argent autant que vous le pouvez mais que seule votre capacité à proposer des produits ou des services réellement utiles et source d'évolution vous permettent un réel enrichissement.

11-LA FORCE OU LE LION DOMPTE

THEORIE

Le nom de l'arcane : La Force évoque une énergie dirigée vers un objectif, un impact sur une situation, une emprise sur les événements et un pouvoir capable de produire un effet. Une force implique très souvent une confrontation entre deux éléments. La force est associée au courage, à la volonté, à la force physique, à la détermination et à l'héroïsme. La vraie force est un mélange d'amour, d'intelligence, de connaissance, de confiance en soi, de foi et de maîtrise de soi. Elle permet de dominer le roi des animaux et donc tous les autres. Force de gravité, force d'attraction, force de frappe ; la force est une énergie subtile permettant mouvement, cohésion et résultats dans tous les domaines.

Elle demande à être canalisée et maîtrisée afin de ne pas se transformer en violence. Quelle est donc cette force qui permet à une belle jeune femme d'ouvrir la gueule d'un lion si ce n'est la force intérieure, la force de l'Amour !

Le numéro de l'arcane : Il fait partie d'une famille de nombres regroupant le 2, le 11 et le 20. Premier Maitre nombre, le 11 est associé à un doublement du 1, c'est-à-dire de la créativité, de l'énergie, de l'activité, de l'intention, de la maîtrise de l'attention et de la conscience en action.

L'efficacité naturelle du 1 devient ici une capacité naturelle à utiliser son pouvoir pour maîtriser ce qui doit l'être. Là où le 1 est la référence universelle, le modèle originel, le 11 est la référence individuelle, la réussite personnelle, c'est-à-dire la meilleure version de soi selon sa propre forme.

Le 11 peut cependant aussi évoquer une dualité ou un conflit, une lutte intérieure entre deux forces antagonistes, entre l'animalité et l'âme. Le 2 renvoie à la Grande-Prêtresse et donc au mystère, à la connaissance et à l'union. Le onzième arcane est, avec le Pendu, au centre du jeu de Tarot. Ces deux arcanes sont ainsi deux facettes de la force toute puissante de l'amour, force centrale dont l'être humain, Dieu et « La source » sont constitués.

Signification des images symboliques : Une femme élégante, symbole de l'âme, somptueusement vêtue d'une cape rouge (l'énergie) et d'un vêtement bleu (le calme et la profondeur) et jaune (l'amour), maîtrise tranquillement un lion, roi des animaux et de la jungle, qui se soumet, appuyé contre elle. La tête du Lion est calée contre son ventre, contre son deuxième chakra, lieu de maîtrise de la vie et de l'énergie sexuelle créative. Elle maintient la gueule du lion ouverte avec simplement deux doigts. Le calme étonnant de la jeune femme contraste avec la sauvagerie du lion. Le tarot Viéville au centre semble révéler une figure masculine.

Le lion : Il symbolise la puissance masculine animale, les instincts et les émotions, que la jeune femme dominent grâce à la force de l'amour inconditionnel et donc du lien, qu'il soit amical ou amoureux. Il symbolise aussi le roi ou la reine que chaque personne doit devenir et le trône, le trône de Dieu, que chacun et chacune doit un jour occuper à nouveau, par la maîtrise de la vie dans la matière, en mettant au service de l'âme la puissance animale et en soumettant sa vie au but suprême, c'est-à-dire « être la meilleure version de soi-même » et unir à nouveau son âme avec « La Source de toute vie ». Le lion, régit par le Soleil, symbolise enfin la volonté, la puissance, les objectifs, l'organisation pour les atteindre et la réussite, une réussite de préférence royale.

Le chapeau : La femme est coiffée d'un chapeau en forme de 8. Le chapeau indique non seulement qu'elle est reliée, inspirée par l'univers, connectée à l'infini, à la « Source de toute vie », à la source inépuisable des connaissances et de l'amour mais aussi qu'elle les porte en elle et qu'elle les exprime. Elle est donc à la fois ancrée dans la matière, bien centrée dans son ventre, centrée dans son cœur et connectée au ciel et à l'univers. De cet état de centrage, d'équilibre et de présence totale nait la force.

PRATIQUE ET SOLUTIONS

La vie personnelle (Amour, sentiments, foyer, famille) : Position 1, 3 ou 4 : En positif : Il est favorable d'être bien centré(e) dans votre cœur, d'écouter votre cœur, de définir des objectifs qui correspondent à votre idéal, de rassembler vos forces et vos ressources, de mettre en place l'organisation pour les atteindre, d'avoir confiance en vous, de vous affirmer, de partager des activités impliquant le corps avec votre partenaire, d'avoir de la gratitude, d'exprimer le meilleur de vous-même, d'être autonome, de maîtriser la situation et de réussir.

Votre puissante force d'attraction, votre force des sentiments, votre force intérieure, votre puissante volonté, votre courage, votre grandeur d'âme et de cœur, votre puissance d'amour qui aime intensément, votre charme magnétique, votre générosité, votre capacité à être en connexion avec l'autre, votre engagement, votre détermination, une fusion intense des corps et des âmes et l'énergie de la passion favorisent votre vie sentimentale. Tout en ayant besoin d'engagement et de liens forts et solides, vous avez cependant besoin de maîtriser la situation et vos passions, de préserver votre autonomie et d'avoir votre part d'indépendance.

Il y a une rencontre vibrante et passionnelle avec une personne chaleureuse et généreuse ou avec une personne que vous admirez. Il y a une très belle histoire d'amour où règne à la fois une entente physique et psychologique. Chaque partenaire s'investi intensément dans la relation tout en conservant une part d'indépendance. Vous aimez avec passion. Vous surmontez tous les obstacles car vous avez la clarté d'esprit, la force, la volonté et les ressources nécessaires pour réussir. La situation est idéale. Il y a une réussite sentimentale.

Position 2 : En négatif : Il est défavorable de vous mettre en colère, de vouloir tout tout de suite, d'être dans une attitude de « je veux je veux », de nourrir des rapports de force, de demander à l'autre de combler vos manques affectifs ou sexuels, de prendre en compte uniquement les rapports sexuels ou de céder à une tentation extraconjugale.

Deux volontés qui vont dans deux directions différentes, l'égoïsme et l'égocentrisme, une incapacité à accepter l'autre tel qu'il ou elle est, une tendance à vouloir soumettre l'autre, trop de passion, de la jalousie, de la brutalité, de l'abus de pouvoir, de la tyrannie, de l'impatience, une difficulté à trouver le plaisir sexuel, une mésentente sexuelle, une tendance à accorder trop de place au sexe ou une infidélité (avec le diable), une distance avec le sexe opposé (avec l'Hermite), une possessivité maladive ou une tendance à étouffer l'autre perturbent votre vie sentimentale et génère un conflit sentimental et des affrontements plus ou moins violents. Il y a parfois une forme de dépendance énergétique ou sexuelle.

La santé et le bien-être : Cet arcane est surtout en lien avec le cœur, mais aussi avec les muscles, le diaphragme, la vitalité, l'énergie sexuelle et l'autonomie énergétique.

Position 1, 3 ou 4 : En positif : Il est favorable de développer votre cohérence cardiaque, d'écouter votre cœur, de définir des objectifs en accord avec votre idéal, de pratiquer une activité physique, d'utiliser votre volonté pour être en forme, d'éviter de lutter contre vous-même et de faire preuve de courage. La Force permet une bonne circulation de l'énergie, une belle vitalité, un corps sain et vigoureux, une excellente santé et une détermination à guérir si une difficulté se présente. La situation est maîtrisée.

Position 2 : En négatif : Il est défavorable de lutter contre vous-même, de vous mettre en colère ou d'avoir recours à la violence car cela génère de fortes tensions et déséquilibre votre cœur, votre foie, votre système immunitaire et votre énergie. Il y a un risque de déséquilibres énergétiques, de blocages énergétiques, de troubles du rythme cardiaque, d'inflammations, d'hypertension, de douleurs musculaires ou tendineuses, de difficultés en lien avec la sexualité et la production d'énergie, de blocage énergétique du diaphragme, de fatigue due à des excès sexuels ou à un manque de vitalité, de douleurs dorsales et parfois de problèmes cardio-vasculaires ou de maladie auto-immunes.

La vie professionnelle :

Position 1, 3 ou 4 : En positif : Il est nécessaire et favorable d'être bien centré(e) dans votre cœur, d'écouter votre cœur, de rassembler vos forces et vos ressources, de définir des objectifs qui correspondent à votre idéal, de mettre en place l'organisation pour les atteindre, d'avoir confiance en vous, d'exprimer votre puissante volonté, de vous affirmer avec acharnement, de lutter pour surmonter les obstacles, de vous engager dans une activité impliquant le corps, d'avoir de la gratitude, de faire preuve de courage et d'audace, de prendre des risques, de vous investir corps et âme, d'exprimer votre pouvoir créateur et le meilleur de vous-même, de développer une activité indépendante, de vous débrouiller seul(e), d'être autonome, de mobiliser toute l'énergie nécessaire pour maîtriser la situation et de réussir. Vous vous engagez dans un projet important qui vous passionne. Votre motivation, votre confiance en vous, votre combativité, votre détermination et vos objectifs clairs favorisent votre réussite.

Vous réussissez par vos propres forces, par votre capacité à être autonome tout en étant lié aux autres, par votre capacité à maîtriser la situation et par votre capacité à vous imposer. Vous vous retrouvez dans une société où règne un certain esprit de compétition, où vous devez lutter et relever des défis. Il y a des relations fortes avec votre entourage et une reconnaissance par vos collègues et vos supérieurs.

Position 2 : **En négatif** : Il est défavorable de faire preuve d'impulsivité, d'entrer dans la confrontation et les rapports de force, de vous mettre en colère, de vouloir tout tout de suite et d'être dans une attitude demandeuse. Une dualité, deux volontés qui s'opposent, un conflit professionnel avec un supérieur hiérarchique, des réactions égoïstes et égocentriques, de l'abus de pouvoir, une mauvaise gestion de l'énergie et des ressources, une perte de contrôle de la situation, des rapports de force, une confrontation, une concurrence agressive, un abus de confiance ou un gros accès de colère nuisent à votre vie professionnelle. Vous devez lutter avec acharnement pour réussir.

Les Finances : Position 1, 3 ou 4 : En positif : Il est nécessaire et favorable de mobiliser votre volonté, votre courage et vos ressources pour gagner de l'argent. Vous avez la possibilité de maîtriser la situation grâce à une vision claire de vos objectifs, à votre engagement, à votre capacité à surmonter les obstacles et à votre audace. Une forte conscience de la valeur de l'argent et de chaque chose facilitent une gestion efficace de l'argent. Il y a des gains par vos propres moyens ou par une activité nécessitant une certaine dépense d'énergie. Votre situation financière devient saine, confortable et maîtrisée parce que vous déployez l'énergie et mobilisez les ressources nécessaires pour réussir. Il y a une reconnaissance financière, une hausse de votre niveau de vie et une réussite financière.

Position 2 : En négatif : Un manque de vision et de clarté, des dépenses impulsives, une prise de risque excessive, une difficulté à accepter votre condition sociale ou votre situation actuelle, une personne qui s'oppose à vous ou qui se sert de l'argent pour imposer sa volonté, un litige financier, une concurrence agressive ou un abus de confiance vous empêchent de maîtriser votre situation financière.

Les personnages associés à la Force : Une femme entre 30 et 60 ans, un dirigeant, une personne courageuse qui lutte contre l'adversité, les sportifs, les personnes ayant leur propre activité et les personnes qui maîtrisent leur discipline.

Les métiers associés à la Force : Les professions libérales, les auto-entrepreneurs, les chefs, les cadres et les dirigeants, les agents de maîtrise et les contremaîtres, les activités nécessitant une maîtrise de soi, une force intérieure, de la force physique, une force d'amour et du courage, les sportifs et les coachs sportifs, les pompiers, les sauveteurs en mer (avec le Pendu), les dompteurs, les dresseurs, les éleveurs, les maîtres-chiens, les créateurs, les organisateurs, les forces de l'ordre, les gardes du corps et les agents de sécurité.

Les lieux/objets associés à la Force : Les lieux où l'on apprend à maîtriser et se maîtriser, les sources d'énergie et de lumière, les lieux où l'on créé, les lieux d'où l'on dirige, les châteaux, les zoos, la savane, les cirques, les centres d'entraînement, les salles de sport.

Les personnages de la mythologie Grecques en lien avec l'arcane : Héraclès (Hercule).

Les liens avec l'astrologie occidentale : Le signe du Lion.

La ou les couleurs en lien avec l'arcane : Jaune clair.

Les animaux en lien avec l'arcane : Le lion, les fauves.

Pour vivre le meilleur de la Force : Vous avez conscience, en tant qu'être humain incarné(e) dans la matière, d'être associé(e) à un animal sauvage, à un fauve doté de tous les instincts et pulsions propres aux animaux. Vous avez conscience que l'instinct animal de survie peut dégénérer et rendre l'être humain égoïste, violent et mauvais, lorsqu'il n'est pas géré correctement.

Vous avez conscience que la tendance à résister et à rejeter ce qui est dans l'instant présent génère de la colère, une tendance à lutter, à contrôler, à forcer les choses et de la violence. Vous avez conscience que la colère est un mouvement désordonné de l'âme offensée parce qu'elle n'a pas accepté ce qui était. Vous développez la conscience que votre intention mais aussi là où vous mettez votre attention créée votre réalité.

Vous développez la conscience qu'au-delà des pensées et du mental, il existe en vous différents espaces, dans lesquels vous pouvez focaliser votre attention et qu'en occupant un espace avec votre corps tout entier, vous avez pleinement conscience de votre énergie et de votre force dans cet espace là. Vous apprenez à prendre conscience de votre identité au-delà de toute image de vous suggérée par autrui.

Vous avez conscience qu'en tant qu'être humain, vous portez en vous une force, la force royale, suprême et créatrice de l'Amour, que cette force est votre essence et votre identité réelle, qu'elle est capable, lorsqu'elle est exprimée, de dominer, de soumettre, de rassembler et d'unir toutes les autres forces et que c'est grâce à cette force que vous pouvez vous maîtriser et vous réunir à votre « Dieu Vivant », à votre « corps spirituel » afin d'être « le corps » qui accueille la lumière de la Source.

Vous agissez pour vivre pleinement chaque partie de votre être puis pour les rassembler toutes, en les dirigeant dans votre cœur, en votre centre, afin de redevenir complet, entier et afin de vous reconnecter à votre « source créatrice divine » dans un état d'amour. Vous avez conscience que vous pouvez accéder à cette force d'amour en étant totalement centré(e) et conscient(e), c'est-à-dire totalement présent(e) à ce qui est, dans votre corps tout entier, en ayant la sensation de vous-même, une sensation de vitalité, dans votre corps tout entier, en acceptant totalement ce qui est, en vous positionnant dans votre cœur, en ouvrant votre cœur, en réunissant votre féminin et votre masculin et en vous reliant à la fois aux forces de la Terre et aux forces du Ciel. Vous avez conscience que vous parvenez à être dans un état d'amour lorsque vous abandonnez tout désir égoïste. Ce centrage vous permet d'être conscient(e) de la Nécessité, c'est-à-dire de ce qui est requis en termes d'état intérieur et d'actions, dans l'ici et maintenant, pour générer progrès et liberté. Cela vous permet aussi d'avoir confiance en vous, de vous centrer sur autrui de façon à ressentir dans votre corps ce que l'autre vit et de maîtriser ce qui doit l'être, c'est-à-dire vos instincts, votre énergie, votre force d'amour, votre puissance créatrice et votre vie. Cela vous permet enfin d'exprimer votre énergie, votre force et votre puissance, de vibrer d'amour et de mettre l'être d'amour que vous êtes en réalité au service de la vie.

12-LE PENDU

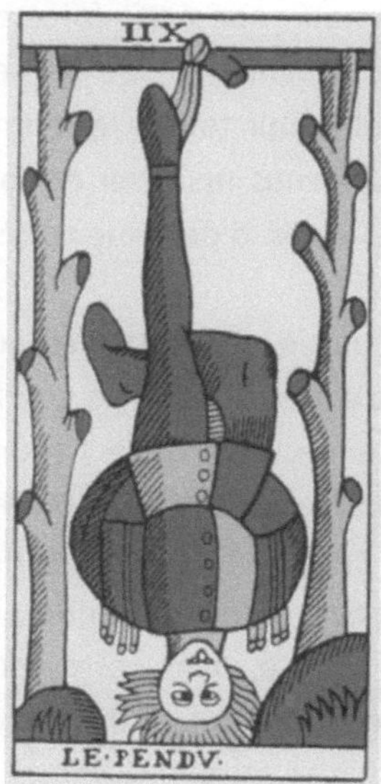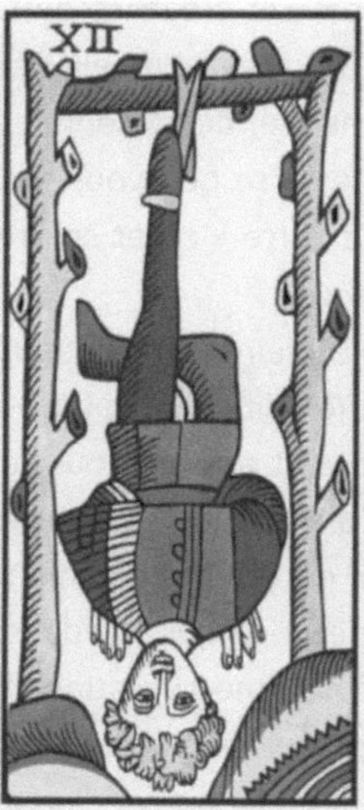

THEORIE

Les origines historiques et de l'arcane : Platon, l'une des sources d'inspiration du Tarot, évoque, dans son ouvrage Timaeus, la nécessité d'effectuer une réduction de la conscience matérielle au profit d'une augmentation de la conscience spirituelle.

Dans les premiers jeux de tarot, cet arcane avait une double signification. Il représentait premièrement le Christ, prophète qui révéla aux hommes, par sa vie et par ses enseignements, le chemin permettant de retrouver Dieu. Il renonça à sa volonté personnelle pour être et vivre selon « la volonté du Père », le « Père » étant le « responsable » des archanges et des anges et le représentant le plus élevé de « La Source de toute vie ». Lors de sa crucifixion sur le mont du Golgotha, par la puissance de son amour, il transforma l'aura électromagnétique de la planète Terre de façon à ce que les êtres invisibles hostiles aux êtres humains ne puissent plus leur nuire comme ils le faisaient précédemment.

L'arcane du Pendu représentait ensuite la crucifixion du Christ et son sacrifice sur la croix, mais aussi la trahison commise par des rabbins juifs et par Judas Iscariote, qui s'est ensuite pendu.

L'arcane représentait ainsi la trahison en général. Parmi les éléments les plus synonymes de trahison sur le chemin qui permet d'exprimer le meilleur de soi-même et de retrouver Dieu, il y a les mémoires généalogiques, les mémoires de vie passées et le monde d'illusions qui entoure la Terre et que tout être humain doit à un moment donné traverser, lorsqu'il « décède », pour avoir accès aux mondes spirituels supérieurs.

Le Pendu symbolise ainsi également ces éléments qui sont compliqués à gérer. Tout comme Jésus Christ a été considéré comme un ennemi caché ou comme un traitre par les rabbins juifs puis exécuté, dans l'histoire et la mythologie Grecque aussi, plusieurs personnages brillants, comme Socrate par exemple, ont à un moment donné été accusés d'être des traitres et ont été punis ou exécutés. Ils ont alors quitté l'histoire pour entrer dans la légende.

Dans l'histoire italienne qui précéda la création de jeu de tarot, il y eu également des personnages qui ont été considérés comme des traitres et qui ont été pendus par un ou deux pieds. Le personnage du traitre faisait ainsi partie du répertoire de personnages utilisé dans les pièces de théâtre italiennes du quinzième siècle ; pièces de théâtre qui ont inspirées la création du tarot.

Le nom de l'arcane : Le Pendu est la première carte du Tarot dont le nom n'est à première vue pas très agréable. Il évoque soit une personne qui s'est volontairement accrochée à une corde, pour mettre fin à ses jours, soit une personne qui a été pendue par d'autres parce que ces dernières souhaitaient lui faire quitter la surface de cette terre. Symboliquement, il y a donc une souffrance, un arrêt, un blocage de l'énergie de vie, la fin de quelque chose, un sacrifice, un renoncement, une perte de pouvoir et un renversement du corps, donc de la situation. C'est ce qui se passe quand l'âme humaine choisit de s'incarner dans la matière et lorsqu'elle est submergée par le monde extérieur. Se pendre signifie donc s'accrocher à quelque chose dont il faudra un jour se détacher, c'est-à-dire ici le monde de la matière.

Le numéro de l'arcane : Il fait partie d'une famille de nombres regroupant le 3, le 12 et le 21. On aboutit au chiffre 12 de différentes façons. On l'obtient en positionnant le 1 du Bateleur et le 2 de la Grande Prêtresse. Cela évoque l'union du masculin et du féminin pour donner naissance à quelque chose de nouveau, c'est-à-dire ici la naissance d'une nouvelle vision et d'un nouvel état d'être et non à de nouvelles formes extérieures comme c'était le cas avec l'Impératrice.

Cela évoque également l'alliance du pouvoir créateur du Bateleur et d'une structure faite d'informations (la Grande-Prêtresse) afin de faire naître un système d'information ayant des composantes similaires mais vibrant à des fréquences différentes. 4X3 évoque la multiplication de la matière par la trinité Corps-Ame-Esprit ce qui évoque une conscience globale dans les trois mondes. 11+1 évoque une direction nouvelle de la Force du cœur. Il évoque aussi les deux forces principales de l'univers, le mouvement et la force de gravité, ainsi que la capacité à les transcender.

Ensuite, tout comme le 7, le 12 est l'un des chiffres qui structurent l'espace-temps de façon cyclique. Il contribue à l'ordre du monde. Il y a ainsi, par exemple, les 12 mois de l'année, les 12 signes astrologiques, les 12 apôtres et les 12 travaux d'Hercule. Le chiffre 12, en lien avec le douzième signe du zodiaque, a assimilé les 11 chiffres qui le précèdent. Le chiffre 12 est enfin le miroir qu'il faut traverser pour accéder au chiffre 21. Ce miroir est fait d'amour inconditionnel, de compassion, de foi, de sacrifice de ce qui est inférieur au profit de ce qui est supérieur, d'union avec le grand tout et avec la vie et de présence divine.

Signification des images symboliques : Un jeune homme, vêtu d'une belle tunique jaune, bleu et rouge, est suspendu et attaché à une branche morte ou à une poutrelle par le pied droit, à l'aide d'une corde. Il est renversé, la tête en bas et les pieds en haut, à cause de la force de gravitation planétaire mais aussi à cause d'une autre force de gravité, une force d'amour spirituelle, qui l'appelle et qui le renverse. C'est le ciel, les élans de l'âme et la force de la foi, c'est-à-dire la volonté divine agissant à travers la volonté humaine, qui guident ses pas tandis que sa tête est utilisée pour gérer les affaires matérielles.

Les huit boutons symbolise les huit centres d'énergies qui sont ici alignés avec la « volonté du ciel » et soumis à elle. Le bois mort évoque à la fois le sacrifice et les ancêtres. La branche est posée sur deux colonnes en bois ayant chacune huit ramifications qui représentent les arrières grands parents et ancêtres maternels ainsi que les arrières-grands parents et ancêtres paternels. Les deux arbres élagués symbolisent aussi des « arbres de vie » et les deux colonnes d'énergies, masculines et féminines, qui circulent dans la colonne vertébrale. Ici, elles sont séparées et donc différentiées et conscientisées.

Le pendu accroché à la branche symbolise la capacité à être relié au ciel, à recevoir l'énergie du ciel dans ses pieds de façon à marcher selon la volonté du ciel ou autrement dit à être « attaché » à la « volonté divine », dans un état d'obéissance totale avec elle et à être relié à « la Source sacrée de toute vie », c'est-à-dire à une force de gravité spirituelle, perçue par l'âme comme un appel, qui envoie son signal depuis « la Source » sous la forme d'un « appel vers Dieu ».

Le Pendu a les jambes croisées en forme de 4, comme l'Empereur. Cela évoque le choix initial qu'a fait chaque être humain de couper la corde qui le reliait à « la source » pour « chuter » dans la matière. Cela évoque ensuite un renversement de la volonté jusqu'ici orientée vers la matière, c'est-à-dire un renoncement à exercer un pouvoir personnel pour vivre selon un pouvoir spirituel, c'est-à-dire selon la volonté divine, selon la volonté du « Père ».

Les mains du pendu sont invisibles, cachées derrière son dos et réunies ensemble. On peut supposer qu'elles sont attachées ou qu'elles ne le sont pas. Cela évoque l'importance de ne pas faire de suppositions, de lâcher le mental et le désir de contrôle mais aussi d'abandonner l'ego qui génère une illusion de séparation entre soi et le reste. Cela symbolise également la non-activité extérieure et l'activité intérieure. Le nœud de la corde a pris la forme d'une flèche qui pointe vers le ciel, indiquant ainsi la direction à suivre.

Le pendu semble pouvoir facilement se libérer de la corde. Son expression est sereine, intériorisée, à la fois présente et ailleurs. Il sourit parce qu'il entend la voix subtile et discrète de son âme qui lui dit que Dieu et la Vie l'aiment, qu'il est éternel, qu'il va s'en sortir et qu'il finira un jour par se reconnecter à la « Source » de tout amour et de toute vie dans un état de béatitude suprême. Il sourit parce qu'il a lâché son besoin de lutter et de tout maîtriser et parce qu'il sent que des forces supérieures à lui, des courants d'amour, sont partout quand on sait les voir et qu'ils le portent tranquillement sur son chemin d'évolution. Cela nourrit sa foi et sa sérénité et sa sensation d'être relié à tout ce qui l'entoure. Il est intériorisé, dans un état de prière et de méditation.

Dans quelques jeux, des pièces de monnaies tombent de la poche du Pendu. Cela symbolise l'abandon ou le détachement intérieur du matériel pour le spirituel. Dans les Tarot Rolichon et Viéville, les mains apparaissent derrière le dos du Pendu, ce qui , dans le monde physique, est impossible.

Dans certains jeux, comme c'est le cas avec l'arcane du Pendu du Tarot Universel présenté ici, il y a de l'eau et des poissons. Cela fait référence au passage de la bible dans l'évangile de Mathieu où Jésus Christ marche sur l'eau pour rejoindre ses disciples qui étaient dans une barque (dans l'état de la conscience ordinaire qui navigue dans le monde), révélant ainsi une capacité à transcender le monde extérieur et la gravité terrestre en élevant son âme vers l'état de « conscience Christique », c'est-à-dire en étant uni à « la Source » et « au Père », par la force de l'amour et la force de la foi, accomplissant alors un miracle et sacrifiant sa vie personnelle pour s'occuper de ses disciples, selon la promesse faite, et ce jusqu'à la fin des temps.

Ainsi, notre jeune Bateleur, arrivé à l'étape du Pendu, fait une pause, s'oriente plus profondément vers l'intérieur et apprend à inverser ses croyances, c'est-à-dire à s'apercevoir que le monde de la matière, même si il a une consistance et une vibration, est une illusion produite par l'Esprit. Grâce à sa capacité à faire le vide dans sa tête, il développe sa vision spirituelle, sa conscience du sens secret et sacré de ce qui est et de qui il est vraiment, sa vision des causes et de la volonté divine ainsi que sa capacité à accepter ce qui arrive comme étant voulu par Dieu. En donnant sa vie à la vie et en sacrifiant sa volonté personnelle à la volonté divine, il réalise alors en lui une nouvelle alliance des énergies masculines et féminines, des forces de la terre et des forces du ciel. Il se prépare alors à pouvoir changer radicalement sa vision du monde et à être en état d'expérimenter une transformation profonde, une première mort et renaissance, à l'étape de l'arcane suivante.

PRATIQUE ET SOLUTIONS

La vie personnelle (Amour, sentiments, foyer, famille) :

Position 1, 3 ou 4 : En positif : Il est favorable d'inverser ou de changer votre vision des choses, de la relation et du couple, de voir le sens spirituel de votre vie affective, de pardonner, de faire le lien avec vos mémoires généalogiques ou vos mémoires de vies passées, de vous libérer de tout blocage, d'abandonner vos illusions, de méditer, d'attendre le bon moment pour agir et de laisser les choses évoluer en fonction du hasard.

Votre capacité à accepter les gens et les situations comme elles se présentent, à exprimer l'amour inconditionnel, à donner du sens, à exprimer des valeurs spirituelles, à avoir la foi, à faire rêver, à lâcher prise, à inverser vos croyances, à fusionner avec l'autre, à faire un sacrifice et à faire preuve de compassion et de dévouement, favorisent votre réussite sentimentale.

Quand vous choisissez de vous engager parce que vous le sentez, il y a une alors relation fluide et romantique, une communion des âmes et un amour platonique, mystique et désintéressé. La situation ne comporte pas forcément beaucoup d'événements concrets car beaucoup de chose se passent au niveau de l'âme et de votre évolution spirituelle. Il n'est pas forcément possible de maitriser la situation présente et de changer les choses car il y a des paramètres qui vous échappent. Il faut alors patienter et vous adapter.

Il peut y avoir une rencontre avec une personne ayant d'importantes valeurs spirituelles ou religieuses ou s'occupant de soulager les souffrances et les misères du monde.

Le couple peut être un moyen pour vous d'accéder à la transcendance. Il est synonyme de rêve et d'évasion.

Position 2 : En négatif : Il n'est pas favorable d'attendre, de rester accroché au passé ou de laisser les choses se faire au hasard. Il y a un manque d'énergie et d'initiatives, une épreuve, une souffrance, une soumission à l'autre, des illusions, une utopie, de faux espoirs, un avenir flou et incertain, des mensonges, une trahison, quelque chose qui tombe à l'eau, des erreurs, des déceptions, un sacrifice douloureux, une résignation, un état de dépendance dans vos relations amicales et amoureuses, une personne qui subit, qui fuit ou qui s'oublie complètement dans la relation, une difficulté à couper les liens avec votre passé, une tendance à être influencé(e) par des mémoires généalogiques déséquilibrantes, un état de confusion, un problème de drogue ou d'alcoolisme, un ou une partenaire trop collant(e) ou dépressif(ve), une personne qui est engagée ailleurs, une relation qui est dans une impasse ou qui ne mène nulle part, des problèmes d'ordre matériels et un chaos sentimental.

La santé et le bien-être : Cet arcane est en lien avec le système lymphatique, les jambes, les pieds, les tendons et les ligaments.

Position 1, 3 ou 4 : En positif : Il est favorable de vous détendre, de pratiquer la relaxation, de faire une pause, d'attendre, de lâcher-prise, d'avoir la foi, de pardonner, de prendre en compte la dimension spirituelle ou généalogique des choses, de méditer sur ce qui se passe, d'accepter les gens et les situations comme ils se présentent, de voir les choses d'une façon différente voire inversée, d'intégrer des valeurs religieuses ou spirituelles et d'accéder à la transcendance. Une immobilisation, une thérapie alternative ou une constellation familiale, un travail sur l'eau du corps ou une pratique spirituelle comme le yoga, la prière et la méditation ont des conséquences très positives sur votre santé.

Position 2 : En négatif : Il n'est pas favorable d'attendre, de fuir, de vous sacrifier, de nourrir un état de dépendance, de souffrir ou de laisser les choses se faire au hasard. Il y a un manque de vitalité, une période de fatigue ou une dépression due à des mémoires généalogiques non nettoyées. Il y a parfois un risque d'immobilité forcée, d'hospitalisation, de paralysie et d'impuissance face aux événements. Il y a peut-être un problème de circulation ou de pied, un problème lié à une anesthésie, à une infection bactérienne, à un handicap, à une dépendance ou à une addiction (tabac, drogue, alcool) et une fuite de la réalité. Les événements vous obligent à inverser votre vision des choses.

Il y a un abandon, un sacrifice, une épreuve, une souffrance ou une période de grosse fatigue.

La vie professionnelle :

Position 1, 3 ou 4 : En positif : Il est favorable de vous détendre et de vous adapter, d'accepter la situation et les gens tels qu'ils sont, de vous investir dans une structure collective, de soulager les souffrances et les misères du monde, du corps et de l'âme, d'apporter du rêve et de l'évasion, d'inverser votre vision des choses et vos croyances, d'aider les personnes qui vous sollicitent à se rapprocher de Dieu, de prier, d'avoir la foi, de faire preuve de dévouement, d'empathie et de compassion, de pardonner, d'attendre que le moment pour agir se manifeste clairement, de donner un sens spirituel à ce qui se passe, d'être inspiré(e), d'agir selon vos aspirations secrètes et profondes, d'écouter votre intuition, de prendre en compte votre sixième sens et d'avoir la foi.

Votre intuition, votre foi, votre capacité à donner du sens et à soulager les souffrances et les misères du monde, votre capacité à faire rêver, votre sens communautaire, votre dévouement envers la collectivité et les compétences transmises par vos ancêtres favorisent votre évolution professionnelle. Votre situation est sans doute en attente d'amélioration. Vous êtes en mission. Les activités en lien avec l'évolution spirituelle, avec l'eau et les soins du corps et de l'âme sont favorisées. Il est peut-être nécessaire d'abandonner ou de sacrifier quelque chose. Ce que vous faîtes vous enchante et vous faîtes des miracles.

Position 2 : En négatif : Il n'est pas favorable d'attendre, de fuir, de vous sacrifier, de rester accroché(e) à une activité ou une situation qui ne vous convient plus, de nourrir un état de dépendance ou des mirages, de souffrir sans rien faire, de reproduire une situation généalogique ou une vie passée qui ne vous appartient plus ou de laisser les choses se faire au hasard. Vous avez une difficulté à couper les liens, à quitter votre poste, à inverser le cours des choses, à vous motiver, à vous donner les moyens pour avancer et à réussir. Il y a des illusions, de faux espoirs, des erreurs, des déceptions, un sacrifice, une résignation, une fuite, une dépendance aux autres, un arrêt maladie ou une immobilisation forcée qui perturbent votre vie professionnelle.

Peut-être que vous exercez une activité professionnelle qui n'a aucun sens parce que vous répétez un programme généalogique et ne vivez pas votre vraie vie. Votre situation est chaotique, confuse, bloquée ou dans une impasse.

Il y a un risque de vous faire exploiter, de perdre votre emploi et de rester longtemps sans activité. La situation ne dépend pas de vous. Il y a peu d'évolution dans les temps qui viennent.

Les Finances : Position 1, 3 ou 4 : En positif : Cet arcane est très éloigné de toute préoccupation matérielle.

Il est cependant favorable de considérer l'aspect spirituel de l'argent, de donner un sens spirituel à la situation, de lâcher prise, de faire un sacrifice ou un don, d'avoir la foi et d'écouter votre intuition. Il y a une nécessité de vivre avec peu, de faire preuve de charité et de compassion, d'utiliser des moyens financiers pour effectuer un stage de développement personnel ou de travailler sur vos schémas et vos mémoires généalogiques en lien avec l'argent. Votre foi, l'aide d'une assistante sociale où d'un système social généreux vous permet d'avoir juste ce qu'il vous faut au bon moment. Vous pouvez bénéficier de rentrées d'argent inattendues et miraculeuses. L'avenir s'annonce plutôt flou car votre situation financière ne dépend pas de vous. Il serait judicieux de gérer vos comptes avec plus de rigueur et de vérifier la validité des informations financières que l'on vous donne.

Position 2 : En négatif : Il n'est pas favorable de fuir vos responsabilités ou de vous remettre au hasard pour arranger les choses. Il y a peu de rentrées d'argent, des retards, un blocage de votre situation financière, une situation précaire, floue, confuse ou chaotique et du laisser-aller dans la gestion de votre budget. Il y a parfois des dépenses conséquentes liées à la santé. Il y a une difficulté à vous motiver et à vous donner les moyens de gagner plus. Il y a un risque de déception, de succomber à un mirage, de perte, de vol, d'escroquerie, d'engagements non tenus, de perte financière ou de dépendance d'aides sociales. Une rentrée d'argent espérée est annulée. Il y a peu d'évolution dans les temps qui viennent. Vous ne maitrisez pas votre situation financière. Il serait judicieux de faire preuve de précision dans la gestion de votre budget et de prendre votre situation financière en main.

Les personnages associés au Pendu : Jésus-Christ, les Saints, les mystiques, les yogis, les personnes travaillant dans le social et le médical, les marins et navigateurs, les noyés, les gens perdus, les victimes, les sacrifiés, les martyrs, les personnes en souffrance, les plaintifs, les personnes illuminées, les gens dévoués, les personnes qui font partie d'une communauté, les initiés et les personnes ayant des valeurs spirituelles.

Les métiers associés au Pendu : Les métiers de services ou liés à la santé en clinique ou en hôpital (médecin, infirmière, aide-soignante, anesthésiste, brancardier, ambulancier, secouriste), les activités impliquant un sacrifice personnel et un engagement total dans une cause, les métiers de la mer, les métiers liés à l'alcool ou aux prisons (barman, œnologue), les métiers du rêve et de l'évasion (voyages, publicité, marketing), les métiers consistant à soulager les souffrances et les misères du monde, les métiers liés au son et à l'image, les métiers liés à la religion et au développement spirituel (voyant, astrologue, sophrologue, prêtre, professeur de yoga ou thérapeute de l'âme).

Les lieux/objets associés au Pendu : L'océan et les produits dérivés du pétrole, l'inconscient collectif, les salles d'attente, un lieu où il n'y a rien ou rien à faire, les monastères et les ashrams, les lieux de méditation, les lieux et objets sacrés, les échelles, les bougies, les lieux où l'on s'occupe des ancêtres, les lieux où l'on inverse ses croyances, les lieux où l'on se soigne, les refuges, les cliniques et hôpitaux, les temples et les églises.

Les personnages de la mythologie Grecques en lien avec l'arcane : Poséidon. Les sirènes.

Les liens avec l'astrologie occidentale : Neptune et le signe des Poissons.

La ou les couleurs en lien avec l'arcane : Bleu-vert ou bleu roi.

Les animaux en lien avec l'arcane : Les dauphins, les baleines, les saumons, les morses, les phoques, les pieuvres, les méduses.

Pour vivre le meilleur du Pendu : Il vous faut apprendre à voir et accepter que ce que vous ressentez souvent ne vous appartient pas, à lâcher et oublier ce qui doit l'être, c'est-à-dire la fausse image de vous nourrie par autrui puis à vous souvenir d'où vous venez vraiment, c'est-à-dire de la « Source de toute Vie ». Vous développez votre conscience d'être une âme composée de multiples forces autonomes, pleine d'énergie et dotées de volonté, telle une mer toujours en mouvement et telle une goutte d'eau lumineuse dans l'océan. Vous apprenez à vivre ce que chacune d'entre elles veut jusqu'au bout, c'est-à-dire, aller au terme de son impulsion et désir d'origine, afin de la réunir en vous-même. Vous apprenez à leur donner une forme juste, à les rassembler, à les diriger et tel un banc de poissons, vers le centre de vous-même, afin de devenir pleinement conscient(e) de vous-même en tant qu'âme individuelle.

Vous prenez conscience que substituer vos aspirations religieuses, votre désir de sacré, votre besoin de vous pardonner et de pardonner ainsi que votre besoin de méditer et de vibrer de gratitude et d'amour inconditionnel par un amour de la nature, de l'art et du beau, des plaisirs charnels, des connaissances scientifiques ou par une fuite du monde extérieur ne fait que nourrir l'illusion, la souffrance et générer une conscience brumeuse et étouffante. Vous prenez conscience que si la croissance de l'âme s'effectue grâce à la vie et à l'action en société, l'âme a besoin pour s'épanouir de moments de silence et de méditation.

Vous prenez conscience que certaines des forces de votre âme ont vécu jadis chez d'autres personnes et apprenez à gérer ce que l'on nomme « les vies passées ». Vous prenez conscience que d'un certain point de vue, vous ressemblez à la une feuille d'un arbre derrière laquelle il y a des branches, c'est-à-dire des mémoires de vos ancêtres et vous apprenez à gérer mais aussi à rendre ou restituer, avec amour et respect, ce qui appartient à vos ancêtres et ne vous est plus nécessaire. Vous prenez conscience que la souffrance nait de mensonges temporaires vous faisant croire qu'il n'y a ni espoir ni solutions.

Vous apprenez à identifier la partie de votre ombre que l'on nomme le corps de souffrance. Vous apprenez à vaincre vos souffrances en maîtrisant vos pensées, en cessant de leur accorder de l'attention et de la valeur, en leur tournant le dos avec mépris, en leur imposant une forme et un sens, en vous positionnant de la bonne manière, c'est-à-dire en acceptant totalement la situation, en vous détournant du passé, en nourrissant votre volonté de bonheur, en comprenant ce qui est exigé de vous par « la vie qui veut évoluer » et en posant des actions qui génèrent évolution et joie. De même, vous apprenez à donner une forme à votre joie.

Vous prenez conscience qu'il existe en vous la force suprême de la foi, que cette force se manifeste à travers un sentiment de certitude d'atteindre l'objectif promis et qu'elle n'est donc pas le fait de croire que quelque chose est vrai, que vous pouvez y accéder quand vous êtes sans aucune pensées, qu'elle seule peut vous aider à attirer l'assistance dont vous avez besoin pour retrouver l'état d'être nommé Dieu et à retrouver la conscience de votre « être spirituel ». Vous prenez un temps pour méditer et pour accéder à l'expérience de la transcendance, de la présence divine.

13-L'ARCANE SANS NOM OU LE SQUELETTE FAUCHEUR

THEORIE

Le nom de l'arcane : L'absence de nom renvoie à la question de l'identité, d'absence d'identité ou de recherche d'identité. Durant les anciens rites initiatiques, l'initié abandonnait le nom « officiel » ou « administratif » légué par ses parents pour recevoir un nom correspondant à la vibration de son âme. Pourquoi cet arcane n'a-t-il pas de nom ? Dans les premiers jeux de Tarot, l'arcane était appelé la mort. Il a ensuite perdu son nom mais dans l'inconscient collectif, il est encore beaucoup associé à la mort. On peut émettre les hypothèses suivantes : L'évolution du Christianisme a apporté la croyance que la mort était un sujet tabou, dont il ne fallait pas parler et qu'il ne fallait pas nommer. Au cœur du Moyen-âge, il était de coutume de détourner la tête et de faire un signe de croix lorsque l'on croisait un mort. Parce que la mort était associée à une fin définitive pour une majorité de gens, les initiés ont enlevé le nom, pour montrer que l'arcane (et la mort physique qu'elle peut suggérer) représente en réalité « simplement » une transformation profonde, le passage d'un état à un autre et l'accès à une nouvelle identité, à une nouvelle forme de vie.

Le numéro de l'arcane : Il fait partie d'une famille de nombres regroupant le 4, le 13 et le 22. Une légende raconte qu'il y a très longtemps, chaque année était une année à 13 lunes. Puis survint une catastrophe, un désastre, un corps céleste qui passa entre la Terre et la Lune et il n'y eu plus que 12 lunes dans l'année. Ce chiffre est alors devenu un symbole de malheur, de désastre ou de connexion avec l'au-delà. Les anciens associaient le chiffre 13 au corbeau qui escortait les morts vers leur nouvelle destination mais aussi au chamane qui aidait les âmes à effectuer le passage vers leur éternité. Vous remarquerez que de nombreux avions et hôtels ne comportent pas de chambres ou de rangée 13.

Signification des images symboliques :

Le sol sombre : Il représente le féminin, la terre d'origine, les mystères de la vie et de la mort, les mondes invisibles et la vie intérieure et ce qui est en sommeil, oublié, comme mort ou pas encore né, là où tout est en transformation afin que la vie puisse émerger.

Les plantes vertes et les plantes calcinées : Elles évoquent la vie végétative inconsciente, l'état d'oubli et d'inconscience mais aussi la renaissance après un incendie et la vie après la «mort ».

Le squelette faucheur : Sur un sol sombre, jonché de 3 mains, deux os, 2 têtes coupées, dont l'une est couronnée, de plantes vertes et de plantes calcinées, un être squelettique, ou un squelette en mouvement, avance avec une énorme faux, fauchant tout sur son passage. Son expression suggère la sérénité et une présence intense. Dans certains jeux, un deuxième visage semble sortir du premier, ce qui évoque le corps astral qui sort du corps physique. Le squelette porte sur sa tête, ou à l'arrière de la tête, une espèce de casque en forme de lune. La colonne vertébrale est remplacée par les épis de céréales. Dans les Tarot Rolichon et Viéville, la mort a ses deux pieds et peut donc marcher plus aisément.

Le casque lunaire : Il évoque les peurs, les protections, les résistances et les difficultés à abandonner et à transformer. Il évoque aussi la mémoire de l'éternité, de l'âme spirituelle éternelle.

La faux : Elle symbolise une volonté et une action de faucher, c'est à dire d'enlever, de soustraire, de trancher et de détruire quelque chose qui n'a plus d'utilité.

La tête couronnée fauchée : Elle indique que quelque-soit le statut social, le passage par l'Arcane sans nom concerne tout le monde. La mort qu'elle évoque ne peut pas être contrôlée mais on peut se préparer à la vivre sereinement quand elle arrive.

Les têtes fauchées symbolisent aussi la non présence du mental. Le sage Chinois Lao Tsé aurait dit « Pour trouver la voie, il faut couper la tête ». Cela sous-entend que la vraie connaissance n'est pas cérébrale et qu'elle nécessite d'être au-delà du monde de la pensée, du dialogue intérieur permanent qui existe encore chez une majorité de personnes sur la planète Terre et d'aller dans les espaces vides entre les pensées.

Les épis de céréales dans certains jeux : Ils évoquent les énergies subtiles qui circulent dans la colonne vertébrale et qui servent de carburant pour effectuer, dans un premier temps, le transfert de conscience du corps physique au corps astral.

Les morceaux de pieds, les mains coupées et les têtes : Ils symbolisent les expériences, les lieux et les actions passées mais aussi l'idée que l'on récolte ce qu'on a semé.

Le lien avec le Mat : L'arcane 13 n'a pas de nom et l'arcane du Mat n'a pas de nombre. Ils ont donc un lien. Quel est le lien entre l'au-delà et la liberté suprême ? Pour être vraiment libre, il est nécessaire d'avoir « ouvert » sa conscience de l'au-delà, d'avoir effectué des « sorties hors du corps » puis d'avoir été au-delà des mondes astraux et mentaux, jusqu'au centre de soi-même, au-delà du vide, jusqu'à son essence éternelle. C'est là que l'on rencontre véritablement Tempérance, l'ange de lumière, qu'il est nécessaire de reconnaitre car elle vient apporter son aide.

PRATIQUE ET SOLUTIONS

La vie personnelle (Amour, sentiments, foyer, famille) : Position 1, 3 ou 4 : En positif : Il est favorable ou nécessaire d'observer en profondeur ce qu'il se passe, de trouver les causes de la situation présente, de voir derrière les apparences, de tenir compte des énergies subtiles, d'aller à l'essentiel vers ce qui correspond à votre vouloir le plus profond, de faire preuve d'authenticité, de vouloir transformer ce qui doit l'être, de modifier votre approche du couple et de l'amour, d'abandonner vos illusions ou votre perfectionnisme, de faire preuve de lucidité, d'abandonner vos vieux schémas pour en créer de nouveaux, de muter, de vous métamorphoser, de mettre fin à une relation médiocre ou toxique qui générait du stress et de la douleur, de tirer un trait sur le passé, de faire le deuil d'une relation, de vous libérer d'une relation traumatique et de créer une situation radicalement différente.

Il y a un changement radical et une mutation profonde dans votre vie sentimentale. Il y a une transformation totale de votre vécu affectif. Vous vous retrouvez en couple en train de vivre une relation forte si vous êtes célibataire ou célibataire si vous êtes en couple.

Vous vous libérez de blessures passées ou abandonnez un projet qui vous aurait surtout apporté des ennuis. Vous vivez une relation authentique fondée sur un désir d'évolution spirituelle ou une passion partagée. Il y a des révélations sentimentales.

Il y a une initiation grâce à votre partenaire où en sa compagnie. Il y a parfois une liaison avec une personne ayant une couleur de peau sombre. Vous avez la possibilité de vous libérer de tout ce qui était toxique, d'enlever une épine de votre pied, de mettre fin à une situation qui ne vous correspondait plus, de créer une vie nouvelle beaucoup plus saine ou de vivre des expériences particulièrement intenses.

Position 2 : En négatif : Il n'est pas favorable de fouiner, de vouloir aller trop en profondeur, de focaliser sur la douleur et le négatif, d'avoir peur des énergies subtiles ou du changement, de vouloir systématiquement tout transformer et de rompre avec le passé. Il y a une difficulté à aller à l'essentiel vers ce qui est authentique, à voir derrière les apparences, à vous désintoxiquer du poison du passé, à transformer ce qui doit l'être, à abandonner ce qui n'a plus lieu d'être ou à mettre fin à une relation sans avenir. Il y a un malentendu, une dispute, une vieille blessure qui refait surface, une ambiance conflictuelle, une tendance au rejet, une difficulté à maîtriser vos pulsions, une tentation de céder à la violence, une personne qui vous manipule ou qui vous vide votre compte en banque et une situation douloureuse. Il y a un ras le bol d'une situation que vous avez besoin de transformer. Cela provoque une crise ou un traumatisme au sein de votre couple. Il y a alors un éloignement, une rupture nette et une séparation plus ou moins difficile.

La santé et le bien-être : Cet arcane est en lien avec vos mémoires profondes, avec vos processus de détoxination et d'évacuation, avec votre vessie, votre squelette et vos articulations où encore avec votre code génétique.

Position 1, 3 ou 4 : En positif : C'est un bon moment pour effectuer un jeune, pour entreprendre un grand nettoyage, pour mettre fin à de mauvaises habitudes (alimentation, tabac, alcool, rythmes décalés etc.), pour transformer des souvenirs traumatiques en faisant une thérapie, pour effectuer un scan aux rayons X ou pour subir une opération.

Une opération chirurgicale se passe bien. Vous vous libérez d'une dépendance, changez totalement de vie et cela améliore votre santé. Vous vous régénérez après une période difficile.

Position 2 : **En négatif** : Il y a de gros excès, une situation toxique, une douleur, des problèmes de mémoire ou de sommeil, une fracture, une fragilité osseuse, une mutilation, un traumatisme, une maladie liée à l'âge, au tabac, à l'anorexie, à l'arthrose, à l'ostéoporose, à la fibromyalgie, à la sclérose en plaques, aux hernies discales, à un virus ou un parasite, à un problème génétique, à une infection, un cancer ou simplement à de grosses angoisses liées à des mémoires non nettoyées.

Une opération chirurgicale est suivie de complications et vous avez des difficultés à vous régénérer. Le désir d'explorer l'au-delà, l'invisible, des mémoires généalogiques ou des mémoires de vies passées se heurte à des interdits et génère une tension intérieure source d'angoisse. Il y a un problème génétique ou congénital. Il est ici judicieux et nécessaire d'effectuer un bilan de la situation, de solliciter l'aide ou les conseils d'une personne qualifiée, d'abandonner ce qui n'a plus lieu d'être et de transformer ce qui doit l'être afin de créer une situation saine. Il y a dans de rares cas un risque de décès ou un décès qui vous perturbe.

La vie professionnelle : Position 1, 3 ou 4 : En positif : Il est favorable ou nécessaire d'observer la situation en profondeur, de voir derrière les apparences, d'aller à l'essentiel vers ce qui correspond à votre vouloir le plus profond et de renoncer au reste, de faire preuve d'authenticité, de cesser de voir les choses en négatif, d'abandonner vos illusions ou vos vieux schémas pour en créer de nouveaux, de changer votre CV, votre discours, votre tenue vestimentaire ou votre approche du travail, de mettre en place une organisation de travail radicalement différente, de mettre en place ou d'accepter une mutation ou un départ, de travailler sur un nouveau site ou dans un nouveau poste, de vous métamorphoser, de mettre fin à un emploi médiocre ou toxique qui générait du stress et de la douleur, de tirer un trait sur le passé, de faire le deuil d'une situation, de vous libérer d'une relation professionnelle traumatique, de modifier radicalement votre façon d'aborder les choses, de vous faire accompagner pour déclencher un changement radical ou une nouvelle orientation et de créer une situation complètement différente.

Il y a un changement de situation, de poste, de lieu, de patron ou de collègues ou un changement radical dans votre activité. C'est la fin d'une période professionnelle. Vous vous faîtes licencier, vous quittez votre emploi et vous partez. Vous tournez la page. Vous abandonnez ce qui ne fonctionne pas ou ce qui ne vous apporte plus rien. Il y a un renouvellement complet. Vous vous recyclez.

Vous vous retrouvez sans activité ou vous retrouvez un emploi. Vous devenez lucide sur ce qu'il se passe. Votre pertinence, votre sens de la précision, votre efficacité redoutable, votre authenticité et votre puissance de travail favorisent votre vie professionnelle. Il peut également être opportun d'effectuer un travail au sein d'une communauté ou de participer à un grand projet collectif. Vous mettez en place des objectifs, une situation ou une organisation beaucoup plus authentique.

Position 2 : En négatif : Il n'est pas favorable de fouiner, de vouloir aller trop en profondeur, de focaliser sur le négatif, d'avoir peur du changement, de vouloir systématiquement tout transformer, de rompre avec le passé, de changer votre CV, votre discours, votre tenue vestimentaire ou votre approche de votre travail, de mettre en place une organisation de travail radicalement différente, de mettre en place ou d'accepter une mutation ou un départ, de travailler sur un nouveau site ou dans un nouveau poste, de vous métamorphoser, de tirer un trait sur le passé, de modifier radicalement votre façon d'aborder les choses, de vous faire accompagner pour mettre en place un changement radical ou de créer une situation complètement différente.

Il y a un changement radical violent, une crise professionnelle, un problème de sécurité ou une mort et une renaissance symbolique. Une erreur de parcours, des problèmes relationnels, des rapports de force, un excès d'intensité, une situation extrême, une mise à la retraite, une perte d'emploi, un échec, une rupture, un non renouvellement de contrat, une période de découragement, une ambiance malsaine, glauque ou de type « champs de bataille » ou encore une difficulté à accepter les changements perturbent votre vie professionnelle.

Les Finances : Position 1, 3 ou 4 : En positif : Il est favorable de surveiller attentivement vos dépenses et vos rentrées d'argent, de transformer vos sources de revenus, votre relation à l'argent ou votre façon de gérer votre budget, de mettre fin à des investissements ou à des activités qui ne sont pas rentables, d'abandonner les charges, les frais ou toutes les dépenses non indispensables, de rembourser vos dettes et de ne dépenser que le strict minimum pour ce qui est vraiment essentiel. Il y a une transformation profonde de votre situation financière, une transmission de patrimoine, un héritage, une souscription à une assurance, des indemnités suite à un licenciement, une capitalisation pour l'avenir de votre descendance ou un remboursement de vos dettes.

Vous traversez une période de déséquilibre financier où vous disposez juste du minimum pour vivre, ce qui vous oblige à faire preuve de vigilance.

Position 2 : En négatif : Il y a une transformation douloureuse de votre situation financière et une perte de revenus suite à une baisse de salaire, à la suppression d'une aide financière, à la disparition d'anciennes sources de revenus ou suite à un changement de votre situation plus ou moins indépendant de votre volonté.

Il y a un rejet de votre dossier ou d'une demande d'aide, un investissement à perte, un revers financier, une insuffisance de revenus, des rentrées d'argent différées ou supprimées, des restrictions imposées, un temps d'austérité ou simplement une angoisse suite à des contraintes, à des obligations ou à des complications. Vous vous retrouvez en situation de crise financière. Il est ici nécessaire de revoir radicalement votre situation et de transformer ce qui doit l'être afin de créer une situation nouvelle.

Les personnages associés à l'Arcane sans Nom : Les personnes en pleine mutation, en crise, en transition, de passage ou qui abandonnent tout pour vivre une vie différente. Les morts, les ancêtres, les veufs et les veuves.

Les métiers associés à l'Arcane sans Nom : Les professions en lien avec le gardiennage, la mort, la détoxination, le nettoyage des déchets, la sécurité, les transformations ou l'initiation. Les bouchers, les services funéraires, les médecins légistes, les soins palliatifs, les huissiers, les activités de recyclage des déchets, les éboueurs, les archéologues, les radiologues, les ostéopathes, les médiums, les psychanalystes, les accompagnateurs au changement, les accompagnateurs de fin de vie, les chimistes, les cultivateurs, les chirurgiens, les dentistes, les agents de sécurité, les criminologues, les policiers ou les militaires.

Les lieux/objets associés à l'Arcane sans Nom : Les lieux de passage, de transformation, de recueillement et d'initiation. Les morgues, les cimetières, les champs de bataille, les fonderies, les champs, les services de radiologie, les lieux radioactifs, les volcans, les grottes, les lieux ayant un fort taux vibratoire, les transformateurs, les os, les squelettes, les faux et tondeuses, les combustibles fossiles, les objets archéologiques.

Les personnages de la mythologie Grecques en lien avec l'arcane : Hadès. Héphaïstos.

Les liens avec l'astrologie occidentale : Le signe du Scorpion et la planète Pluton. Saturne et le signe du capricorne.

La ou les couleurs en lien avec l'arcane : Brun foncé ou orange et noir.

Les animaux en lien avec l'arcane : Les loups, les charognards, les chacals, les vautours, les serpents, les lézards, la salamandre, les crocodiles, les guêpes, les scorpions, les méduses, les papillons de nuit, les araignées, les corbeaux, les putois.

Pour vivre le meilleur de l'Arcane sans Nom : Vous avez conscience de la nécessité de mener un grand combat intérieur, aboutissant à une profonde mutation, pour devenir votre être authentique et retrouver la mémoire de votre identité éternelle et de votre vrai « nom ».

Cela implique de passer d'un état d'ignorance à un état de certitude intérieure ressentie dans tout votre être. Vous avez conscience que la seule transformation juste est celle qui entraine une plus grande sérénité et une plus grande joie.

Ce combat consiste à prendre conscience de la nature illusoire et temporaire de la matière, telle une matrice créée par l'esprit, en tant que monde radicalement opposé au monde spirituel. Il consiste à savoir se détacher des pensées pour apprendre à vous fier à votre flair, à votre intuition et au sentiment de certitude. Il consiste aussi à prendre conscience qu'il y a une vie dans un autre monde, nommé« au-delà », lorsque la vie du corps physique prend fin. Il consiste également à prendre conscience de l'existence de deux réalités invisibles et d'apprendre à les discerner et les différentier ; l'une de ces réalités étant de nature matérielle, constituée d'énergies subtiles dont certaines sont créatives et d'autres destructrices et l'autre de nature spirituelle, animique ou psychologique. Ce combat vous engage à faire le nécessaire pour être en santé, en vivant dans un corps sain et vigoureux et en gérant sainement les énergies sexuelles, les pulsions et les angoisses. Il consiste à réaliser qu'il est possible de vivre sur Terre, grâce à un certain processus et à un entrainement, en se nourrissant exclusivement d'énergie. Il consiste, par l'état d'esprit et les actions appropriées, à être capable de reconnaitre et de se protéger, dans le but d'être en sécurité, des forces de destruction qui existent dans la nature, dans le monde de la matière de façon à éviter tout dérèglement de l'instinct animal de survie, à sortir de la misère et de la douleur pour aller vers la joie. Il consiste enfin à apprendre à aller du mensonge vers la vérité, en apprenant à se transformer, c'est-à-dire à éliminer, rejeter et abandonner définitivement les formes anciennes, usées, obsolètes et qui n'ont plus lieu d'être (attachements intérieur à ce qui est matériel, croyances, habitudes, situations, relations, objets, statuts et modes d'organisations), pour créer une forme d'être entièrement nouvelle et radicalement différente, permettant de ressusciter et de renaitre à votre identité éternelle. Vous apprenez durant votre vie terrestre à prendre en compte l'au-delà et à préparer votre vie future dans l'au-delà, en vivant le mieux possible, en menant une vie équilibrée, dans un état d'amour et en développant une pratique, nommée « sorties hors du corps » ou « sorties astrales », consistant à se détendre profondément, à se ressentir comme un être vivant et vibrant à l'intérieur du corps physique, à faire circuler l'énergie dans la colonne vertébrale en connectant les centres d'énergie du sexe, du cœur et de la tête, à utiliser des affirmations pour transférer la conscience du corps physique dans le corps astral puis pour explorer en conscience les différents états d'être et les différents mondes existant dans l'au-delà. Vous prenez conscience que pour gérer une crise et réaliser une transformation, il est nécessaire de procéder selon les étapes suivantes : 1 : Reconnaitre et ressentir sa difficulté, son absence de bien-être, sa misère et sa douleur. 2 : Nommer avec des mots précis son ressenti et sa difficulté. 3 : Identifier avec honnêteté qui l'on rend responsable, qui l'on accuse, en soi ou à l'extérieur de soi, de la situation. 4 : Se mettre à la place de l'accusé, comprendre les motivations et les causes individuelles ou collectives de la situation. 5 : Observer que la situation ne pouvait pas être autrement et apprendre à pardonner. 6 : Trouver un souvenir lointain qui évoque la situation présente, simplement en écoutant son ressenti et son intuition. 7 : Effectuer le lien entre cet élément du passé et la situation présente. 8 : Créer une liste de solution et d'actions possibles pour transformer la situation puis en choisir une pertinente qui a du sens, qui suscite joie et enthousiasme. 9 : S'engager à mettre en pratique cette solution. 10 : Faire un bilan au moment approprié, se féliciter des résultats obtenus et si nécessaire mettre en place d'éventuels réajustements.

Pour maîtriser cette métamorphose, il est indispensable d'intégrer le facteur temps, de gérer un calendrier, d'identifier les cycles répétitifs et les moments clefs, de préparer, de planifier, de respecter les étapes et d'intervenir au meilleur moment, quand la force de l'évidence indique le signal pour l'action. Vous pouvez ainsi, avec l'Arcane sans Nom, franchir un cap majeur et entrer dans un monde nouveau, où vous pouvez pleinement servir et rembourser votre dette karmique envers la vie, au sein de la communauté avec les hommes.

14- TEMPERANCE OU L'ANGE

THEORIE

Les origines historiques et le nom de l'arcane : Tempérance est l'une des vertus célestes, des compétences ou des qualités majeures que la culture Chrétienne a reprise des œuvres du philosophe Grec Platon. Elle était connue par les romains et faisait partie de la culture populaire à l'époque où le Tarot à été créé, vers 1425.

L'origine du mot est en lien avec la médecine gréco-romaine qui reconnaissait qu'une personne était en santé, dotée d'un bon tempérament, d'un tempérament équilibré et donc de tempérance quand il y avait un équilibre entre ses quatre liquides organiques que sont le sang, la lymphe, la bile jaune sécrétée par le foie pour digérer les graisses et la bile noire sécrétée par la rate pour aider à gérer les choses dans le temps. Tempérance avait la réputation d'être capable de triompher de l'Arcane sans Nom et de la mort. C'est pour cela qu'elle est placée après l'arcane sans nom. Elle évoque, dans le chemin vers Dieu, vers le retour à l'unité avec « La Source de toute vie », la capacité à identifier les personnes angéliques et à accepter l'aide de ces personnes, sur Terre, mais aussi dès l'arrivée dans l'au-delà.

Elle évoque la capacité à prendre du recul, à engendrer de l'harmonie, une claire compréhension, un mieux-être psychologique, un réconfort, un soulagement, un apaisement, de l'espoir, de la joie ainsi qu'un état de tranquillité et de sérénité. Elle symbolise enfin l'action des « Anges » qui vont et viennent entre « La Source de toute vie » et les êtres humains incarnés sur les différentes planètes, dont la Terre, afin d'aider les âmes humaines à retrouver « l'état d'Etre » nommé Dieu, dans lequel « la conscience » se place au centre du corps spirituel et renait en lui. Dans son côté ombre, Tempérance évoque une difficulté à avoir les pieds sur terre, à trouver sa place dans le monde, à s'incarner ainsi qu'une tendance à être déconnecté et à vivre dans l'errance (temps+errance).

Le numéro de l'arcane : Il fait partie d'un binôme de nombres composé du chiffre 5 et du chiffre 14. Composé du 1 et du 4, le 14 effectue le lien entre l'Esprit et la matière en organisant les flux d'énergie tout en créant et en perpétuant l'harmonie avec l'ordre cosmique. De cette connexion entre les deux règnes nait le progrès et l'évolution. Dans le monde des Humains, Le 14 est synonyme de fécondité et de transfert car il est en lien avec le cycle de reproduction féminin, l'ovule descendant de l'ovaire pour se loger dans l'utérus au quatorzième jour du cycle féminin.

Signification des images symboliques : L'ange : Un Etre ailé féminin, avec un visage « d'Ange » et un regard intériorisé, vêtu d'un dessus jaune brillant et d'une longue robe rouge et bleue qui est attachée autour de sa taille par une ceinture, est debout sur un sol fertile où poussent deux plantes. L'Ange porte une fleur au sommet de sa tête, un diamant autour du cou et une pierre précieuse rouge à sa ceinture. Cela évoque l'harmonie entre les mondes de l'esprit, de l'âme et de la matière, la capacité à percevoir puis à incarner les informations reçues d'en haut et la communication entre ses trois plans. La ceinture symbolise la capacité à rester centré, la vision périphérique dans toutes les directions à partir du centre et l'engagement indéfectible et irrévocable à être au service de « La Source du toute vie ».

Les ailes : Elles symbolisent la capacité à se déplacer librement dans différents plans d'existence, dans différents mondes. Elles permettent également à l'Ange de retourner à la « Source ». Elles symbolisent le pouvoir magique de la foi, l'accès illimité à l'énergie libre, la maîtrise de soi et de l'énergie, la légèreté, la pureté et l'éveil spirituel.

La fleur sur la tête, sur le septième chakra : Elle est un symbole d'ouverture spirituelle, de pleine conscience, d'harmonie, de beauté et d'amour céleste. Elle symbolise la conscience dans toutes les directions et la conscience des formes, des détails. Elle peut aussi évoquer l'étoile flamboyante que l'on rencontre sur le chemin vers Dieu, lorsque l'on est proche du but suprême. L'amour inconditionnel, la bonté, le soutien moral, psychologique et spirituel de l'ange permettent de trouver des solutions apaisantes, de prendre soin de soi, de se régénérer, d'accéder à un état de bien-être et de sérénité et d'avancer sur le chemin qui mène à Dieu et à la reconnexion avec « la Source de toute vie ». L'Ange fait descendre sur Terre la lumière divine.

Les vases et le fluide : L'Ange tient un vase dans chaque main. Entre les deux vases de couleur bleu et rouge circulent des ondes fluidiques électromagnétiques de lumière blanche. L'Ange créé des flux ou courants d'énergie et il transfère, sans en perdre une goutte, ce qui pourrait être de l'eau, un autre liquide, de l'énergie spirituelle ou de l'inspiration divine, du haut vers le bas et du bas vers le haut, du ciel vers la matière et de la matière vers le ciel. Il a l'art de faire circuler l'énergie entre différents plans et de combiner différentes énergies entre elles.

Transférer un liquide ou de l'énergie avec l'angle que forment les deux vases est impossible sur Terre car tout liquide ne va que vers le bas, à la verticale. Mais dans d'autres mondes et sur d'autres plans, cela est tout à fait possible. L'Ange symbolise ainsi l'accès à d'autres plans de conscience et une capacité à rendre ce qui est impossible possible. Les vases de couleur bleu et rouge symbolisent l'équilibre entre le masculin et le féminin, entre le spirituel et le matériel. Ils permettent au fluide de circuler tandis que le fluide réuni les deux vases.

Cela évoque l'unification de deux énergies complémentaires. Les ondes de lumière circulant entre les deux vases évoquent également une technologie que l'Ange maîtrise au nom du Créateur et qu'il met en permanence au service de l'humanité, de façon constante, intemporelle et continue. Cette technologie et cette énergie sont mises au service d'un projet, dans un but précis, dont la réalisation engendrera une régénération, un progrès, une évolution et une plus grande sérénité.

Tarot de Viéville : SOL FAMA signifie soleil renommée. Par l'incarnation du Soleil (l'amour et la meilleure version de soi-même) l'on adopte une nouvelle forme, un nouveau nom, une nouvelle identité. C'est ce qu'a fait l'ange. Cela est ici en lien avec les enseignements de l'ordre initiatique de la Rose Croix.

La vie personnelle (Amour, sentiments, foyer, famille) : Position 1, 3 ou 4 : En positif : Il est favorable de vous connecter à votre intuition et d'entendre les massages de l'univers, de communiquer et de partager, de vous libérer de toute influence familiale ou sociales afin d'exprimer ce qui vous appartient, d'équilibrer votre masculin et votre féminin ou de préserver votre équilibre psychologique, de faire preuve d'harmonie, de modération, de sincérité, de douceur, de bonté, de gentillesse, de transparence, de solidarité et d'humanité, de créer une continuité dans l'évolution de la situation actuelle et de générer de la fluidité, de passer d'un état à un autre, d'effectuer des sorties en groupe ou pour des loisirs, de participer à des activités associatives ou humanitaires, de faire appel aux technologies modernes et à votre réseau, de gérer un projet à deux et d'anticiper, d'aider ou de vous faire aider, d'utiliser votre intelligence psychologique, d'exprimer vos valeurs humaines, de garder espoir, de faire progresser la situation et de cultiver un état de joie et de sérénité.

Cet arcane évoque surtout l'amitié ainsi que des échanges fondés sur la communication, sur un partage d'idées, sur des projets et sur des valeurs humaines. Il est particulièrement favorable aux rencontres dans des activités de groupe, par votre réseau d'amitié(e)s ou par Internet. Il apporte une relation prometteuse, équilibrante et libératrice car génératrice pour l'âme de guérison de tout sentiment de séparation et de toute blessure. Il favorise des liens sincères ainsi qu'un état de sérénité, de bien-être et de bonheur fraternel au sein d'une relation. Si vous êtes célibataire, votre célibat est bien vécu et ponctué de sorties entre ami(e)s. (cinéma, discothèque, détente). Il y a une invitation suite à un appel téléphonique. Une coïncidence permet la rencontre avec une personne nouvelle ou ancienne.

Si vous êtes en couple, Tempérance évoque une complicité amoureuse sereine, une relation sentimentale équilibrée, fondée sur l'échange, le partage, une communication sincère, des projets en communs, une solidarité respective, des activités de groupe, une vie amicale très active ou des activités en lien avec le développement personnel. Il est important de bien distinguer entre une relation amicale et une relation de couple. Votre situation évolue harmonieusement.

Position 2 : **En négatif** : Il n'est pas favorable d'assurer une continuité dans le flux des événements, de donner plus de place au groupe, aux sorties ou aux relations amicales qu'à une relation sentimentale, d'être déconnecté(e) de votre réseau, de faire votre timide ou de rester dans une relation virtuelle ou déséquilibrante psychologiquement. Des problèmes de communication, de connexion, de compréhension mutuelle, de liberté, d'instabilité, d'excès de concessions ou de soumission, d'inconstance, de passivité, de peur de l'échec ou de dépendance perturbent votre vie sentimentale.

Il y a des rencontres et des relations virtuelles qui ne s'incarnent pas et ne se concrétisent pas. Deux personnes ne sont pas sur la même longueur d'onde au niveau des idées, des idéologies ou des projets, l'une souhaitant par exemple une relation charnelle tandis que l'autre ne souhaite en fait qu'une relation amicale. La relation est stérile parce que deux personnes sont incompatibles. Personne ne vous aide ou l'aide que l'on vous apporte cause plus de problèmes qu'autre chose.

Il y a parfois une tendance à être le ou la psychologue du ou de la partenaire ou une nécessité de prendre l'autre en charge psychologiquement. Certains projets sont retardés. Il y a un manque de communication, de compréhension, de partage, de solidarité et de sérénité au sein d'une relation. Il est ici judicieux de clarifier les besoins, les objectifs et les moyens afin de reconnecter et ré harmoniser ce qui peut l'être.

La santé et le bien-être : Cet arcane est en lien avec les énergies et les fluides qui circulent dans le corps, donc avec l'eau et le sang mais aussi avec les organes de communication, le système nerveux, les ondes cérébrales et la gorge.

Position 1, 3 ou 4 : En positif : Il est favorable de faire preuve d'équilibre et de modération, de vous connecter à votre intuition et d'écouter les messages de l'univers, de faire circuler l'énergie dans votre corps, de bien synchroniser vos différents corps, de solliciter votre réseau, de partager du bon temps entre ami(e)s, de demander des conseils et de l'aide auprès d'une personne thérapeute, de faire appel à des technologies modernes pour vous soigner et de vous régénérer. Tempérance évoque une vie saine et équilibrée, un mieux-être et une réparation. Il peut symboliser une régénération et une guérison grâce à des technologies ultramodernes comme par exemple certaines médecines nouvelles (fascia thérapie, micro kinésithérapie, neuro training, médecine quantique etc.), certaines plantes, des diapasons thérapeutiques, des séances de magnétisme, des appareils avant-gardistes comme les matelas à champs magnétique pulsés (de type Bemer ou autre), le Lucia Light ou le Pandora Star ou encore la Médecine Traditionnelle Chinoise (acupuncture, tuina, Qi Gong (prononcé tchi kong), pharmacopée chinoise et équilibre alimentaire). Vous progressez vers plus de sérénité. Il y a de l'espoir. Votre situation évolue harmonieusement.

Position 2 : **En négatif** : Tempérance peut évoquer une baisse de tension, un manque d'énergie, un déséquilibre, une allergie, une insuffisance rénale ou respiratoire, un problème au tendon d'Achille, des problèmes nerveux, une hypersensibilité aux ondes électromagnétiques, de la spasmophilie, une difficulté en lien avec la circulation sanguine ou avec l'équilibre de la formule sanguine, un processus de guérison qui ne se passe pas bien, parfois une impossibilité à guérir ou une personne thérapeute qui ne communique pas comme il le faudrait. La circulation de l'énergie ou de certaines informations est bloquée. Quelque chose qui est actuellement manquant doit être communiqué, rééquilibré et reconnecté. Il n'est actuellement pas judicieux d'écouter les conseils d'une personne amie ou d'accepter une proposition d'aide qui risque surtout de générer des difficultés.

La vie professionnelle : Position 1, 3 ou 4 : En positif : Il est favorable d'être bien organisé(e), de communiquer et de partager afin de créer une situation équilibrée, de faire circuler l'information, d'exprimer des qualités humaines, de préserver votre équilibre psychologique, de faire preuve d'harmonie, de modération, de sincérité, de gentillesse, de transparence, de solidarité et d'humanité, de créer une continuité dans l'évolution de la situation actuelle, de générer de la fluidité, de passer d'un état à un autre, de faire appel à votre réseau ou de travailler en réseau ou en groupe, de faire de la gestion de projet, d'utiliser votre intelligence psychologique ou technologique pour trouver des solutions, de faire progresser la situation, de garder espoir et de cultiver un état de joie et de sérénité.

Vos compétences relationnelles, psychologiques ou technologiques, votre flexibilité, votre bonne gestion des ressources humaines ou un avis favorable d'une personne travaillant dans les ressources humaines, votre capacité à gérer des projets, à tempérer les différents profils psychologiques présents dans la situation, à trouver des solutions et à travailler en réseau favorisent votre vie professionnelle.

Votre vie professionnelle évolue dans une continuité logique ou passe d'un état à un autre. Elle évolue lentement mais harmonieusement et régulièrement. Elle se régénère. De nouveaux contacts, de nouvelles solutions et de nouvelles informations apparaissent. Il y a une bonne ambiance et des valeurs humaines sur votre lieu de travail. Vous avez la possibilité de travailler à temps partiel, en intérim, dans un emploi saisonnier ou dans des activités associatives, en groupe. Il y a de l'espoir. Vous trouvez des solutions adaptées. Vous développez votre réseau. Vous progressez. Votre situation évolue harmonieusement, en douceur, vers plus de sérénité.

Position 2 : En négatif : Il n'est pas favorable d'ignorer des aspects psychologiques ou technologiques essentiels, d'assurer une continuité dans le flux des événements, de passer d'un état à un autre, de donner plus de place au groupe, aux échanges d'informations, à la technologie et au collectif au détriment de l'individu et de son équilibre, d'être déconnecté(e) de votre réseau, de faire votre timide ou de rester dans une situation virtuelle ou déséquilibrante psychologiquement. Il n'est pas judicieux d'écouter les conseils d'une personne amicale ou d'accepter une proposition d'aide qui risque surtout de générer des difficultés.

Des difficultés de communication, de compréhension, de circulation de l'information, une tendance à être déconnecté(e), des problèmes ou complications informatiques, une panne électrique ou un problème de réseaux, un tiraillement entre le choix du passé et d'une nouvelle situation, une tendance au laisser-aller et à la passivité, une fatigue physique due à un manque d'énergie, une paresse passagère ou encore une tendance à la dépendance et à la soumission peuvent perturber votre activité professionnelle. La circulation de l'énergie est bloquée. Les projets sont retardés. Quelque chose doit être reconnecté et relancé.

Les Finances : Position 1, 3 ou 4 : En positif : Il est favorable de faire preuve d'équilibre et de modération dans la gestion de votre budget. Vous pouvez vous enrichir grâce à votre réseau, grâce à votre intelligence psychologique ou technologique ou grâce à un métier moderne. Une personne amie ou un groupe peut vous apporter une solution financière. L'obtention des bonnes informations financières et une gestion intelligente de votre budget vous permettent de saisir une opportunité intéressante, de faire circuler l'argent harmonieusement et de créer une situation financière équilibrée.

Un transfert financier se déroule dans de bonnes conditions. Il y a des dépenses pour votre bien-être, vos loisirs, vos voyages, des produits technologiques, des relations amicales, de l'aide humanitaire ou pour votre développement personnel. Vous trouvez des solutions financières. Votre situation financière se régénère. Il y a de l'espoir. Il y a une amélioration sereine de votre situation financière. Votre situation financière passe d'un état à un autre. Vous retrouvez un nouvel équilibre financier.

Position 2 : En négatif : Il n'est pas judicieux d'écouter les conseils d'une personne amie, de gérer de l'argent en groupe ou dans un contexte amical ou d'accepter une proposition d'aide qui risque surtout de générer des difficultés. Un système artificiel ou de l'argent virtuel génère des conséquences financières néfastes.

Il y a un manque de compréhension des lois de l'abondance et des mécanismes financiers. Un transfert financier se passe mal ou coute cher. Il y a une mauvaise circulation de l'énergie, de l'argent ou des informations. Votre situation financière est déséquilibrée. On ne vous aide pas. Vous ne trouvez pas la solution financière ou celle que vous trouvez n'est pas bonne. Vos dépenses sont en décalage avec vos moyens réels et génèrent de l'endettement.

Votre facture de téléphone ou l'achat de produits ou services technologiques déséquilibre votre budget. La circulation de l'énergie est bloquée. Une rentrée d'argent est retardée. Vous perdez de l'argent. Votre situation n'évolue pas dans le bon sens. Un organisme financier vous réclame de l'argent ou refuse de vous aider. Un rééquilibrage est nécessaire.

Les personnages associés à l'Ange : Toute personne qui apporte une aide, qui maîtrise une technologie, qui est en transition, en séjour, qui prend du temps pour prendre soin d'elle et pour se reposer ou qui évolue dans un contexte international. Les vacanciers et les touristes.

Les métiers associés à l'Ange : Thérapeute, psychologue, assistante sociale, consultant, conseiller en relations humaines, conseiller technique, médiateur, conciliateur, agent consulaire, protecteur, éducateur spécialisé, cinéaste, personnel de radio (avec le jugement), médecines alternatives et médecines douces (avec le pendu), acupuncteurs, magnétiseurs, guérisseurs, métiers de la communication, standardistes, employé(e) de centre d'appel, joueurs de harpe, informaticien, programmeur, technicien réseau, électricien, vendeur d'appareils électriques, métiers en liens avec l'aviation et l'espace, hôtesse de l'air, contrôleur aérien, pilote.

Les lieux/objets associés à l'Ange : Un cabinet de thérapeute, un centre technologique, un aéroport, une gare SNCF, un lieu de vacances, un centre de loisir, les lieux paisibles et sereins, la mer, la montagne, les clubs de remise en forme, un matelas à champs magnétique pulsé Bemer, les objets technologiques, les radios et télévision, les satellites, les téléphones portables, les ordinateurs et tablettes.

Les personnages de la mythologie Grecques en lien avec l'arcane : Prométhée.

Les liens avec l'astrologie occidentale : Le signe du Verseau et Uranus avec une influence de Vénus.

La ou les couleurs en lien avec l'arcane : Cyan ou bleu ciel.

Les animaux en lien avec l'arcane : Le goéland, la mouette, l'albatros, l'oie sauvage, le cygne, la licorne.

Pour vivre le meilleur de l'Ange : En élargissant votre conscience jusqu'à l'infini dans l'espace et dans le temps, vous apprenez à découvrir les différentes dimensions, mondes, corps, plans ou fréquences vibratoires de la réalité. Vous prenez aussi conscience que l'être humain est un système d'informations énergisé multidimensionnel, régi par la gravité et le mouvement, qu'il a fait le choix de s'incarner dans la matière, de se couper en conséquence presque en totalité de son créateur, de se scinder en deux, en un pôle masculin et un pôle féminin, puis de se fragmenter en maintes sous-personnalités et programmes plus ou moins autonomes.

Vous prenez conscience que partout, des milliards d'âmes humaines, regroupées en communautés d'âmes et formant l'Humanité, sont liées entre elles par des liens invisibles et parcourent un chemin du retour pour se réunifier, pour retrouver leur androgynat et pour se reconnecter à leur source créatrice dans un état d'éveil, d'amour, de puissance et d'intelligence. Vous avez conscience que ces âmes humaines ont besoin d'aide pour avancer, qu'il est préférable d't répondre lorsque l'aide est clairement demandée et que la manière juste d'aider est de proposer, de montrer le chemin, puis de laisser à l'autre une totale liberté d'agir selon ce qui est proposé, en accompagnant toujours l'autre à développer son autonomie.

Vous prenez conscience qu'il existe un important réseau, une nombreuse hiérarchie d'êtres, souvent appelés « Anges » ou « transmetteurs de lumière », dont certains sont incarnés et d'autres non, qui offrent de servir les âmes en chemin pour leur permettre d'avancer et de se libérer des illusions liées au monde de la pensée et de la matière.

Vous prenez conscience que la Terre n'est pas la seule planète habitée dans notre galaxie et qu'il y a eu sur Terre des civilisations disposant de technologies qui ont disparues depuis très longtemps suite à des cataclysmes et à des problèmes de pouvoir.

Vous prenez conscience que la véritable liberté a toujours une forme précise et génératrice de sérénité, qu'elle implique de connaitre et d'appliquer les lois universelles de l'évolution qui dépendent de la structure de l'univers, c'est-à-dire d'accomplir la « Nécessité », de conformer votre vie en fonction de votre chemin d'évolution spécifique, c'est-à-dire de votre « Nécessité » et d'agir pour réintégrer à votre centre les différentes parties de votre personnalité. Vous veillez à vous préserver du fantôme de la liberté, généré par le cerveau et de ses mirages utopiques.

Vous prenez conscience que pour bénéficier de l'aide intérieure des « anges » il est nécessaire de cultiver un état d'esprit constitué de calme intérieur, de confiance, de foi, d'amour, d'absence de désirs, d'impatience, de craintes et d'illusions, d'avoir conscience des talents qui vous sont donnés par la vie et de les utiliser pour servir et aider les êtres humains à progresser, d'être plein de bonté, sobre et discret et enfin d'agir pour accomplir vos devoirs, pour exprimer votre spécificité, pour apporter votre contribution au progrès là où c'est possible et pour retrouver votre liberté. Vous avez fortement conscience des liens de cause à effet et que dans le monde extérieur, « l'aide des anges » peut s'exprimer sous la forme de « hasards », de coïncidences et de synchronicités, c'est-à-dire d'interventions, dans l'invisible, qui modifient le déroulement des événements afin d'apporter un progrès.

Vous êtes à l'écoute des « signes » de la vie et l'univers avec discernement. Vous avez conscience que presque chaque être humain finira un jour par retrouver la lumière, ce qui vous donne un espoir et une foi inébranlables. Mais vous avez aussi conscience que le bonheur est un état d'âme fait entre autre d'amour, de joie, de paix et de sérénité, que seul un bonheur limité peut être atteint sur Terre grâce aux choses matérielles et que le bonheur suprême n'est accessible qu'après la vie terrestre grâce à une communion avec la Source créatrice des êtres humains.

15-LE DIABLE

THEORIE

Le nom de l'arcane : Le mot « diable » tire sa racine du mot Grec «diabolos» et du mot latin «diabolus » et signifie « expulsé de à travers ». Le préfixe dia est en lien avec la notion de division et de dualité. Le monde de la matière existe uniquement dans la dualité, par une tension entre deux forces opposées, le yin et le yang, l'ombre et la lumière, le noyau et l'électron, le jour et la nuit, le printemps et l'automne, la construction et la destruction. Sans ce pouvoir de division, les mondes de la matière n'existeraient pas. Le Diable est ainsi associé à la condensation des énergies matérielles pour que la matière puisse exister, à la construction de la matière, aux pulsions instinctives, aux passions animales, à l'énergie sexuelle et à l'argent. Il est en lien avec l'adage « Diviser pour mieux régner ».

Crée par la Source avec des énergies divines pour gérer le monde de la matière, le Diable, avide de pouvoir, s'est déchu lui-même en rejetant son créateur parce qu'il croyait pouvoir devenir son égal.

Il a ainsi été expulsé des mondes de la lumière pour régner sur ceux des ombres, de l'obscurité et des enfers, où il est enfermé.

Il représente ainsi l'état d'esprit de l'être humain quand il se déconnecte volontairement de son créateur, de la « Source de toute vie », de Dieu et de l'amour afin d'expérimenter le monde de la matière ou de vénérer une idole autre que Dieu et « la Source de toute vie ». Cela a été raporté dans la bible par la légende d'Adam et Eve, qui, en mangeant le fruit défendu et en écoutant le serpent, ont été enchaînés au monde de la matière en tant qu'esclaves.

Le Diable représente ainsi les énergies matérielles invisibles et cachées, c'est-à-dire occultes. Le Diable n'a pas de limites ni de conscience morale. Il ignore la notion de règles ou de lois. Il suit instinctivement son impulsion à copuler, à inciter à la tentation et à l'obsession, à saboter, à attirer l'attention, à pointer sur les zones d'ombres et les blessures, à dévaloriser, à réduire en esclavage, à nourrir l'ignorance, à focaliser sur la négativité, à faire croire qu'il n'y a pas d'espoir et à générer un état de désespoir, à faire peur, à générer de l'insécurité et de la violence, à rechercher de l'énergie pour survivre, à enchainer, à détruire et à prendre le pouvoir de façon plus ou moins perverse, par la manipulation et la peur. Il évoque ainsi ce qui est illégitime.

Il peut donc avoir une influence positive ou destructrice, en fonction de la façon dont son énergie est utilisée et gérée. Il y a un diable en vous et un diable extérieur qui agit à travers les forces de la nature et à travers des personnes qui sont elles-mêmes manipulées par leur diable. En langage moderne, on l'appelle aussi l'autodestructeur ou le saboteur.

Le numéro de l'arcane : Il fait partie d'un binôme de nombres composé du chiffre 6 et du chiffre 15. Le chiffre 15 n'a pas de symbolique particulière. 1 et 5 évoquent la création ou un pouvoir lié à un enseignement. Ce chiffre montre que le tout début du chemin qui mène à la réalisation passe par la matière. 3 x 5 évoquent l'énergie de l'Impératrice et du Pape qui sont deux arcanes faisant appel à l'intelligence et au mental pour s'adapter au monde de la matière. Le Diable est ainsi en lien avec l'arcane du Pape, qu'il tente d'imiter, ce que vous pouvez observer en comparant les deux arcanes. Il y a plus de détails à ce sujet à la rubrique suivante. 1+5= 6 renvoie à l'Amoureux, ce qui évoque un choix entre 2 voies, l'une qui conduit vers la lumière et l'autre vers les ténèbres. C'est par l'utilisation du pouvoir de choisir et par la conscience des conséquences de ses actes que l'on peut apprendre à gérer l'énergie du Diable.

La signification des images symboliques : Une créature hermaphrodite qui n'est pas naturelle, composée d'éléments disparates plus ou moins logiques (homme, femme et animal) se tient debout sur un globe, devant une porte derrière laquelle il y a des flammes.

Le symbole d'une étoile à cinq branches est gravé sur son front et dans certains jeux le symbole de la planète Mercure est gravé au-dessus de son sexe. Elle a des cornes de bouc et des ailes de chauve-souris. Elle tient un trident en métal et une épée de laquelle jaillissent des flammes et qui est donc également une torche. Devant elle se trouvent deux personnages casqués, nus, dotés qu'une longue queue, les mains derrière le dos, à l'expression docile et soumise. Ils sont enchainés au globe par un collier métallique attaché au cou. Tout cela représente le corps physique et animal de l'homme, avec ses instincts et ses pulsions animales, et montre que l'être humain doit autant que possible passer d'une position d'esclave à une position de maître.

Le symbole sur son front : Il évoque d'une part l'être humain incarné dans un corps animal et d'autre part le cycle de la planète Vénus, qui décrit astronomiquement une étoile à cinq branches quand il est représenté graphiquement sur le zodiaque sur une période de huit ans. Vénus représente entre autres les désirs, la création de formes matérielles et les choix. Cela symbolise l'énergie du désir qui anime le diable et sa capacité de créer des formes dans la matière. Cela montre aussi que la déchéance est en partie due à des problèmes de choix, de désirs mal gérés et d'absence de joie. Certains jeux placent un symbole de Mercure au niveau du sexe. Cela signifie que la déchéance, quand elle se produit, se manifeste en pensées, dont l'être humain devient esclave tel un obsédé et qu'il substitue son mental à sa conscience. Cela signifie également que l'énergie sexuelle, les désirs et les pensées sont liées et exercent une influence réciproque.

Les ailes : Les ailes de chauves souris évoquent la capacité à naviguer dans l'obscurité, soit dans l'inconscient, à l'aide d'un radar, c'est-à-dire à l'aide d'un dispositif qui lance un cri et qui réagit en orientant la direction du mouvement suivant la façon dont est renvoyé l'écho.

Les cornes : Elles symbolisent la capacité de capter de l'énergie, de créer dans la matière et de générer des valeurs matérielles.

Les seins : Ils représentent une forte émotivité, beaucoup d'imagination, un lien fort avec la vie et le besoin d'être nourri.

L'épée et le trident : Le Diable sait fabriquer des armes, des moyens de pression ou des objets en métal, puis les utiliser pour exercer une influence, pour mettre le feu, pour faire peur et pour semer la panique, pour faire en sorte qu'on lui obéisse, pour soumettre, pour réduire en esclavage, pour détruire mais aussi pour exprimer son pouvoir et pour gagner de l'argent.

Les deux créatures : Elles peuvent être considérées comme étant les zones obscures de l'être humain créatrices de fantasmes pervers, de complexes psychologiques, de maladies de l'âme et de « démons » par l'action de la volonté, c'est-à-dire de l'intention, du désir et de l'imagination créatrice qui est ici dégénérée et pervertie. Elles symbolisent les personnes qui créent puis nourrissent leurs ombres et leurs contraires, qui vivent dans une fiction qu'elles se sont créées, qui donnent leur pouvoir à autrui, qui se soumettent à leurs démons intérieurs et qui sont enchainés, en esclave, au « côté obscur de la force ». Le Diable enchaine ce qu'il désire posséder. Les deux créatures peuvent ainsi représenter les causes qui engendrent l'état d'esclavage, la peur, la tendance au sabotage et l'aspect destruction représenté par le Diable.

La porte et les flammes : Le Diable est le maître du feu grâce auquel il travaille le métal. Il est le maître des enfers et le gardien du seuil qu'il est nécessaire de franchir pour avancer sur le chemin vers Dieu.

Le globe : Il symbolise le monde de la matière sur lequel règne de Diable ainsi que le besoin de contrôler, de dominer et d'être supérieur aux autres.

Comparaison entre l'arcane du Pape et du Diable : L'une des façons de procéder du Diable pour soumettre ses proies est la comparaison. Il se compare ainsi lui-même au Pape, qu'il tente d'imiter. Si vous mettez côte à côte les arcanes du Diable et du Pape, vous verrez qu'il y a un lien entre elles. Le Diable est symboliquement opposé au Pape. Le Pape est légitiment élu. Le Diable est autoproclamé. Les deux personnages dans l'arcane du Pape viennent librement chercher conseil. Les deux personnages dans l'arcane du Diable sont enchainés et exécutent docilement les directives du Diable. Le Pape tient un sceptre, symbole de pouvoir sur les 3 mondes. Le Diable s'est fabriqué une épée pour montrer son pouvoir sur le monde de la matière. Cette similitude entre les deux arcanes évoque le fait que le Diable tente de copier le Pape en simulant et en suggérant la puissance et la légitimité mais aussi que, malgré son pouvoir et sa consistance, il est factice, mensonger, temporaire et n'a finalement que le pouvoir qu'on lui donne.

PRATIQUE ET SOLUTIONS

La vie personnelle (Amour, sentiments, foyer, famille) : Position 1, 3 ou 4 : En positif : Il est favorable de voir derrière les apparences, de tenir compte de l'envers du décor, de faire preuve de lucidité et d'intelligence stratégique, de prendre en compte vos peurs et vos angoisses, de gérer les conflits et les tensions, d'identifier les faiblesses, les failles et les blessures présentes dans la situation et d'y remédier, de vous fier à votre instinct, de prendre des initiatives, de faire preuve d'audace et de combativité, de transformer ce qui doit l'être, de séduire, de jouir de la matière, de gagner de l'argent, de vivre votre sexualité sainement, de prendre du plaisir, de faire ce qui vous passionne, de bien gérer votre saboteur, de veiller à être en sécurité, de contrôler la situation, de gérer l'argent efficacement et de mettre votre puissant pouvoir au service de la vie.

Le Diable évoque un puissant pouvoir de séduction, des liens particulièrement forts, un désir de jouissance, une rencontre inoubliable, une relation charnelle, une relation passionnelle et envoutante, le besoin de dominer l'autre ou d'être dominé par lui ou elle ainsi qu'une situation où il y a une attraction sexuelle irrésistible. La sexualité, l'argent, des intérêts financiers, votre inconscient mais aussi tout ce qui est refoulé ou inavoué peuvent jouer un rôle essentiel dans votre relation. Il y a une célébration passionnée de la vie à travers votre sexualité, l'expression de votre pouvoir personnel et à travers l'argent en tant que forces de vie dans le monde de la matière. Vous vivez une histoire avec passion. Attention aux conséquences de vos excès ou d'une relation dominant-dominé!

Position 2 : En négatif : Il n'est pas favorable de vous dévaloriser, de vivre dans le mensonge, de céder à la tentation, d'entretenir une relation avec une personne vénale, d'accorder une place trop importante à la sexualité, de gaspiller votre énergie ou votre argent, de manipuler autrui ou de faire preuve de perversité, de nourrir vos blessures ou de vous comporter en personne blessante, de mettre le nez là où il ne faut pas, d'aller ou de rester dans une situation compliquée, stressante, misérable voire glauque, d'abuser de votre pouvoir, d'être esclave de vos sens ou d'une relation, de vivre une passion destructrice ou d'être dans l'excès.

Il y a une relation illégitime. Vous faîtes peur aux autres ou une personne vous fait peur. Vous ne vous engagez pas parce que vous avez peur d'être manipulé(e). Il y a une période de solitude ou une relation stressante et sans joie à cause de l'intolérance, de la jalousie, de la possessivité, d'une volonté de puissance mal gérée, d'un caractère violent et difficile à supporter ou d'une difficulté à vivre une relation d'égalité sans vouloir systématiquement manipuler, dominer voir écraser l'autre. Il y a une période difficile où l'un des partenaires s'ennuie par manque de créativité. Des problèmes personnels, des difficultés financières, la jalousie, des angoisses, des rapports de force, un chantage ou du harcèlement perturbent votre vie de couple.

Il y a un climat de méfiance et d'insécurité, un problème sentimental, une dépendance financière ou émotionnelle, une emprise sur l'autre, une blessure sentimentale de trahison ou de rejet, un abus de confiance ou de pouvoir, une liaison passagère passionnelle, une infidélité, un risque de conflits et de disputes, des mensonges, une tendance à dévaloriser et rabaisser l'autre, des manipulations et du chantage affectif, une personne sans morale et sans scrupules, de la perversion, du machiavélisme et parfois de la violence. Il peut y avoir une tendance à utiliser l'argent pour faire pression sur l'autre ou à utiliser son partenaire pour attendre des objectifs personnels cachés ou comme objet sexuel. Des besoins sexuels excessifs ou malsains peuvent conduire à des obsessions sexuelles, à la pornographie et à fréquenter des personnes où des lieux misérables. Il y a un risque élevé de rupture sentimentale. Une relation dégénère en conflit violent. Un rééquilibrage de la situation est nécessaire.

La santé et le bien-être : Cet arcane est en lien avec les organes génitaux, les hormones, la prostate et la sexualité, avec la gestion du feu et de la chaleur, avec les processus d'élimination des toxines physiques et psychologiques (rectum, anus) et avec l'énergie.

Position 1, 3 ou 4 : En positif : Il est favorable de vous fier à votre instinct, de faire un bilan approfondi, de voir derrière les apparences, de tenir compte de l'envers du décor, de faire preuve de lucidité et d'intelligence stratégique, de prendre en compte vos peurs et vos angoisses, d'identifier les faiblesses, les failles et les blessures présentes dans la situation et d'y remédier, de prendre des initiatives, de faire preuve d'audace et de combativité, de surmonter les difficultés, de transformer ce qui doit l'être, de vivre votre sexualité sainement, de prendre du plaisir, de bien gérer votre saboteur, de veiller à être en sécurité, de contrôler la situation, de gérer les couts financiers liés à votre santé efficacement, de mettre en valeur votre pouvoir de régénération et d'éviter les excès.

L'énergie du feu vous permet de résister à la plupart des maladies. Votre puissante volonté, votre combativité, votre courage, votre instinct de survie et votre pouvoir de régénération vous permet de récupérer rapidement après une difficulté. Toute activité permettant de canaliser sainement votre énergie est bénéfique.

Position 2 : En négatif : Il n'est pas favorable d'être dans l'excès ou d'être esclave de vos sens, de payer des sommes exorbitantes pour votre santé, de céder au chantage ou à la manipulation ou de vous mettre dans une situation compliquée, stressante, misérable voire glauque. Des problèmes financiers peuvent vous empêcher de vous soigner correctement.

Le Diable peut représenter un problème de santé dont les causes ne sont pas claires, des excès sexuels destructeurs ou un enchainement à une situation toxique.

Il peut exister un problème en lien avec des soins reçus ou avec des produits consommés, avec une addiction génératrice de déséquilibres à la nourriture, au tabac, à l'alcool ou au sexe ou encore un problème de sommeil dû à des énergies perturbatrices. Il peut se produire un phénomène d'intoxication, d'allergie ou d'empoisonnement, des déséquilibres hormonaux, des irritations, des inflammations, une dépendance à des substances toxiques qui détruisent, une maladie liée à la sexualité ou à un virus, un problème de prostate ou de rectum, une maladie qui se développe sournoisement et parfois une tumeur maligne. Un diagnostique clair et approfondi est nécessaire. Un rééquilibrage de la situation est impératif.

La vie professionnelle : Position 1, 3 ou 4 : En positif : Il est favorable de tenir compte de l'envers du décor et de vos pulsions profondes, de faire preuve de lucidité et d'intelligence stratégique, de prendre en compte vos peurs et vos angoisses, de gérer les conflits et les tensions, d'identifier les faiblesses, les failles et les blessures présentes dans la situation et d'y remédier, de surmonter les obstacles, de vous fier à votre flair et à votre instinct, de prendre des initiatives et des risques, de faire preuve d'audace et de combativité, de transformer ce qui doit l'être, de faire ce qui vous passionne, de bien gérer votre saboteur, de veiller à être en sécurité, de contrôler la situation ou votre vie professionnelle, de gagner de l'argent, de gérer l'argent efficacement et de mettre votre puissant pouvoir au service de la vie.

Votre combativité qui n'a peur de rien, votre puissance de travail, votre lucidité impitoyable, votre puissante ambition, votre intelligence stratégique, votre ruse, votre capacité à être une main de fer dans un gant de velours, à utiliser votre pouvoir efficacement, à dominer la situation, à régler les problèmes, à utiliser tous les moyens possibles et imaginables pour atteindre vos objectifs, y compris ceux qui ne font pas forcément l'unanimité, favorisent votre réussite professionnelle. Vous traversez une période d'activité très intense. Vous obtenez un poste très bien rémunéré. Vous bénéficiez d'une augmentation de salaire ou d'une prime conséquente. Il y a une réussite matérielle.

Position 2 : En négatif : Il n'est pas favorable d'être dans l'excès, de céder à la haine ou à la vengeance, d'être esclave d'un collègue ou d'un supérieur hiérarchique, d'accepter du chantage ou de la manipulation ou de vous mettre dans une situation compliquée, stressante, misérable voire glauque. Il y a une situation comportant des risques de vous faire exploiter.

Une concurrence acharnée nécessite de lutter et de ruser pour atteindre vos objectifs. La volonté de domination d'une personne sur votre entourage professionnel, un l'abus de pouvoir, des mensonges, du harcèlement psychologique ou sexuel, des pressions, un charme provoquant envers les collègues, de la corruption, une tentative de vol ou d'escroquerie, des mauvais plans ou des mauvaises affaires, une tendance à la manipulation, du stress, des excès, des sentiments de haine ou de vengeance envers des collègues ou des supérieurs ou encore des éléments pervers génèrent de violents conflits et perturbent votre vie professionnelle. Un rééquilibrage de la situation est nécessaire.

Les Finances : Position 1, 3 ou 4 : En positif : Il est favorable de faire preuve de lucidité, de vigilance et d'intelligence stratégique, de vous fier à votre flair et à votre instinct, de prendre des initiatives et des risques, de faire preuve d'audace et de combativité, de bien contrôler votre situation financière et d'utiliser votre pouvoir personnel pour gagner de l'argent. Votre puissance de travail, votre lucidité, votre flair, votre combativité, votre volonté, votre capacité à prendre des risques, à attirer l'argent, à le faire circuler, à saisir les opportunités financières et à les créer permet des rentrées d'argent conséquentes. Il y a de fortes pulsions d'achats et des dépenses compulsives en lien avec vos passions. Vos rentrées d'argent sont plus ou moins légales. Il y a des gains non déclarés. Votre énergie et vos capacités vous permettent d'avoir un train de vie confortable et un certain pouvoir sur la matière.

Position 2 : En négatif : Une insatisfaction de votre situation financière, des dépenses impulsives qui ne servent à rien, un besoin d'en avoir toujours plus qui vous rend obsessionnel, une tendance à vendre votre âme au diable pour atteindre vos objectifs, une tendance à gaspiller de l'argent dans des paris ou des jeux d'argent ou des erreurs dans la gestion de votre budget génèrent des difficultés financières. Il y a un risque de perte d'argent, de malhonnêteté, de corruption, de perversité, de malversations financières, d'arnaques ou encore de vous faire manipuler et escroquer. Il y a une situation illégitime, de l'argent gagné par des moyens louches ou un vice caché. Un problème vous coute cher. Une personne agressive vous réclame de l'argent. Vous traversez une situation compliquée par manque de ressources financières. Il est nécessaire de faire preuve d'une grande vigilance et de rééquilibrer ce qui doit l'être.

Les personnages associés au Diable : Les forgerons, les financiers, les personnes influentes ayant du pouvoir et de l'argent, les politiciens, les personnes ayant un pouvoir peu légitime, les personnes manipulatrices ou violentes, les marginaux, les révoltés, les personnes qui mettent le feu aux poudres, les terroristes, les pyromanes, les dictateurs, les voleurs, les pervers, les voyous, les fraudeurs, les gens méchants, les sadiques, les dégénérés, les personnes qui luttent contre le crime et la corruption.

Les métiers associés au Diable : Les activités en lien avec l'industrie, le métal, la chimie et l'utilisation du feu, les activités très lucratives où il y a une forte pression, les métiers nécessitant de travailler dans le noir ou la nuit, les activités illicites liées à la drogue, au jeu, au sexe, à la prostitution et à l'alcool, les banquiers, les financiers, les contrôleurs des impôts, les sorciers, les exorcistes, les politiciens (avec la justice ou l'empereur), les organisations secrètes ou en lien avec la sécurité, les policiers et les CRS.

Les lieux/objets associés au Diable : Les objets en métal, les armes, les talismans, les forges, les endroits où règne une chaleur torride, les lieux excitant, les endroits dangereux, les gouffres et les abimes, les lieux illégitimes où l'on ne doit pas être, les lieux où l'on se transforme, les grottes et les volcans, les centrales nucléaires, les zones de guerre, les lieux où règne la misère et l'ignorance.

Les personnages de la mythologie Grecques en lien avec l'arcane : Pan. Dionysos. Hécate.

Les liens avec l'astrologie occidentale : Pluton et le signe du Scorpion. Saturne et le signe du capricorne.

La ou les couleurs en lien avec l'arcane : Noir ou rouge et noir.

Les animaux en lien avec l'arcane : Le cochon, le bouc, le crapaud, la grenouille, les lémuriens, les rats, les serpents, les scorpions, les requins, les crocodiles, les méduses, les lucioles, les salamandres, les chauves-souris, les blaireaux.

Pour vivre le meilleur du Diable : Dans le cadre de l'évolution de votre conscience, vous développez votre lucidité, votre discernement et votre capacité à différentier les deux mondes invisibles, les mondes invisibles matériels et les mondes invisibles spirituels ou mondes de l'âme. Vous prenez conscience que rechercher des pouvoirs occultes, effectuer des exercices occultes ou des pratiques de type « hatha yoga » ou exercer le « spiritisme » ne font que maintenir l'être humain esclave des forces du monde invisible physique et empêcher son évolution spirituelle.

Poursuivant le « grand combat » pour retrouver votre unité, pour accéder à la lumière, pour vivre l'état d'esprit nommé Dieu et pour vous reconnecter à votre « Source Créatrice », à la « forme de vie » qui vous a créé, vous rencontrez, dans les mondes invisibles, mais aussi dans le monde visible matériel, un adversaire, le Diable, aussi appelé le Maître de la matière, ou plutôt ses représentants, qui lui sont totalement dévoué et qui s'opposent farouchement à ce que vous atteignez votre objectif.

Vous prenez conscience que ces « êtres », « formes de vie » ou « entités » sont les créateurs et les destructeurs de ce qui est matériel, qu'ils sont capables de voir dans l'invisible toutes vos pensées, désirs, images, sentiments mais aussi vos peurs et vos zones d'ombre et qu'elles sont, pour tout ce qui concerne la matière, d'une intelligence nettement supérieure à celle de l'être humain. Vous prenez conscience que ces entités sont totalement ignorantes des mondes spirituels, qu'elles nient l'existence de Dieu, qu'elles n'obéissent à aucune loi et que leur seul but est la reconnaissance de leur pouvoir, d'attirer votre attention, de prendre votre énergie et de vous maintenir sous hypnose et dans un état d'inconscience et d'ignorance, enchainé, sous leur domination, grâce à des suggestions, des tentations, des peurs, des émotions comme la colère, la tristesse, la haine et le désespoir et aussi grâce à une tendance à la dévalorisation, à des promesses d'argent, de pouvoir personnel et de plaisir sexuels. Vous prenez conscience que la haine résulte d'un sentiment d'impuissance, de la peur et d'une dégénération de l'instinct de survie.

Vous apprenez à la mépriser, à exprimer votre puissance d'une façon constructive et à éradiquer en vous tout sentiment de haine en détournant votre attention vers des choses positives et en recherchant à être dans un état d'amour. Vous prenez conscience de la nécessité d'engager le combat pour vous soustraire à leur influence et que pour réussir à obtenir la victoire, vous devez faire preuve d'un courage sans failles. Vous devez combattre uniquement dans la défensive et jamais en attaque, en opposant une résistance acharnée aux diverses tentations, aux tentatives de séductions, au désespoir, aux peurs, aux pensées et sentiments remplis de colère et de haine qui peuvent vous traverser. Il s'agit de cesser de leur accorder de l'attention et de l'importance et de cesser de les nourrir d'énergie par l'intention que vous leur accordiez.

Il est également nécessaire de reconnaitre et d'accepter vos ombres, vos peurs et vos désirs, d'accepter avec gratitude l'aide des « anges » et des forces spirituelles qui ont non seulement le pouvoir de vous isoler mais de combattre à votre place. Vous devez enfin avoir une foi inébranlable dans la victoire finale de l'esprit. L'obscurité se combat également par la lumière de la vérité, c'est-à-dire par la conscience et par l'action volontaire de focaliser son attention sur ce qui est positif et de nourrir ce qui est positif. Il est nécessaire d'éviter tout ce qui n'apporte pas une plus grande sérénité, une plus grande joie, une sensation de confiance mais aussi tout excès de confiance et tout ce qui génère des déséquilibres, de la colère, de la tristesse, de la peur et du désordre.

Il est également nécessaire d'éviter de nourrir des colères et la haine qui engendrent des déséquilibres, vous conduisent à la défaite et à terme à la destruction de votre corps physique. Vous prenez donc conscience qu'il y a en vous des zones d'ombre et une partie de vous, que l'on appelle le saboteur ou le destructeur, qui suit instinctivement son impulsion à dévaloriser, à saboter, à pointer sur les zones d'ombres et les blessures, à entretenir l'ignorance, à focaliser sur la négativité, à rechercher de l'énergie pour survivre, à enchainer, à détruire et à prendre le pouvoir par la manipulation et le contrôle. Vous apprenez à reconnaitre et à gérer en conscience cette partie de vous, en gardant vos distances vis-à-vis de ce qui est négatif.

Vous prenez conscience que seule l'intention et l'action de focaliser votre attention sur ce qui est positif et lumineux, une vie active, la capacité à positionner fermement vos « oui » et vos « non », à exprimer votre pouvoir, votre lucidité et votre intelligence, dans l'instant présent en le mettant au service de la vie, à cultiver un état d'amour, à accomplir ce qui vous passionne et vous enthousiasme et à aller au bout de vous-même afin d'unir à vous ce qui en était séparé vous permet d'évoluer spirituellement. Vous prenez conscience que l'argent est une énergie qui permet d'exprimer, d'affirmer et de valoriser, dans la matière, des forces spirituelles. Vous prenez conscience que l'argent est soumis à des lois spirituelles, dont la loi de l'équilibre, qui demande de fournir un bien ou un service utile pour générer un enrichissement légitime en retour. Vous prenez conscience que rien ne vous est donné gratuitement sur Terre. Vous agissez pour équilibrer ce que vous donnez et ce que vous recevez, pour faire circuler l'argent et pour vous enrichir, d'une façon honnête et noble, autant que vos moyens vous le permettent.

16-LA MAISON DIEU OU LE FEU DU CIEL

THEORIE

Le nom de l'arcane : La maison évoque une habitation, un lieu de refuge où l'on se retrouve et où l'on se ressource. Dieu, qui est une étincelle spirituelle issue de « La Source de toute vie » avec laquelle la conscience personnelle doit s'unir au sein du corps spirituel, évoque conscience, lumière, amour et énergie créatrice.

Le numéro de l'arcane : Il fait partie d'un binôme de nombres composé du chiffre 7 et du chiffre 16. Le nombre en lui-même n'a pas de signification particulière. Il est composé d'un 1 et d'un 6, de 2x8=16 et de 4x4=16. Le 1 représente l'origine et la destination, le but suprême qui est de retrouver l'unité avec Dieu, avec la Source de toute vie. Le 6 représente les choix. Le 16 symbolise alors le choix de se reconnecter à son Etre Divin. Par 2x8, il est aussi en lien avec l'intuition, les clefs de la vie, les cycles matériels et spirituels, la civilisation et ses systèmes d'informations très structurés, l'ordre et la justice. C'est à travers la pratique de l'humilité et de la réceptivité (arcane 2), par la soif de justesse, de beauté et de vérité et par une conscience des lois de l'univers et de la « Nécessité » (arcane 8) que l'on peut espérer accéder à la maison de Dieu. Par 4x4, l'arcane 16 est en lien avec les fondations, les structures, la concrétisation et la matière. Il peut ainsi évoquer une prise de conscience de ce qui n'est pas juste, aligné et ordonné, le choix d'un réajustement et une libération de la matière et des cycles répétitifs.

Signification des images symboliques : Au centre de l'arcane, il y a une tour miniature. Elle a des bases solides. Elle est faite de briques. Les briques symbolisent un ensemble d'actions, de connaissances et d'expériences. Elle est surmontée d'une couronne à quatre créneaux. Elle est sans porte dans certains jeux et avec une porte fermée dans d'autres. Elle dispose de trois fenêtres qui sont bleues dans certains jeux et de trois fenêtres en feu dans le Grand Tarot Universel de Bruno de Nys. Elle est frappée à la base de sa couronne par des rayons célestes qui évoquent la foudre ou par un rayon lumineux qui descend du ciel. Ou est-ce que ce sont les énergies qui s'échappent de la tour pour retourner au ciel, tels de la semence ou du Champagne ?! L'énergie du ciel et l'énergie de la Terre vont l'une vers l'autre. Elles se rencontrent et se mélangent. Le résultat est une décharge d'énergie, un transfert d'énergie, une secousse, un choc et une explosion violente. Quelques briques et des petites boules bleues, blanches et rouges tombent de la tour. Deux personnages presque identiques ont la tête en bas, comme le Pendu, sauf qu'ils ne sont plus attachés. Ils semblent soit en train de tomber de la tour, soit être en train de faire des postures de yoga ou un exercice de gymnastique. Six plantes poussent dans l'environnement de la tour.

La tour : Elle représente la lente structuration de l'âme en vue de se rassembler autour du corps spirituel et les protections nécessaires à l'évolution de l'âme. Les briques représentent la multitude d'expériences et de forces d'âme. La tour représente votre vision du monde, celle qui s'est construite au fil du temps. Elle symbolise également votre corps physique, en tant que temple sacré ou maison de Dieu. Elle représente enfin vos enfermements, vos cuirasses, vos défenses et vos résistances, vos constructions mentales, votre ego et votre mental qui vous maintiennent dans votre prison d'illusions et de matière quand vous érigez votre mental en roi à la place de votre conscience. Cela évoque l'adage attribué à Lao Tsé ; « pour trouver la voie, il faut couper la tête », c'est-à-dire placer la conscience hors du mental, dans le cœur, en silence, mais aussi dans chaque cellule du corps, afin de changer de vision du monde. Cela évoque aussi la nécessité de vous défaire de vos résistances, de vos blocages énergétiques, de vos peurs, de vos schémas répétitifs qui vous enferment et des forteresses intellectuelles qui asphyxient votre vie.

La couronne de la tour : Elle peut représenter le centre d'énergie qui se trouve au sommet de votre tête, par lequel entrent les énergies divines. Elle est structurée par quatre créneaux, invitant ces énergies à s'incarner.

Les trois fenêtres : Une fenêtre sert à faire rentrer la lumière, c'est-à-dire la conscience. Elles symbolisent ainsi les prises de conscience nécessaires sur les trois plans, le plan du corps ou de la matière, le plan de l'âme et le plan de l'Esprit auquel on accède grâce au corps spirituel qui est « la reine mère des forces d'âme ».

La porte : Elle permet à certaines choses d'entrer, d'arriver et à d'autres choses de sortir.

Le feu : Il représente l'énergie, l'enthousiasme mais aussi la purification de l'âme et la destruction des illusions et du sentiment d'être séparé d'autrui, de l'environnement et de la vie.

L'éclair : Il est associé au chaos originel et à la création du monde et de la vie sur Terre. Il représente une intervention de la volonté divine sous la forme d'un rayon de lumière et d'énergie, c'est-à-dire de conscience. L'objectif de cette intervention est de déclencher une nouvelle prise de conscience et une vie nouvelle. Il symbolise les soudaines inspirations, la compréhension, l'illumination, la connexion avec le ciel, l'union avec Dieu et le don du feu. En permettant une reconnexion avec la « Source de toute vie », il provoque un effondrement des constructions mentales génératrices d'un état d'ignorance et d'illusions. Il déplace la conscience, quand elle est « bloquée » dans le mental, non seulement jusqu'au cœur mais aussi jusque dans toutes les cellules à la fois. C'est un choc pour le mental et c'est une libération pour l'âme.

Les boules colorées : Les petites boules bleues, blanches et rouges symbolisent des particules d'énergie qui retournent à la terre, c'est-à-dire des forces d'âme qui retournent là où sont stockées les forces d'âme qui n'ont pas été assimilées et unifiées à soi par les personnes qui les portaient. Elles évoquent également les atomes perdus, l'énergie perdue, non utilisée ou gaspillée par l'égoïsme, le bavardage mental et la non-expression du meilleur de soi-même. Elles peuvent finalement symboliser les illusions créés par le mental qui s'échappent suite aux prises de conscience.

Les deux personnages : Tout comme le personnage du Pendu, ils ont la tête en bas. Cela leur permet d'inverser leur vision, leur point de vue et de voir les choses sous un angle spirituel. Ils représentent aussi le passage de la dualité, au-delà de laquelle la conscience s'élève, vers l'unité, grâce à une illumination.

Les touffes d'herbes : Comme dans l'arcane sans nom, elles symbolisent le renouveau de la vie et la nature qui reprend toujours leurs droits. Elles créent un lien avec l'arcane suivant où l'équilibre naturel est rétabli.

Plusieurs interprétations sont possibles :

- Le travail intérieur, l'abandon des schémas répétitifs et des résistances, le dépassement des traumatismes du passé et la canalisation de son diable intérieur permettent une ouverture aux énergies spirituelles et une remontée d'énergie dans le corps. Cela apporte une forme d'illumination intérieure, des inspirations divines, des prises de conscience libératrices, des « Eurêka j'ai trouvé !», une réalisation et une explosion de joie, la joie de l'union avec Dieu.
- L'absence de travail intérieur, la persistance à ignorer les lois de l'univers et le sacré, le maintien des schémas répétitifs et des limites, la domination par le mental ou par les pulsions et les tentations de l'arcane précédent, l'impossibilité de sortir de ces enfermements ou d'exprimer ses émotions et sa parole provoquent un éclatement, une explosion de colère, un ébranlement, un désastre, une tragédie, un coup du sort qui peuvent être interprétés comme une punition divine et en fin de compte comme une libération plus ou moins douloureuse.
- La maison-Dieu est parfois associée à la tour de Babel et à ce qu'elle symbolise. Elle évoque ainsi les capacités de construction, l'orgueil, ce qui peut être perçu soit comme une punition divine soit comme une nouvelle opportunité de croissance et enfin elle évoque les activités en groupe, les projets, l'utilisation d'un langage et l'application d'une technologie.

Le tarot de Viéville : L'arcane fait appel à un mélange de mythologie germanique et chrétienne. Le berger rassemble son troupeau comme l'être en chemin rassemble ses forces d'âme. Sa main gauche est contre son cœur, symbole d'amour et la main droite reçoit la lumière de la conscience. L'arbre en bonne santé symbolise le chemin et ses trois paramètres essentiels, un bon enracinement dans la matière (les racines), l'accomplissement de ses devoirs avec rectitude en faisant de son mieux (le tronc) et l'ouverture de la conscience à ce qui est céleste (le feuillage). Il symbolise aussi la colonne vertébrale dans laquelle circule la lumière, ce qui about à une expérience d'illumination.

PRATIQUE ET SOLUTIONS

La vie personnelle (Amour, sentiments, foyer, famille) : Position 1, 3 ou 4 : En positif : Il est favorable d'accepter les surprises et les événements imprévus, de faire preuve de souplesse et de vous adapter, de voir les choses en profondeur telles qu'elles sont, d'effectuer une prise de conscience qui génère un changement, de vous remettre en question, de modifier votre vision de la situation, de restructurer ce qui doit l'être, de mettre fin à une situation ou à une relation plombante, d'abandonner tout orgueil, d'utiliser votre intelligence technologique ou psychologique pour aider, pour progresser ou pour trouver une solution et de vous libérer de votre passé afin de poser les fondations pour une nouvelle situation et pour créer une nouvelle phase de croissance.

Vous dites ce que vous avez à dire, ce que vous avez sur le cœur et cela vous libère. Il y a une révélation, une importante prise de conscience et une nouvelle vision des choses. Vous comprenez brusquement les causes de votre situation. Vous êtes capable de vous libérer de votre passé. Votre situation n'évolue pas comme prévu. Un événement brusque et imprévu vous déstabilise. Vous vivez quelque chose qui vous choque. Il y a un revirement de situation, un coup de théâtre. Vos murailles, vos certitudes, vos projets et vos illusions s'effondrent. Cela bouleverse votre vie affective et restructure votre situation.

Une rupture sentimentale vous libère d'un passé pénible. Une rupture se déroule dans le respect de chaque partenaire et dans de bonnes conditions. Il y a une rencontre soudaine et un coup de foudre. Il y a un projet de construction d'une relation (avec l'Amoureux) ou d'une maison (avec la Lune) ou d'une activité (avec le Chariot ou l'Empereur), un déménagement ou un important projet à deux. Il y a une relation divine et libératrice. Vous lâchez vos peurs ou vos exigences. Cela vous libère et vous permet de créer une vie nouvelle.

Position 2 : En négatif : Il n'est pas favorable de choquer votre partenaire et de vouloir tout bouleverser. Un choc vous déstabilise et bouleverse votre relation sentimentale. Il y a une prise de conscience douloureuse, deux visions différentes qui s'opposent, une impossibilité à construire à deux, un décalage générateur de conflits, un désaccord conjugal, une grosse dispute, un conflit, une situation explosive, une explosion de colère, un choc affectif, une rupture brutale et soudaine (avec l'Arcane sans Nom) ou un divorce (avec la Justice). Il y a de la violence conjugale parce que certaines choses ne sont pas dites ou pas acceptées. Il y a un échec sentimental qui débouchera sur un changement total de vision.

La santé et le bien-être : Cet arcane est en lien avec la peau, le système nerveux, le stress, la colonne vertébrale, les chevilles, le talon d'Achille et avec la technologie moderne. **Position 1, 3 ou 4 : En positif :** Il est favorable d'observer votre vie et votre santé en profondeur (sommeil, alimentation, lieu de vie, rythme de travail, choix de techniques de soins, condition physique), d'utiliser votre intelligence technologique ou psychologique pour améliorer votre santé, pour trouver une solution, pour vous libérer de toute mauvaise habitude du passé et pour mettre en place une situation plus équilibrée, de faire de la prévention, de réaliser un diagnostic, d'effectuer une prise de conscience qui génère un changement, de vous remettre en question, de modifier votre vision de votre situation, de restructurer ce qui doit l'être, d'éviter les excès de travail, de faire preuve de vigilance, de respecter vos limites et de prendre soin de vous.

Il y a une bonne surprise, une guérison rapide et foudroyante, une reconstruction de vos tissus et une remise sur les rails.

Position 2 : En négatif : Il n'est pas favorable de nourrir une situation déséquilibrée et déstabilisante. Le non respect de vos rythmes biologiques, de vos limites et des lois de la nature, une tendance à passer trop de temps devant votre écran d'ordinateur, de mauvaises conditions de travail ou des excès de travail génèrent du stress et une surtension, poussent votre organisme à bout, vous épuisent et risquent d'aboutir à un effondrement. Cet arcane peut évoquer une chute, une fracture, un accident, une urgence, un problème de cervicales, une grosse migraine, une rage de dents, une brulure, une irruption cutanée, une maladie rapide et foudroyante, un burn-out, une attaque cérébrale, une crise épileptique, un problème de santé nécessitant des examens, un séjour à l'hôpital ou aux urgences, une opération chirurgicale, un problème nerveux ou cérébral, un traumatisme crânien et parfois la maladie de Parkinson. Il est judicieux de voir un spécialiste et d'effectuer un rééquilibrage.

La vie professionnelle : Position 1, 3 ou 4 : En positif : Il est favorable de voir les choses en profondeur telles qu'elles sont, d'effectuer une prise de conscience source de changement, de modifier votre vision de la situation, de vous remettre en question si nécessaire, de consolider vos fondations, de restructurer ce qui doit l'être, d'utiliser votre intelligence technologique ou psychologique pour progresser ou pour trouver une solution, d'explorer des pistes nouvelles, d'accepter les surprises et les événements imprévus, de faire preuve de souplesse pour vous adapter, de vous libérer d'une situation plombante, de changer de métier, de poste ou d'entreprise si cela est judicieux pour votre évolution, de vous lancer dans une activité indépendante si vous en avez l'opportunité et de créer une nouvelle phase de croissance.

Vos capacités informatiques, votre maîtrise d'une technologie, votre intelligence, votre capacité à gérer des projets complexes et à mettre en place de nouvelles structures, votre capacité à travailler en réseau et votre état de liberté intérieure favorisent votre vie professionnelle.

Un événement brusque et inattendu vous surprend, vous choque, vous secoue, vous bouleverse et vous déstabilise. Cela peut être un échec à un entretien, une évaluation négative de votre travail, un projet qui est abandonné, une nouvelle proposition de travail, un changement de structure ou d'équipe, un départ soudain d'un(e) collègue, une restructuration de votre poste ou une réforme de votre statut. Vos projets, vos ambitions ou vos illusions s'effondrent. Une rupture se déroule dans de bonnes conditions et débouche sur une vie nouvelle. Vous effectuez alors une remise en question salutaire. Grâce à un éclair de lucidité, vous adoptez une vision nouvelle de la situation. Des inspirations foudroyantes, des idées novatrices ou un concept révolutionnaire vous permettent de trouver des solutions libératrices. De nouvelles technologies ont un impact très positif. Dans le meilleurs des cas, il y a une crise bénéfique, une bonne surprise, une prise de risques payante, une évolution soudaine de la situation et une phase de croissance très bénéfique.

Position 2 : En négatif : Il n'est pas favorable de négliger le contrôle et la sécurité de vos activités, de rester dans une situation stressante et déséquilibrante, de choquer autrui par des demandes déstabilisantes ou de vous comporter en révolutionnaire qui veut tout restructurer. Une tendance à l'enfermement, de l'orgueil, des problèmes de langage, une tendance à exploser, des problèmes informatiques ou électriques, un manque de compétences informatiques sur certains logiciels ou encore un excès de spécialisation perturbent votre vie professionnelle. Il y a une urgence stressante ou une situation explosive sur votre lieu de travail. Vous subissez une restructuration brutale avec des licenciements, une délocalisation, une punition, un avertissement, une mise à pied, une perte d'emploi, une rupture de contrat, un licenciement, un accident du travail ou un conflit avec votre supérieur hiérarchique ou avec un(e) collègue. Un projet est annulé. Une stratégie échoue suite à une vision erronée. Vous faîte l'expérience d'un échec professionnel. Votre situation professionnelle s'écroule. Votre entreprise fait faillite. Cela débouche sur une profonde remise en question de votre vie professionnelle et sur la création d'une vie nouvelle sur de nouvelles bases.

Les Finances : Position 1, 3 ou 4 : En positif : Il est favorable d'analyser votre situation financière en profondeur dans tous ses paramètres, d'effectuer une prise de conscience source de changement, de modifier votre vision de l'argent et de l'abondance, de vous remettre en question si nécessaire, de consolider vos bases financières, de restructurer ce qui doit l'être, d'utiliser votre intelligence technologique ou psychologique pour progresser ou pour trouver une solution, d'explorer des pistes nouvelles, de mettre en place de nouveaux projets, d'accepter les surprises et les événements imprévus, de faire preuve de souplesse pour vous adapter, de vous libérer d'une situation pesante et de créer une situation nouvelle. Il y a un événement financier imprévu, un changement de structure budgétaire, une restructuration financière, des rentrées d'argent inattendues, des prises de risques payantes, un investissement immobilier lucratif, des revenus immobiliers et une libération financière.

Position 2 : En négatif : Il n'est pas favorable de déstabiliser votre budget par des dépenses impulsives, par des besoins ou des promesses de gains irréalistes et par des comportements imprudents. Il y a un événement financier imprévu qui vous choque, vous bouleverse et fragilise vos fondations. Il y a un manque de compréhension des lois naturelles de l'abondance et des mécanismes financiers. Un système artificiel ou de l'argent virtuel génère des conséquences financières néfastes. Un transfert financier se passe mal ou vous coute cher.

Votre situation financière est déséquilibrée. Vous ne trouvez pas la solution financière ou celle que vous trouvez n'est pas bonne. Vos dépenses sont en décalage avec vos moyens réels et génèrent de l'endettement. Votre facture de téléphone ou l'achat de produits ou services technologiques plombe votre budget. Il y a une perte de revenus, une demande d'aide qui est refusée, une tendance à sous-estimer le prix à payer, un rappel des impôts, une tuile financière, une mauvaise surprise, des impayés, un revers de fortune, une prise de risques mal calculée ou inopportune, des frais imprévus, des travaux qui coutent chers, une situation de surendettement, un choc financier et un risque de catastrophe financière. Il est judicieux de vous faire conseiller par un spécialiste qualifié et d'effectuer un rééquilibrage de votre situation.

Les personnages associés à la Maison Dieu : Les révolutionnaires, les personnes qui provoquent des prises de conscience, les personnes interpelées par la justice divine, les personnes en faillite, les accidentés de la vie, les personnes victimes de chocs psychologiques ou d'attentats, les personnes inspirées et les personnes connectées.

Les métiers associés à la Maison Dieu : Maçon, architecte, agent immobilier, constructeur, pompier, le personnel médical (avec le Pendu), radiologue, urgentiste, démolisseur, déménageur, psychologue, thérapeute, réparateur, artificier, les métiers en lien avec des technologies modernes, cosmonautes (avec l'Etoile), électricien, informaticien, vendeur de téléphone ou d'ordinateurs, vulcanologue, agent de nettoyage. Les métiers ayant une certaine spécialisation.

Les lieux/objets associés à la Maison Dieu : Les bâtiments publiques, les tours, les bâtiments fortifiés, les gratte-ciels, les échafaudages, les prisons, les hôpitaux, les laboratoires, les carrières, les centres commerciaux spécialisés dans le BTP, les lieux où l'on fait des expériences, les centrales électriques, les lieux chargés en énergie, les centres de recherche Hi-Tech, les cabinets de consultants ou de gestion de projet, les équipements modernes utilisant l'électricité, les lieux où l'on fait l'expérience de l'illumination, les éclairs.

Les personnages de la mythologie Grecque en lien avec l'arcane : Ananké et Ouranos.

Les liens avec l'astrologie occidentale : Uranus avec une dose de Mars, de Saturne et de Pluton.

La ou les couleurs en lien avec l'arcane : Sable ou rouge plus gris foncé.

Les animaux en lien avec l'arcane : Le coq, le fou de bassan, le goéland, les termites.

Pour vivre le meilleur de la Maison Dieu : Vous avez conscience que la véritable liberté implique d'accomplir la « Nécessité » en vous synchronisant avec elle, de connaitre et d'appliquer les lois universelles de l'évolution qui dépendent de la structure de l'univers, de conformer votre vie en fonction de votre chemin d'évolution spécifique, c'est-à-dire de votre « Nécessité » et d'agir pour réintégrer à votre centre les différentes parties de votre personnalité. Vous veillez à vous préserver du fantôme de la liberté, généré par le cerveau et de ces mirages utopiques qui enferment dans l'illusion. Vous avez conscience que la véritable liberté abouti à « Dieu » et que « Dieu » est un état d'être, un « état d'esprit », une expérience vécue avec l'être tout entier. Vous avez conscience que les mots sont inadaptés pour décrire cette « expérience de Dieu » et que les connaissances intellectuelles sont inutiles pour apprendre à vivre « l'expérience de Dieu ». Vous avez cependant conscience que certains mots et certaines phases, des paroles de sagesse, peuvent devenir de précieux alliés pour accéder à

« l'expérience de Dieu », lorsqu'on les ressent avec son être tout entier, au point qu'ils deviennent vivant en soi, de façon à ce que l'on ne fasse plus qu'un avec eux, en devenant « l'instrument » qui émet le son et la conscience des mots prononcés. Vous apprenez ainsi à consacrer un temps pour développer votre expérience du « Verbe ». Vous avez conscience que « Dieu » n'existe que dans la joie et dans la partie de vous qui recherche cette joie, dans une totale sérénité, dans l'amour, dans un corps sain et vigoureux et dans la victoire du « grand combat » de l'arcane précédent.

Vous avez conscience que vous devez vous affirmer, exercer au quotidien votre volonté et les ressources de votre âme, dont font partie, par exemple, vos facultés d'organisation et de gestion de projet ainsi qu'une « intelligence de vie » à la fois psychologique et technologique, dans la vie et dans l'action et vaincre les multiples résistances qu'il y a en vous, pour qu'un jour vous puissiez accéder à « l'expérience de Dieu ».

Vous avez conscience que vous devez consacrer un temps, avant ou après l'accomplissement de vos devoirs quotidiens, pour apprendre à vous recueillir, à appeler, à questionner et à écouter, dans un silence absolu dépourvu de pensées, de façon à vous ressentir comme un liquide vibrant contenu dans un récipient, dans un état de calme rempli de confiance et de foi, libre de tout désir, de toute impatience, de toute attente et de toute crainte.

Vous apprenez alors à ressentir une joie profonde qui s'éveille et à vous laisser guider par votre Ange-Gardien, petit à petit, vers le centre de votre cœur, jusqu'à la conscience de votre corps spirituel. Vous avez conscience que lorsqu'un homme conforme sa vie et ses actions à la « Nécessité », c'est-à-dire aux lois de l'univers, en suivant les conseils de son « guide » ou « ange gardien » intérieur, qu'il parvient à réunir en lui, par sa propre volonté, les différentes volontés précédemment autonomes, masculines et féminines, de ses forces d'âme, il se produit alors une synchronisation, une unification de sa conscience et de son corps spirituel, ainsi qu'une reconnexion avec sa « Source », c'est à dire avec la forme de vie qui l'a créée, dans un état de joie intense, de lumière éclatante, d'amour et de puissance, où le « Dieu Vivant » se révèle à soi et en conséquence une nouvelle vision, une nouvelle conscience et une nouvelle naissance dans son corps spirituel.

Vous savez que les personnes qui ne parviennent pas à retrouver, sur Terre, leur « Dieu Vivant » devront alors parcourir un long chemin dans l'au-delà à l'issue de leur séjour sur Terre. Vous avez conscience de la valeur du temps et de la nécessité d'utiliser utilement ce temps octroyé pour évoluer et vous libérer.

17-L'ETOILE OU L'ETOILE DE VENUS OU LES DEUX SOURCES

THEORIE

Le nom de l'arcane : Les étoiles sont des soleils qui brillent de par leur propre lumière et qui scintillent dans le ciel nocturne, offrant aux Humains la possibilité d'atteindre un autre état de conscience, de prendre conscience de leur petitesse et par là d'accéder à leur grandeur. Les étoiles permettent de contempler la beauté de l'univers afin de découvrir notre propre beauté.

Elles sont associées à l'astronomie, à l'astrologie, au cosmos, à l'ordre cosmique, aux dieux, aux âmes des défunts, à la magie céleste, à la chance et à l'espoir. Une étoile est donc une lumière qui guide, qui donne un point de repère dans la nuit, qui génère une prise de conscience, qui permet d'accéder à une compréhension intuitive de l'ordre cosmique et du rôle que l'on a à jouer dans celui-ci et ainsi d'apporter de l'espoir.

Etre né sous une bonne étoile signifie avoir de la chance, c'est-à-dire évoluer d'une façon fluide et harmonieuse.

L'Etoile représentée dans cet arcane est premièrement l'étoile du berger, c'est-à-dire la planète Vénus et deuxièmement l'étoile polaire.

Depuis la nuit des temps, elles guident les voyageurs et les marins vers leur destination et elles aident également les bergers à guider leurs troupeaux et les « brebis égarées » à trouver leur chemin.

Le mot « star » en anglais, étoile en français, provient étymologiquement de la déesse babylonienne de la beauté Ishtar, devenue Vénus chez les romains. Vénus est associée à l'élément féminin incarné. Elle permet de faire la liaison entre l'esprit et la matière, d'incarner l'amour dans la matière, de créer des formes dans la matière et de s'incarner dans la vie grâce au corps et aux sens.

Elle est le besoin et la capacité d'attirer, de séduire, de plaire, d'unir, de générer l'harmonie, la beauté et la paix et d'entrer en relation avec autrui de façon à créer un partenariat, une association, un lien, un couple. Elle permet ainsi de contribuer à la création et au maintien de la civilisation dans le monde matériel. Elle permet d'accéder au sentiment d'équilibre, au plaisir, à l'orgasme, à la joie et au bonheur. Elle permet d'exprimer les goûts, les désirs, les préférences, les choix, les sentiments amoureux, la tendresse, la douceur, le sens esthétique et artistique, le sens de la justesse et des proportions.

Elle symbolise la gestion de matière, l'argent, la richesse, l'abondance, la Mère Nature et la relation avec Dame Nature. L'Etoile symbolise ainsi la capacité à faire de sa vie une œuvre d'art, en accord avec son étoile, c'est-à-dire avec son plan de vie, avec son thème astral ou son Diamant de Naissance et en harmonie avec l'ordre naturel des choses.

Le numéro de l'arcane : Il fait partie d'un binôme de nombres composé du chiffre 8 et du chiffre 17. Dans la tradition judéo-chrétienne, le nombre 17 n'a pas de signification particulière clairement identifiée en tant que telle. Il a été considéré comme étant l'addition du nombre de la perfection, le 10 et du nombre de la victoire le 7. Pour les grecs, le chiffre 17 symbolisait une étape intermédiaire entre le chiffre 16 (4x4) et le chiffre 18 (3x6). Dans la majorité des jeux, il y a sur l'arcane, une étoile principale et sept étoiles plus petites. Cela peut évoquer notre système solaire, le Soleil et les 7 planètes visibles à l'œil nu. Le 1 et le 7 évoquent symboliquement la création et les structures de la création, la conscience et l'expression de la conscience dans vie et dans la matière, ce qui abouti au 8, c'est-à-dire à la civilisation. En Italie, le chiffre 17 a une charge émotionnelle particulière, un peu comme le chiffre 13 mais sans la violence du 13. Quelqu'un a observé que 17 en chiffre romain forme un anagramme avec les mots « j'ai vécu » et donc « je ne vis plus » et donc « je suis mort » ou encore « je suis dans l'éternité ». Certains italiens évitent de prendre des décisions importantes le 17 et certains hôtels n'ont pas de chambre 17. C'est un jour pour rendre grâce à la vie, à la nature, à l'Eternel Féminin et à la Vierge Marie.

Signification des images symboliques : Après la puissance explosive de « La Maison Dieu » vient la détente et la douceur de « l'Etoile ». Après le feu du ciel vient l'eau de la terre. Après l'effort vient le réconfort. Celui qui parcourt avec acharnement le long chemin vers le champ d'étoiles (camp stella ou Compostelle) fini par voir l'étoile qui brille au centre de son cœur.

Après l'impulsion originelle de l'étincelle divine vient l'action magique des forces secrètes de la nature. Ici, dans un paysage vallonné qui évoque la nature en action, la campagne, les collines et les pâturages, une jeune et belle femme nue, à la longue chevelure qui est bleue dans certains jeux, est agenouillée au bord d'un plan d'eau, qui peut être un ruisseau à sa source, un lac ou un étang. La jeune femme tient une cruche renversée dans chaque main comme la Tempérance. Elle déverse ici un liquide, de l'eau, dans le plan d'eau et sur la terre. Au-dessus d'elle, dans un ciel nocturne sans nuages, brillent huit étoiles. Il y a une atmosphère d'harmonie, de tranquillité, de paix, de beauté mais aussi de grâce, de magie et d'enchantement.

- **La jeune femme :** Elle symbolise l'Eternel Féminin ainsi que l'âme, qui perçoit ici la vision du meilleur de soi et qui le concrétise ensuite dans la matière, en s'affirmant par le service et le don de soi, afin d'assurer une continuité de la vie.
- **La nudité de la femme :** Elle symbolise le pouvoir d'attraction de la matière, la beauté de la nature, la liberté du corps, la pureté, la fécondité, la vérité nue et la capacité d'exprimer sa vraie nature « d'Etre libre et heureux ».
- **La position agenouillée :** Elle évoque la communion avec la nature, le contact avec la terre, le contact entre le je et le nous, l'humilité nécessaire pour accéder à Dieu, la soumission et la possibilité de rendre à la terre toute l'énergie, la violence et l'agressivité de l'arcane précédent afin de retrouver la paix et la joie.
- **Les deux cruches :** Ce sont deux contenants déversant un contenu. Elles sont comme deux « Sources de vie ». Elles symbolisent la source originelle de toute vie mais aussi les causes qui engendrent des conséquences dans le monde de la matière. La terre symbolise la vie quotidienne et la vie dans la matière.

L'eau, qui vient d'en haut et qui se déverse vers le bas, symbolise l'âme, l'amour, la vie et l'énergie spirituelle nourrissant le monde de la matière. Elle symbolise ce qui est pur et sacré, la vie, la fluidité de la vie, la continuité de la vie, l'énergie de vie qui est donnée avec joie mais aussi la purification de l'âme et la communion avec ce qui est dans l'instant présent. L'eau et la rivière qui aboutit un jour à l'océan symbolisent l'âme qui retourne un jour sur « le trône de Dieu », dans le corps spirituel, à l'arcane 21.

L'Etoile nourrit à la fois la terre et l'âme. L'eau qu'elle donne à la Terre est absorbée par la Terre tandis que l'eau qu'elle donne à la rivière se fond dans l'eau existante. La matière est associée à l'oubli de Dieu tandis que l'âme est associée au souvenir de Dieu. Par sa présence, par le rituel qu'elle effectue et par ses actions, la jeune femme relie le terrestre et le spirituel, l'oubli et le souvenir, afin de faire un pas de plus sur le chemin du retour vers la lumière. Elle permet de vivre le sacré et la joie au quotidien à travers le service à la vie.

Là où Tempérance permet à l'énergie de vibrer en circuit fermé, l'Etoile est une source d'eau et de vie qui fertilise la terre. Elle offre cette énergie à la vie avec amour, dans la grâce, afin qu'elle prospère. Elle apporte l'abondance aux Humains. Cela renvoie aussi, d'un point de vue très pragmatique, à la nécessaire gestion de l'eau et des ressources pour que la vie continue. Les deux cruches symbolisent alors l'espérance, qui permet d'avoir une vision idéale du meilleur futur possible. L'Etoile symbolise ainsi la force de vie qui permet de concrétiser ce qui doit l'être, de générer une évolution fluide et d'avancer avec naturel vers le meilleur futur possible.

- Les arbres et l'oiseau : Deux arbres, une plante et un oiseau, qui est représenté par une colombe dans certains jeux comme ici et par un corbeau dans d'autres, sont présent dans l'environnement, derrière la femme. Ils évoquent la nature et la vie dans ces différentes phases, c'est à dire la naissance de la vie et donc la fertilité, le développement de la vie qui va toujours de l'avant grâce à un processus naturel de croissance et le renouvellement de la vie.
L'arbre est bien enraciné, bien ancré dans la terre tout en s'élevant vers le ciel. Il se nourrit de la terre et du ciel. Il symbolise la croissance d'une graine qui accompli son objectif de devenir un bel arbre, l'évolution naturelle de la vie, le renouvellement de la vie, le passage d'un projet potentiel à sa réalisation concrète et la meilleure expression de soi et de son projet de vie. Vous observerez que l'arbre qui se situe à droite, au dessus de la cruche qui nourrit la terre, est plutôt fermé tandis que celui qui se trouve à gauche, au dessus de la cruche qui nourrit l'âme, déploie des branches et ses feuilles.
Cela montre que c'est avant tout la Source de l'âme qui permet d'accéder au Soleil qui est au centre de l'Etoile. Messager du ciel, l'oiseau évoque la liberté de déplacement, la vision de ce qui est vu d'en haut, c'est-à-dire d'un point de vue spirituel, une vision intuitive ainsi que l'envol de l'âme qui s'élève vers le ciel. Il

est une source d'inspiration et un guide qui apporte des messages de vie. Il est également associé au « langage des oiseaux.

- Les étoiles : Elles sont en trois groupes. Il y a une étoile centrale plus grosse que les autres en dessous de laquelle se trouve une étoile similaire mais plus petite. Un groupe de trois étoiles se trouve de chaque côté de la paire centrale.

Lors de l'évolution d'un être humain, l'aide de trois anges est nécessaire pour accéder à Dieu, puis dans un deuxième temps, quatre autres anges viennent apporter leur aide à la nouvelle « Etoile » qui se reconnecte à « la Source de toute vie ». Les étoiles présentes dans l'arcane peuvent aussi faire référence à cela. Ces huit étoiles peuvent aussi être associées soit à ce qu'on appelle les sept planètes traditionnelles, qui sont en fait composées du Soleil, qui est une étoile, de la Lune qui est une lune et des planètes Mercure, Vénus, Mars, Jupiter et Saturne, soit aux huit planètes Vénus et Mercure, Mars, Jupiter, Saturne puis Uranus, Neptune et Pluton, qui ont cependant été découvertes après la création du tarot. La Lune et le Soleil sont par contre représentés par les deux arcanes suivants. Il s'agit dans tous les cas de rendre vivante en soi chacune de ses « étoiles » et de les assimiler à soi, ce qui peut être effectué par la méditation et par la compréhension de son thème astral, c'est-à-dire du plan d'évolution de son âme. L'Etoile centrale peut représenter la vision idéale de l'âme vers laquelle l'être humain doit tendre, vision qui est comme un phare qui guide dans la nuit.

D'une façon plus profonde et ésotérique, les mystiques et experts en méditation savent que quand un être humain se rapproche de la conscience de Dieu, il rencontre alors une lumière très brillante qui est parfois appelée « l'étoile flamboyante » ou encore « la porte du paradis » ou encore « la lumière du Christ » qui brille dans une certaine région de l'invisible comme un phare qui guide les marins. Certaines personnes se sont trompées en prenant cette étoile pour Dieu et ont crues qu'elles avaient atteint l'objectif final, le but suprême. L'arcane de l'Etoile symbolise ainsi également cette « étoile flamboyante » qui apparait à un stade avancé dans la pratique de la méditation. Elle invite à se réjouir d'être si près du but, à garder espoir tout en étant solidement ancré dans l'instant présent et à continuer le chemin intérieur jusqu'au bout.

Le tarot de Viéville : Viéville choisi d'utiliser une autre symbolique pour illustrer l'arcane. Il s'agit de percevoir l'étoile flamboyante qui brille au fond de son cœur, c'est-à-dire le corps spirituel mais aussi de devenir la meilleure version de soi-même selon son ciel intérieur ou thème astral afin de construire son temple intérieur et de « suivre le ciel ».

Les 12 signes du zodiaque sont symbolisés par les 12 flammèches. Les planètes sont symbolisées par les 5 étoiles dans le ciel qui forme le signe de l'infini quand on les relie entre elles, par une sixième (Jupiter) au quatrième étage du temple (chakra du cœur) et la septième étoile est le vieil homme assis sur un trône (Saturne). Il tient d'une part un instrument de mesure qui permet de calculer et dresser les calendriers afin d'anticiper les événements importants (comme les éclipses ou les conjonctions planétaires) et d'autre part un sablier qui mesure le temps. Les pointes de l'instrument de mesure sont dirigées vers le centre de l'étoile flamboyante et vers le sommet du temple montrant qu'il s'agit ici de manifester sur terre la volonté du ciel et d'organiser l'ensemble de sa vie d'après cette volonté céleste. Les deux touffes d'herbe à trois pointes, en forme de couronne, entre le vieil homme et le temple, peuvent symboliser la nécessité, sur le chemin qui mène au soleil, de gérer la matière, de prendre soin du corps et d'être dans la joie.

PRATIQUE ET SOLUTIONS

La vie personnelle (Amour, sentiments, foyer, famille) :

Position 1, 3 ou 4 : En positif : Il est favorable d'être optimiste, de garder espoir, de laisser la situation évoluer avec fluidité à un rythme naturel, de faire preuve de douceur, de proposer des sorties dans la nature, d'organiser une soirée romantique et de concrétiser. Votre harmonie intérieure, votre pureté du cœur, votre bonté, votre gentillesse, votre dévouement, votre charme naturel, votre qualité d'écoute, votre générosité, votre sens de l'harmonie, votre besoin de douceur et de paix, votre capacité à être relié aux étoiles, votre intelligence relationnelle, votre capacité à donner et recevoir dans l'amour, votre capacité à apporter du plaisir et à être en communion avec votre partenaire, votre capacité à avoir de la gratitude ainsi que votre aptitude à générer du bonheur et de l'abondance favorisent votre vie sentimentale.

Il y a des rencontres harmonieuses, des relations sociales agréables. Vos désirs se concrétisent parce que vous savez faire fleurir vos projets en gérant harmonieusement la situation. Vous faîte l'expérience d'une nouvelle amitié qui se transforme en relation amoureuse. Il y a une rencontre sentimentale qui se concrétise lentement mais surement, des sentiments profonds et sincères, un état amoureux, un vrai partage et la réalisation de vos vœux affectifs.

Il y a un climat de douceur et beaucoup de tendresse dans votre couple. Vous partagez des moments très romantiques. Vous vivez un bonheur conjugal.

Vous vous réconciliez et retrouvez l'harmonie si vous l'aviez perdue. Vous partagez vos gouts pour les belles choses, vos loisirs et vos relations sociales. Vous avez de la chance au niveau affectif. Il y a de l'espoir. Vous faîtes le nécessaire pour créer votre bonheur. Votre situation évolue positivement.

Position 2 : En négatif : Il n'est pas favorable de vous laisser-aller, de demeurer dans une situation virtuelle ou de nourrir vos illusions et vos espoirs. Il y a une période délicate, temporaire, sans rupture, où vous avez des difficultés à éprouver de la joie parce que la situation n'est pas conforme à vos attentes. Il y a un manque de douceur et d'harmonie ou alors votre excès de douceur vous empêche de prendre les initiatives qui seraient nécessaires. Des illusions, votre naïveté, votre manque de communication, une grossesse non désirée ou une impossibilité à être enceinte et un manque d'espoir perturbent votre vie sentimentale et aboutissent à une déception. Vous manquez de chance et subissez les événements. La situation n'est pas productive et ne débouche sur rien. Une belle jeune fille suscite des fantasmes et perturbe votre relation.

La santé et le bien-être :

Position 1, 3 ou 4 : En positif : Cet arcane est en lien avec l'équilibre général et l'harmonie avec la nature, les organes des sens, le sexe féminin, la gorge, la mâchoire, la langue, le cou, les cervicales, la peau, les poils, les cheveux et les liquides organiques.

Position 1, 3 ou 4 : En positif : Il est favorable pour vous de créer une situation équilibrée, d'être dans un environnement harmonieux, d'entretenir des relations sociales agréables, de traiter votre corps avec douceur, de vous reposer dans un lieu paisible, de vous ressourcer et de vous recharger en allant par exemple dans la nature, d'entreprendre une cure, d'effectuer un soin corporel, un travail avec l'eau ou un massage source de bien-être, d'exprimer votre sensualité ou encore d'utiliser des plantes ou des produits naturels pour vous soigner. Vous prenez conscience des liens qu'il y a entre votre corps et votre esprit. Vous faîtes le nécessaire pour être dans un environnement agréable. Une énergie régénératrice vous permet de retrouver un meilleur équilibre. Il y a une amélioration harmonieuse de la santé.

Position 2 : En négatif : L'Etoile en position défavorable évoque un manque d'activité physique, une lenteur excessive dans la circulation de l'énergie, des excès alimentaires ou des excès sexuels, une incompréhension de la maladie (de ce que dit le mal), une récupération plus lente que prévue, des problèmes glandulaires, une allergie, un problème de circulation sanguine, un souci à la gorge ou un problème de surpoids. Elle peut parfois symboliser une transfusion sanguine ou une grossesse non voulue.

La vie professionnelle :

Position 1, 3 ou 4 : En positif : Il est favorable d'écouter votre intuition et vos inspirations, de vous laisser guider par le hasard, d'être dans un environnement professionnel agréable, de faire un travail qui vous plait ou de trouver du plaisir dans ce que vous faîtes, d'entretenir des relations harmonieuses avec vos collègues et supérieurs, de prendre soin de votre environnement, de faire preuve de douceur et de diplomatie, d'être optimiste et de garder espoir, de planter des graines, de faire fleurir vos idées, de concrétiser vos projets avec fluidité à un rythme naturel, de porter un projet jusqu'à son aboutissement et de produire une œuvre artistique et inspirée.

Votre harmonie intérieure, votre inspiration, votre bienveillance, votre bonté, votre gentillesse, votre sens de l'harmonie, votre sens artistique, votre fluidité, votre capacité à être relié(e) à la vie, votre intelligence relationnelle, votre confiance en la vie, votre capacité à écouter vos vrais désirs et à faire plaisir, votre capacité à avoir de la gratitude, à enchanter les êtres et les lieux et à générer de l'abondance favorisent votre vie professionnelle.

Vous avez la possibilité et la chance de trouver ou faire un travail qui vous plait. Vous bénéficiez du soutien d'un collègue, d'un ami, d'une femme ou d'une belle personne. Il y a une ambiance agréable, chaleureuse, joyeuse et harmonieuse sur votre lieu de travail. Votre situation s'améliore lentement mais surement. Vous recevez une réponse positive qui vous réjouit. Ce que vous espérez se concrétise. La situation est productive. Il est nécessaire de garder espoir car une solution finira par arriver.

Position 2 : En négatif : Il ne vous est pas favorable de faire preuve de paresse, de négligence ou de laisser-aller, de demeurer dans une situation virtuelle ou de nourrir vos illusions et vos espoirs. Votre naïveté invite des personnes mal intentionnées à abuser de votre gentillesse. Votre manque de réalisme, d'intelligence, d'énergie, d'enthousiasme, de motivation, d'autorité et de dynamisme nuisent à votre vie professionnelle. Il y a des délais et des retards dans vos activités ou dans vos projets. Ce que vous espérez ne se concrétise pas. La situation n'est pas productive. Une personne vous déçoit. Votre travail ne vous plait pas. Il y a un passage délicat et désagréable mais temporaire. Il vous faut donc parvenir à être une personne heureuse malgré tout et attendre des jours meilleurs.

Les Finances : Position 1, 3 ou 4 : En positif : Il est favorable d'équilibrer votre budget avec réalisme, de suivre vos inspirations financières et d'entretenir de bonnes relations avec vos partenaires financiers. L'Etoile évoque une rentrée d'argent très agréable, une chance financière, les moyens de concrétiser vos rêves, la gratitude pour ce que vous avez, l'abondance et une confiance en la vie. Il y a des dépenses pour le plaisir, les soins corporels, la famille, vos relations ou votre beauté. Votre attitude confiante attire l'argent et les opportunités financières. Il y a des gains grâce à votre intelligence relationnelle, à vos créations artistiques ou à l'aide d'une femme. Votre situation financière s'améliore.

Position 2 : En négatif : Il ne vous est pas favorable de faire preuve de négligence et de laisser-aller dans la gestion de votre budget. Votre naïveté, votre paresse, votre tendance à être déconnecté(e) des réalités matérielles ou votre insouciance attirent des personnes malveillantes et génèrent des difficultés financières. Vous manquez de chance. Des inspirations peu judicieuses vous font perdre de l'argent. De fortes envies d'achats déséquilibrent votre budget.

Les personnages associés à l'Etoile : Les personnes belles, les femmes, les fées, les artistes, les muses, les poètes, les personnes en harmonie avec la nature et avec elles-mêmes, les personnes qui apportent de la joie, du plaisir et du bonheur, les personnes qui génèrent la paix, l'harmonie et l'abondance.

Les métiers associés à l'Etoile : Les activités artistiques en lien avec la beauté, le plaisir, la mode, la peinture, la sculpture, le chant, la poésie, la danse, la parfumerie, la coiffure et l'esthétique. Les artisans, les artistes, les décoratrices, les esthéticiennes, les masseuses, les maquilleuses, les mannequins, les « stars, les paysagistes, les horticulteurs, les fleuristes, les praticiennes en médecines douces, les naturopathes, les phytothérapeutes, les homéopathes, les activités en lien avec l'écologie et la nature, les biologistes, les cultivateurs biologiques, les métiers de l'agro-alimentaire, les jardiniers, les gestionnaires de l'eau, de ressources ou de capitaux, les astronomes, les astrologues, les cosmonautes, ainsi que les activités en lien avec la production et génératrice de richesses, les acheteurs et les approvisionneurs.

Les lieux/objets associés à l'Etoile : Les lieux magnifiques, les paysages ressourçants et inspirants, la nature, la campagne, les plans d'eau, le bord d'un ruisseau ou d'un étang, les champs et les jardins, les parcs animaliers ou ornithologiques, les étoiles et les planètes, les salons de coiffures ou d'esthétique, les lieux où l'on chante.

Les personnages de la mythologie Grecques en lien avec l'arcane : Perséphone. Gaia. Les nymphes. Hécate.

Les liens avec l'astrologie occidentale : Vénus avec Neptune et un peu d'Uranus. Conjonction Vénus-Neptune avec un peu de Verseau.

La ou les couleurs en lien avec l'arcane : Orange.

Les animaux en lien avec l'arcane : Le colibri, la colombe, la vache, la girafe, le lapin, l'écureuil, l'âne, la grenouille, le paon.

Pour vivre le meilleur de l'Etoile : Vous avez conscience que la source créatrice de toute vie s'exprime dans la matière à travers des formes, à travers une force de vie et que la vie dans la matière n'existe que par une tension entre deux forces opposées et complémentaires. Vous avez conscience que toute forme est expression de l'Esprit, que la matière est gouvernée par des lois spirituelles et que toute action a réellement une valeur que lorsque elle est exprimée sous une forme adaptée, sous sa forme la plus pure et la plus parfaite.

Vous avez conscience que cette force de vie est perpétuellement créatrice de vibrations, de formes, d'harmonie, de beauté, de joie et d'abondance. Vous avez conscience que toute création de vraie richesse est le résultat d'une production, d'un échange entre ce qui est donné et ce qui est reçu et qu'un enrichissement durable ne peut exister que parce qu'un effort est fourni pour la créer.

Vous avez conscience que l'argent est en soi une énergie sacrée, car elle permet de donner une valeur matérielle à une force spirituelle créatrice et que l'abondance ne peut exister que quand l'argent circule d'une façon fluide. Vous apprenez ainsi à interpréter le langage de la forme, à connaitre les lois de l'abondance, à écouter votre corps, vos sentiments, votre besoin de joie et vos vrais désirs. Vous développez votre conscience corporelle et votre conscience des forces d'attraction et des liens qui unissent « les êtres et les choses ». Vous prenez conscience que chaque être humain est d'un certain point de vue une partie de vous, ce qui peut vous permettre de ressentir dans votre corps ce que l'autre ressent tout en sachant que votre ressenti vient de l'autre.

Vous développez le sentiment qu'il existe dans la vie une grande loi de l'équilibre et des lois de l'abondance. Vous agissez pour donner à chaque situation et à chaque création sa forme la plus harmonieuse et vous développez votre capacité à faire le bon choix afin de devenir un maître de la forme dans tous les domaines, comme par exemple dans vos comportements, dans votre joie, dans votre tenue vestimentaire où dans votre maison et son décor. Vous avez conscience que le sentiment de bonheur nait de l'utilisation de votre pouvoir de rendre les autres heureux et qu'il est le résultat d'un engagement ferme de votre volonté, de créativité et d'action.

Vous avez conscience que la joie véritable résulte d'une création et que seul un engagement à vivre dans la joie vous permet d'avancer vers votre vérité profonde. Vous avez conscience que Dieu n'existe que dans la joie et que le bonheur n'existe que dans une perpétuelle créativité et dans une capacité à se nourrir de la bonne façon. Vous avez conscience du rôle sacré du couple dans l'évolution spirituelle et vous agissez pour créer un couple évoluant dans l'harmonie conjugale et le bonheur. Vous avez enfin conscience que pour générer harmonie, beauté et bonheur, il est nécessaire de vous soumettre à la « Nécessité », aux lois de la vie et au chemin qui permet un jour au ruisseau de retourner à l'océan. En étant créateur de formes, de beauté, d'harmonie, de joie, de bonheur et de vie, vous exprimez l'artiste qui est en vous et vous agissez ainsi pour faire de votre vie une œuvre d'art.

18-LA LUNE

THEORIE

Le numéro de l'arcane : Il fait partie d'un binôme de nombres composé du chiffre 9 et du chiffre 18. Ce nombre n'a pas de signification particulière en tant que tel. Le chiffre 1 représente le pouvoir créateur et le 8 représente à la fois les cycles de la matière, le passage de la matière vers l'esprit avec le franchissement d'un seuil, les dettes à payer pour accéder à l'esprit, le principe d'équilibre, la lucidité et les cycles spirituels. Il est en lien avec les cycles de l'infini et de la vie.

Le nombre 18 est lié au nombre 9 et donc avec le cycle de vie de 9 mois (1+8= 9, 2x9=18), avec la Papesse et l'Hermite, ce qui évoque une idée de travail, de gestation et de cheminement, de grossesse et de lente maturation.

Le chiffre 18 symbolise ainsi le passage, en conscience, d'un état d'être à un autre, d'une phase du cycle de la vie à une autre phase, grâce à l'accomplissement de certaines prises de conscience et de certaines actions.

Signification des images symboliques :

La Lune et L'éclipse de lune : Une lune tranquille, passe devant le Soleil, provoquant une éclipse. La Lune a rendez-vous avec le Soleil, ce qui évoque une rencontre entre l'inconscient et le conscient et la Lune qui illumine l'inconscient.

Cela symbolise également que quelque chose est éclipsé ou dissimulé par autre chose. La lune regardant à gauche, vers le passé, évoque une remontée de souvenirs à la conscience et une certaine nostalgie. La lune libère les contenus de l'inconscient. Les rayons de soleil continuent de briller et se mélangent avec ceux de la Lune. Depuis la nuit des temps, la Lune est pour les habitants de la Terre une lumière dans la nuit. Elle symbolise la nuit, le sommeil, qui est comme une petite mort et parfois la mort elle-même et pourtant sa présence rassure et protège le sommeil des Humains. Elle symbolise aussi ce que l'on ne voit pas et l'inconscient avec tout ce qui s'y trouve. Elle est celle qui nourrit et inspire. Son influence sur l'eau, les marées, le cycle féminin et les états d'âme font de la Lune un symbole de féminité, de réceptivité, de sensibilité, d'intuition, de maternité, de foyer, de cycles de la vie, d'habitudes de la vie quotidienne, de créations imaginaires, de rêves, de bien-être, d'enfant intérieur, de cellule familiale et de refuge protecteur. Parce qu'elle apparait, reflète la lumière du Soleil, change tout le temps, disparait puis réapparait, elle symbolise les reflets, ce qui grandit en milieu fermé, la vie, la naissance, l'accouchement et la maternité, la mort, ce qui se cache et le changement.

Elle symbolise enfin les mystères de la vie et de l'âme. Dans son côté obscur, elle symbolise les peurs, les angoisses, la dépendance, les illusions et tout ce qu'il est nécessaire de purifier pour que notre eau intérieure soit claire. Elle symbolise la matière qui n'est qu'un reflet, une conséquence, un résultat et l'extrême opposé de la vie spirituelle, c'est-à-dire, d'un point de vue de l'Esprit, une illusion, un rêve, un cauchemar et un état d'inconscience. La Lune permet l'adaptation à la matière grâce aux mécanismes d'imitation, de répétition et création d'habitudes.

Les gouttelettes : Il y a des gouttelettes colorées, rouges, jaunes et bleues, qui soit jaillissent vers la Terre, soit sont aspirées et absorbées par la Lune, car elles vont dans le sens inverse de l'arcane suivante. Le ciel est, suivant les jeux, blanc ou bleu foncé. Elles symbolisent une circulation d'énergie à la fois matérielle, émotionnelle et spirituelle.

Les deux maisons ou les deux tours : Sur l'horizon se trouvent, sur un lopin de terre où poussent des plantes, une tour fortifiée à gauche et une jolie maison côté droit. Cela évoque premièrement le passage d'une situation où l'on éprouve le besoin de se protéger parce que l'on a peur à une situation de bien-être chez soi, de sécurité tranquille au foyer.

Cela évoque une évolution d'une situation où l'on fonctionne avec le mental et avec des constructions intellectuelles à une situation où l'on fonctionne avec son intuition, sa joie et sa créativité. Cela évoque enfin la relation au père et à la mère, l'ancrage dans les énergies masculines et féminines mais aussi les différents lieux dans notre intérieur, les différentes maisons de notre inconscient.

Le bassin : Il symbolise également l'inconscient mais aussi l'imaginaire, les mémoires, les racines, les émotions et les lieux où l'on cache des secrets.

L'écrevisse : Elle représente un contenu qui est enfoui dans l'inconscient, les souvenirs, les mémoires oubliées, les choses cachées, les secrets, les peurs, les désirs et ce qui est refoulé. Ici, cela remonte à la surface. L'écrevisse est également un symbole de nourriture. Sa très grande sensibilité la fait réagir au moindre changement d'énergie.

Les deux chiens, les deux loups ou le chien et le loup : Le loup est un animal sauvage tandis que le chien, ancêtre du loup, a été domestiqué puis est devenu un fidèle allié. Le chien symbolise l'attachement émotionnel, la fidélité, la protection contre les dangers extérieurs et la capacité de guider. Passer du loup au chien symbolise la domestication des peurs et des contenus de l'inconscient. Passer du loup au chien symbolise le retour à l'état d'origine, loin de tout conditionnement social. Les deux canidés se trouvent devant les deux maisons, au bord d'un bassin artificiel ou d'une piscine, dans lequel une écrevisse remonte à la surface, dans les heures dites entre chien et loup, expression qui désigne le moment de la journée où il ne fait plus nuit mais pas encore vraiment jour.

Les canidés aboient et hurlent, peut-être parce qu'ils sont effrayés par l'éclipse du soleil, parce qu'ils ont faim, parce que leur maître est parti, parce qu'ils donnent l'alerte pour signaler la présence de l'écrevisse qui remonte à la surface ou alors simplement parce qu'ils manifestent leur présence en tant que gardiens protégeant les habitations. Cela peut évoquer une situation chargée d'émotions, un environnement négatif ainsi qu'une situation où l'imagination, les désirs, les peurs et la réalité se mélangent d'une façon plus ou moins claire, provoquant ainsi une remontée de peurs.

Les chiens peuvent aussi représenter l'intelligence terrestre, qui fait beaucoup de bruit mais qui permet, quand-même, de s'adapter à la vie quotidienne. Ils peuvent aussi évoquer la répétition de phrases et de prières qui nourrissent la créativité et qui permettent de transformer l'ordinaire et le quotidien en extraordinaire. Cet arcane évoque ainsi un cheminement d'une situation de stress émotionnel voire de mal-être vers une situation de bien-être et de quiétude. Chaque personne a le choix de rester dans le bassin ou d'aller vers le Soleil, d'aller vers l'une ou l'autre des deux habitations, de rester emprisonnée dans la tour du passé, de l'intelligence terrestre stérile et de l'inconscience ou vers la belle maison de l'avenir où règne la joie ; vers l'inquiétude, l'anxiété, le doute et l'angoisse ou vers le bien-être, la foi en la vie et vers une quiétude ressourçante. Pour accéder à ce bien-être, il est nécessaire d'examiner les contenus de l'inconscient remontant à la surface de la conscience.

Cela peut être des souvenirs d'enfance émis par des mémoires, des peurs et des angoisses ou encore des désirs et des rêves. On ressent un mélange d'émotions, de nostalgie et de vague à l'âme. Il est ensuite nécessaire de se nourrir correctement sur tous les plans. Il est enfin nécessaire d'exprimer ses émotions, d'affronter les gardiens du seuil, de régler son passé avec ses dettes karmiques puis de réduire au silence son intelligence terrestre, ses désirs personnels et son imagination afin de laisser place à la lumière de la conscience, à l'intuition créatrice et à la présence divine.

Le tarot de Viéville : Viéville choisi à nouveau une symbolique différente pour illustrer l'arcane. Sous un astre, une femme assise sur un bloc de pierre taillée en forme de rectangle et recouvert de tissu, dans un paysage de campagne, tire sur un fil. L'une de ces mains dévoile un coin de la pierre, c'est-à-dire de l'ordre des choses qui sous-tend la vie. Chez les germains, la rune 18 est associée à Berkano, la déesse bouleau, déesse de la fertilité. Le bouleau symbolise l'ambassadrice de l'inconscient ou de l'invisible qui donne accès à différents mondes invisibles par paliers. Ce voyage dans l'invisible était symbolisé par une branche de bouleau avec des entailles permettant de grimper à son sommet. Ses branches et ses feuilles ont souvent été utilisées lors de rituels de fécondité ou de rituels dédiés à la Terre-Mère. L'arbre est associé chez les germains à l'arbre du monde Yggdrasil, qui symbolise le chemin du retour jusqu'à « La Source de toute vie ». (Voir mon livre Les runes germaniques sacrées et magiques). Sous l'une des racines de l'arbre, trois femmes tissent les destinées des hommes. Ici, en tissant, la femme (l'âme) fabrique la matière première à partir d'une ressource naturelle pour créer un nouveau vêtement, c'est-à-dire une nouvelle forme ou pour tisser une destinée. Cette matière première, c'est à la fois la vie quotidienne, la purification de l'âme et de ses mémoires, le rassemblement de toutes les ressources de l'âme mais aussi la capacité de prendre soin de la vie quotidienne avec amour.

PRATIQUE ET SOLUTIONS

La vie personnelle (Amour, sentiments, foyer, famille) : Position 1, 3 ou 4 : En positif : Il vous est favorable de tenir compte de votre passé et des traditions, de voir que le passé influence la situation présente, de sonder votre inconscient, de purifier vos mémoires personnelles, familiales ou de vies passées, de passer de bons moments en famille, d'écouter votre ressenti, de tenir compte de vos rythmes naturels, de vous nourrir correctement sur tous les plans et de vous sentir nourri(e), de vous détendre, de savoir vous reposer et vous ressourcer au sein d'un foyer protecteur, d'exprimer vos émotions, d'utiliser votre imagination pour visualiser ce que vous voulez créer, d'aller d'une situation de stress émotionnel à une situation de bien-être, de créer des liens émotionnels intimes, d'être naturel et sympathique, de faire en sorte que la situation soit fluide, de créer des ambiances chaleureuses, de rêver, de réaliser vos rêves et enfin de vous sentir bien, tranquille et en sécurité. Vous ressentez un fort attachement à votre famille, à votre clan et à votre foyer. Vous avez tendance à favoriser un type de relation basé sur l'amour maternel, le bien-être, la tranquillité, le romantisme et le cocooning. Votre capacité à être sympathique, à vous nourrir correctement sur tous les plans, à exprimer votre amour maternel et vos émotions, à gérer vos préoccupations et vos angoisses, à écouter votre intuition et vos besoins, à gérer avec naturel votre vie quotidienne, à vous ressourcer ou à aider autrui à le faire, à être bien dans votre peau, à utiliser votre imagination pour faire preuve de créativité, à utiliser votre ressenti et votre intelligence émotionnelle et à créer des liens émotionnels forts avec autrui favorisent votre vie sentimentale.

Vous entrez dans une bonne période pour faire des rencontres, par exemple dans les lieux publiques ou lors de réunions de famille. Vous faîtes de nouvelles rencontres féminines ou une rencontre en lien avec le passé. Vous effectuez des changements dans votre foyer. Vous ressentez le désir de créer un foyer, de vous mettre en ménage et de mettre en place une vie commune au foyer. Il y a des liens intimes forts, des valeurs traditionnelles et une relation qui évolue vers un bien-être et vers une vie commune au sein d'un univers rassurant et protégé du monde extérieur, où chaque partenaire prend soin de l'autre.

Position 2 : En négatif : Un impact négatif d'une relation passée, des difficultés vécues durant l'enfance, des secrets, un manque d'amour maternel et de maturité, une difficulté à exprimer vos émotions, une tendance à la paresse ou à l'instabilité émotionnelle, des peurs, un état de confusion, une tendance à répéter un schéma familial, une tendance à la fuite ou à ne pas voir la réalité telle qu'elle est, une tendance à porter l'autre ou à vampiriser son énergie, une peur de vous tromper et d'être « pas bien », une relation ambigüe, incertaine ou chaotique, l'influence envahissante et négative de la mère, de la famille ou d'une femme ou encore une difficulté à vous organiser et à vous donner les moyens de vivre votre rêve perturbent votre vie sentimentale. Il y a un état de peur et de stress émotionnel, une tromperie, des rumeurs qui génèrent un mal-être, des angoisses, de la méfiance, des mensonges, de la mauvaise foi, une situation de chantage affectif ou de dépendance émotionnelle, un manque de maturité, de dynamisme, de confiance et de créativité, une tendance à vous enfermer dans la dépression, dans le passé, dans des fantasmes irréalistes et dans une situation étouffante. Il y a une relation instable et une déception sentimentale. Vos enfants ou des membres de votre famille sont la source de difficultés. Il est possible que la personne avec qui vous aimeriez partager votre vie ait déjà des enfants et une vie de famille. Il est nécessaire de vous libérer de votre passé affectif et de votre état de confusion puis de créer une situation claire et lumineuse.

La santé et le bien-être : Cet arcane est en lien avec les seins, le ventre, l'estomac, la nourriture, la digestion, l'assimilation, les cycles féminins, le sommeil, les liquides, les mémoires, les émotions et les maladies psychosomatiques.

Position 1, 3 ou 4 : En positif : Il est favorable de tenir compte de vos rythmes naturels, de bien vous reposer et vous ressourcer, d'avoir une alimentation équilibrée, de mettre votre lit au bon endroit loin de conduites d'eau, de boire une eau de bonne qualité , d'aller à la piscine ou dans un centre de bien-être, d'écouter votre intuition et d'exprimer vos émotions. Une alimentation saine, une capacité à vous ressourcer où une séance de thérapie vous apportent un bien-être. Une grossesse se déroule dans de bonnes conditions.

Position 2 : En négatif : Il n'est pas favorable de nourrir une situation de stress émotionnel, de rester dans un environnement négatif ou dans une relation qui vous consume, de négliger vos rythmes naturels ou votre alimentation, de fuir la réalité, d'ignorer des difficultés vécues durant l'enfance qui impactent la situation présente, de ne pas écouter votre ressenti et d'oublier de prendre soin de vous. Vous ressentez un coup de cafard, un état dépressif, des phobies ou une perturbation émotionnelle. Vous avez une tendance à ressentir et à vivre des perturbations émotionnelles, une névrose et des angoisses, des troubles de la digestion, de l'alimentation ou du sommeil, un problème avec l'eau ou de la rétention d'eau, une intoxication alimentaire, bactérienne ou parasitaire, une addiction, un diabète, un déséquilibre hormonal ou un déséquilibre créé par un non respect des rythmes naturel du sommeil et de la digestion. Vous portez peut-être un problème appartenant à une autre personne ou en lien avec un souvenir ou quelque chose du passé. Une grossesse ne se passe pas bien. Sans doute devez-vous effectuer un travail spécifique pour accéder à un état de bien-être.

La vie professionnelle : Position 1, 3 ou 4 : En positif : Il est favorable d'avoir des rêves et de réaliser vos rêves, de bien gérer vos craintes et vos émotions, d'entreprendre une activité à domicile ou en lien avec des traditions, un public, l'inconscient, un nettoyage des mémoires, le bien-être, le monde du rêve, les enfants ou en lien avec des valeurs refuges comme le foyer, l'immobilier, l'eau, le sommeil, la musique, le dessin et la nourriture. Vous avez besoin de travailler dans une ambiance sécurisante. Votre intuition et votre réceptivité, votre imagination et votre créativité, votre capacité à faire preuve de naturel et de sympathie, à écouter, à exprimer vos émotions, à gérer vos préoccupations et vos angoisses, à porter une situation, à utiliser votre ressenti et votre intelligence émotionnelle et à créer des liens émotionnels forts avec autrui favorisent votre vie professionnelle et vous attirent une certaine popularité. Il est favorable de faire appel à de telles qualités.

Des relations familiales ou des personnes que vous avez connues dans le passé ou durant votre enfance peuvent vous aider à trouver un emploi. Vous pouvez aussi occuper un emploi en lien avec votre passé ou au sein d'une entreprise familiale ou d'une communauté. Vous pouvez vivre de nombreuses expériences professionnelles, travailler la nuit, recevoir de multiples propositions ou encore être dans une situation qui change tout le temps. Votre situation peut parfois paraitre un peu étrange mais elle évolue avec fluidité vers un mieux-être.

Position 2 : En négatif : Il n'est pas favorable de travailler chez vous, avec un public, avec des enfants ou en famille, de générer et nourrir, sur votre lieu de travail, une situation embrouillée ou instable, une ambiance pourrie et déprimante, du stress émotionnel ou des illusions. Il n'est pas favorable de rester dans un environnement négatif, d'imaginer des choses qui n'existent pas, de négliger vos rythmes naturels, votre alimentation ou vos responsabilités, de fuir des difficultés, d'ignorer des difficultés vécues durant l'enfance ou des mauvaises habitudes qui impactent votre situation présente, de ne pas écouter votre ressenti et d'oublier de prendre soin de vous.

Votre paresse, vos peurs, votre état de confusion, un manque de clarté, de réalisme et d'organisation, une tendance à vous positionner en victime ou une difficulté à vous organiser et à vous donner les moyens de réaliser vos rêves perturbent votre vie professionnelle. Il y a une angoisse en lien avec votre vie professionnelle, un environnement négatif, des problèmes cachés, des promesses qui ne sont pas tenues, des mensonges, une situation trouble, incertaine, instable et remplie de sous-entendus. Il y a des personnes lunatiques ou médisantes qui complotent derrière votre dos. Il y a une déception et une désillusion. Il y a un état dépressif ou un arrêt de travail. Il est alors nécessaire d'effectuer un rééquilibrage, une clarification et un travail d'organisation.

Les Finances : Position 1, 3 ou 4 : En positif : Il est favorable et judicieux d'écouter votre ressenti et votre intuition, de faire circuler l'argent avec fluidité, d'avoir foi en la vie, de solliciter votre famille ou la CAF, d'investir de l'argent dans votre foyer, dans un achat immobilier ou pour votre bien-être mais aussi de préserver une part de secret par rapport à votre situation financière. Votre mère, votre famille, un enfant, une personne que vous connaissez depuis votre enfance, une femme ou de l'argent public vous aident financièrement.

Il y a des dépenses pour une acquisition immobilière ou pour l'aménagement du foyer, pour la maison ou pour la famille. Il y a une rente immobilière qui génère des revenus de façon continue. Les revenus sont modestes mais suffisants pour gérer la vie quotidienne. Votre situation financière est fluide. Vous trouvez une solution d'hébergement. Il y a un investissement immobilier ou un déménagement (avec la maison-Dieu) qui se passent bien. Il y a parfois un héritage. Votre situation évolue avec fluidité.

Position 2 : En négatif : Il n'est pas favorable de générer et nourrir une situation floue, embrouillée, incohérente, instable ou illégale, d'accorder votre confiance à des personnes qui ne sont pas fiables au risque de vous faire escroquer, de vous mettre dans une situation de stress émotionnel, d'effectuer un achat immobilier ou d'imaginer des choses qui n'existent pas.

Il y a une gestion financière irrationnelle, confuse et pas claire, une situation de dépendance, une inconscience des réalités, des coûts cachés, un loyer trop élevé, des dépenses exorbitantes liées au foyer ou à des enfants, un investissement qui ne rapporte pas grand-chose, une déception financière et une angoisse financière. Il est ici judicieux de faire preuve d'une grande vigilance et de maîtrise dans la gestion de votre budget.

Les personnages associés à la Lune : Les personnes hypersensibles et émotives, les femmes, les enfants, les membres de la famille, les personnes qui nourrissent et ressourcent. Les personnes ambigües et troubles.

Les métiers associés à la Lune : Les activités à domicile, les activités dans des lieux publics, les métiers du commerce notamment alimentaire, les métiers consistant à prendre soin d'autrui, les métiers de l'immobilier (agent immobilier, syndic, déménageur, gardien, agent d'entretien) , les écrivains en littérature, les conteurs, les poètes, les cuisiniers, les restaurateurs, le personnel hôtelier (avec le Monde), les musiciens, les dessinateurs, les métiers en rapports avec les enfants, les nourrices, mère au foyer, institutrice ou pédiatre, les activités ayant un lien avec les animaux et les métiers qui s'exercent la nuit. Les métiers en lien avec l'aide familiale, la sécurité sociale, le foyer, les HLM, le public, l'alimentation (boulangers, brasseurs, barman), les liquides, l'eau et la mer (marin, maître-nageur), le sommeil, le passé, la relaxation, la biologie et la vie.

Les lieux/objets associés à la Lune : Le foyer, une maison de famille, les lieux publics où il y a beaucoup de monde, les lieux aquatiques et les plans d'eau, la pluie, les boissons, les piscines, les plages, les marais, les centres de balnéothérapie, les jardins avec fontaines, les saunas, les bains publiques, les lieux où s'expriment des émotions, les lieux ayant une valeur sentimentale parce qu'ils évoquent des souvenirs et les objets de la vie quotidienne.

Les personnages de la mythologie Grecques en lien avec l'arcane : Hestia. Morphée. Séléné. Artémis.

Les liens avec l'astrologie occidentale : Le signe du Cancer. La Lune.

La ou les couleurs en lien avec l'arcane : Gris clair ou argent.

Les animaux en lien avec l'arcane : Le chat, le crabe, l'écrevisse, la tortue, le loup, le lapin, le suricate.

Pour vivre le meilleur de la Lune : Vous avez conscience qu'en vous circule un principe visible et invisible de vie générateur de créativité, de fluidité, de liens, de multiplicité et de mouvements. Vous avez aussi conscience qu'il y a en vous une force génératrice d'illusions, de mirages, de fausses croyances et de mystification et vous agissez pour vous libérer de vos illusions. Vous avez conscience que vous êtes vous-même une forme de vie en mouvement et que ce mouvement est structuré par des cycles émotionnels qui s'expriment selon un certain rythme. Cette forme de vie, c'est votre âme, qui est constituée d'une multitude d'éléments dotés de volonté et d'énergie, dont votre sensibilité.

Vous êtes un ambassadeur ou une ambassadrice de l'inconscient capable d'accéder à ce qui est nécessaire, dans l'inconscient, pour que la vie avance. Vous avez une capacité à sonder puis à utiliser les mémoires et les acquis antérieurs. Vous avez aussi une intuition extrêmement développée, une compréhension intuitive des lois de la vie, du corps humain et de l'âme humaine, avec leurs besoins et leurs rythmes.

Vous avez conscience du pouvoir créateur de l'imagination, de la visualisation et surtout de la force de la foi, c'est-à-dire la capacité de croire avec une puissante certitude que quelque chose est possible puis de permettre la matérialisation de ce quelque chose depuis l'invisible vers le visible.

Vous avez aussi conscience du pouvoir magique destructeur de la crainte, qui tend à faire imaginer et à matérialiser ce que l'on redoute, et vous veillez à nourrir la magie de la confiance en la vie et en vous, tout en ayant au quotidien des pensées, des paroles et des actions génératrices de vie, afin d'empêcher à la crainte d'avoir de l'emprise sur vous.

Vous avez conscience que pour nourrir la force de votre foi, il est nécessaire de savoir vous détacher intérieurement de vos pensées et d'être intensément présent sans pensées.

Vous avez conscience que tout objet émet des ondes en fonction de sa forme et que la disposition des objets exerce également une influence sur l'âme.

Vous veillez à vous entourer d'objets, dans votre foyer, qui sont dignes, en harmonie avec votre sensibilité et qui génèrent une sensation d'harmonie, de pureté, de bien-être, de calme et de sérénité. Vous veillez à aménager votre lieu d'habitation pour qu'il soit un refuge ressourçant où peut s'exprimer votre joie et où Vous pouvez vous retrouver dans ce que vous avez de meilleur. Vous incarnez cet « Eternel Féminin » porteur de vie, mystérieux, magique et exaltant, capable de percevoir, d'accepter, d'accueillir, de nourrir, de purifier émotionnellement, de ressourcer, de faire naître et renaitre, d'apporter du bien-être, d'accompagner et de générer de la fluidité afin que la vie se perpétue et avance.

Cela Vous permet dans un premier temps de focaliser votre attention sur les situations de mal-être et de stress émotionnel, puis, à travers une gestion des contenus de l'inconscient, des émotions, de l'eau et des nourritures, d'aller vers une situation de bien-être et de quiétude ressourçante. Vous avez conscience de l'importance d'utiliser une eau joyeuse, bien informée et de bonne qualité, en la filtrant, en la revitalisant grâce entre autres au mouvement, en la reminéralisant et en la rendant joyeuse.

Vous pouvez ainsi concrétiser ce qui est en harmonie avec l'évolution de la vie avec une fluidité naturelle et porter les êtres et les situations vers leur naissance, vers leur incarnation et vers leur accomplissement. Quand vous savez vous visualiser en train de vivre en pleine santé, dans la joie, dans la sérénité et dans l'abondance, c'est ce que vous attirez.

En exprimant vos qualités féminines de douceur toute maternelle et d'amour inconditionnel puis en les associant quand c'est nécessaire avec un objectif, une structure, une organisation efficace et une autorité se rapprochant parfois de la sévérité, vous êtes alors comme Dame Nature, la Terre-Mère qui nourrissent et portent la vie avec une organisation naturelle et une détermination sans fin. Il peut alors y avoir de la magie, la magie de la vie, de l'amour et de la foi, au quotidien, dans votre vie ! Cela vous permet alors d'aller vers votre Soleil intérieur, vers votre résurrection et de bâtir votre réussite.

19-LE SOLEIL

THEORIE

Le nom de l'arcane : Un soleil est une étoile, parmi un nombre infini d'étoiles, qui existe dans l'univers visible. Le Soleil est l'étoile de notre système solaire. Le Soleil qui brille et apporte la chaleur, l'énergie et la lumière qui sont indispensables à la vie. De nombreux peuples comme les Babyloniens, les Egyptiens, les Incas ou les Mayas l'on vénéré. A l'époque de la renaissance comme tout au long de l'histoire des civilisations, le Soleil était l'alter ego masculin de la Lune. Il permettait d'établir des calendriers et de mesurer le temps.

Après avoir rassemblé son âme et s'être reconnecté à la vie dans l'arcane de l'Etoile, après avoir réintégré son énergie féminine et purifié son âme dans l'arcane de la Lune, l'être humain est à présent prêt à recevoir la lumière du soleil et à faire l'expérience de la lumière, de Dieu, du jour éternel. Il accède ensuite à une renaissance dans son corps spirituel à l'arcane suivante, le jugement.

Le numéro de l'arcane : Il fait partie d'une famille de nombres regroupant le 1, le 10 et le 19. Ce nombre n'a pas de signification particulière en tant que tel. Le chiffre 1 représente une impulsion d'énergie, le pouvoir créateur et le commencement tandis que le 9 représente le cheminement vers sa vérité profonde, les chantiers et la communion avec le grand tout. Le nombre 19 évoque ainsi l'origine et la destination, c'est-à-dire la Source créatrice de tout et l'ordre cosmique. Il symbolise ainsi par exemple l'alpha et l'oméga, l'espace qui existe entre les opposés et l'unité à retrouver. 10+9 donne 19, ce qui symbolise intelligence et profondeur, mouvement et construction, les cycles de la vie et la fin d'un cycle parce que l'on a été au bout.

Signification des images symboliques :

Le couple de personnages : Sur ce qui semble être une scène de vacances d'été, un couple de petits personnages, sans doute des enfants, vêtus d'un simple pagne, se trouvent sur une plage devant un muret ou ici sur une terrasse au bord de la mer. Ils sont éclairés et illuminés par la lumière du Soleil. Ils symbolisent la naissance de « l'enfant créateur », du fils, uni avec la « Source de toute vie ». Dans certains jeux, la jeune fille pose sa main gauche le long de la nuque du jeune garçon, qui lui pose ces doigts sur le sternum, au niveau du cœur, de la jeune fille. Cela symbolise l'union de la tête et du cœur, le grand voyage qui consiste à aller de la tête au cœur et la coopération entre l'intelligence et la sagesse du cœur. Ces deux personnages peuvent être des clones, des jumeaux, de jeunes amoureux, ou les enfants du couple présents dans l'arcane des amoureux. Ils semblent jouer, danser ou prêt à se faire une accolade, tel des enfants heureux et joyeux, en vacances au bord de la mer. Ils expriment et symbolisent la présence à l'autre, le partage de l'attention, l'expression de l'amour, la coopération et la joie de vivre. Ils symbolisent également la réunion du féminin et du masculin, l'harmonisation des contraires, la conscience qui observe et la conscience qui agit, la rencontre avec soi-même et avec l'autre et l'expression du cœur qui transcende toute dualité.

Les pagnes en tissu : A travers les deux pagnes, de simples tissus, l'arcane du soleil représente les grandes lignes directrice de la destinée, qu'une personne se créé de part ses repères, ces valeurs, ce qu'elle considère comme important, ses besoins principaux et ses qualités principales ou autrement dit sa lumière. Le tissu est un symbole de création.

Le Soleil : Au-dessus du couple d'enfants, un énorme soleil de midi, jaune, aux 12 rayons jaunes dans le tarot de Bruno de Nys ou aux 16 rayons jaunes, rouges, bleus et noirs dans d'autres jeux, brille et émet des gouttelettes d'énergie blanches, jaunes, rouges et bleues. Le chiffre 12 correspond aux nombres de signes astrologiques que traversent le Soleil et le nombre 16 est en lien avec la Maison de Dieu où le soleil doit prendre sa place. Le Soleil apporte lumière, chaleur, énergie et vie.

Les rayons colorés évoquent la conscience et la maitrise de soi sur tous les plans, c'est à dire physique, émotionnel, mental et spirituel. Le Soleil intérieur représente le centre de soi, la destination à atteindre, l'objectif synonyme de réussite, le corps spirituel, le feu intérieur, la puissance de l'amour, l'intelligence du cœur, la confiance en soi, la lumière et donc la conscience, la chaleur et le pouvoir créateur. Ce soleil symbolise ainsi l'union et la synthèse du corps physique, des émotions, de la volonté, de l'amour, de l'intelligence et de la sagesse de l'âme. Principe masculin, le Soleil symbolise la « Source de toute vie » et la connexion de la conscience humaine avec cette « Source », le feu de l'amour, la volonté, la lumière, la conscience et l'intuition génératrice de certitudes intérieures, la chaleur, la générosité, la vitalité et la créativité.

En tant que centre du système solaire, tout gravite autour de lui. Il symbolise ainsi ce qui est central, important, essentiel et donc les repères. Il symbolise ce qui brille, la vérité intérieure et le meilleur de soi-même, c'est à dire Dieu. Il incarne la joie du jour qui remplace les angoisses de la nuit. Il rythme le temps d'une année et permet ainsi également la conscience du temps.

Le muret ou ici la bordure de terrasse : Il symbolise des capacités d'organisation, de construction et une barrière protectrice vis-à-vis de l'environnement extérieur, barrière qui permet de consacrer toute son attention à ce qui se trouve à l'intérieur de l'espace protégé par le muret. A l'intérieur de cet espace protégé, la conscience individuelle peut s'unir à la conscience divine, au sein du corps spirituel.

Le tarot de Viéville : L'arcane 19 était initialement représenté, dans les tout premiers jeux de tarot, par un homme sur un cheval. Pourquoi ? La rune 19, dans le système d'information germanique, se nomme « le cheval » parce que le lien sacré qui existait entre l'homme et le cheval, animal divin, symbolisait la puissance divine incarnée et le lien entre la conscience humaine et la conscience divine, c'est-à-dire l'état d'être nommé Dieu, où l'être humain est reconnecté à « La Source de toute vie » qui elle est symbolisée par le Soleil. Viéville qui était protestant et qui avait des liens forts avec l'Allemagne a repris cette symbolique. La bannière fait référence à la rune 8, « le bonheur », dont la forme symbolise la bannière du clan.

PRATIQUE ET SOLUTIONS

Cet arcane apporte de la joie, une énergie positive et de la réussite à un tirage.

La vie personnelle (Amour, sentiments, foyer, famille) : Position 1, 3 ou 4 : En positif : Il est favorable de vous aimer et d'aimer, de sourire et d'exprimer votre joie, d'écouter votre cœur, de montrer et d'exprimer vos sentiments envers toute personne qui vous touche, d'avoir confiance en vous, de vous engager dans une relation amoureuse en faisant toujours de votre mieux, de créer des liens chaleureux avec des personnes de confiance, et d'exprimer votre puissance d'amour et votre autorité naturelle. Il est également favorable de définir un idéal, des valeurs et des objectifs clairs, d'avoir une vision claire de la situation, de concilier votre idéal avec la réalité, de mettre en place l'organisation nécessaire pour réussir, d'avoir conscience de votre valeur et de vous mettre en valeur, d'utiliser votre pouvoir créateur et d'exprimer votre volonté, d'occuper un rôle central sur les devants de la scène, de faire du théâtre, de bien gérer votre image et votre réputation, de créer une relation privilégiée de qualité supérieure, de donner le meilleur de vous-même, d'y mettre tout votre cœur et de rayonner comme un soleil.

Votre capacité à clarifier les choses, à être visible, à aller vers les autres, à exprimer ce que vous avez sur le cœur, à avoir conscience de votre valeur et à valoriser l'autre, à vous engager, à avoir confiance en vous et à donner confiance à l'autre, votre charisme, votre générosité, votre côté positif et optimiste, votre joie de vivre, votre sens du partage, votre sincérité et votre vitalité, votre noblesse et votre loyauté favorisent votre vie sentimentale.

Vous êtes attiré par des personnes brillantes et charismatiques, qui réussissent et qui vous mettent en valeur. Si vous êtes célibataire, une rencontre sentimentale devient une relation privilégiée et complète, une rencontre d'âmes sœurs et une majestueuse relation amoureuse où il y a une excellente entente sur tous les plans. Vous rencontrez la lumière de votre vie. Il peut y avoir une rencontre lors de vacances où dans un lieu ensoleillé. Une relation amoureuse, fondée sur le respect, la confiance et l'engagement, se construit au grand jour.

Si vous êtes en couple, il y a un amour vrai, profond et sincère ainsi qu'une relation sentimentale chaleureuse, heureuse, protégée, privilégiée, grandiose, royale, sérieuse, responsable, fidèle, loyale, lumineuse et de qualité. Votre partenaire est fidèle et loyal. Vous vivez une période heureuse et l'expérience du bonheur à deux parce que vous vous engagez pour créer votre bonheur et pour perpétuez une relation de qualité. Vous pouvez prendre beaucoup de plaisir à éduquer des enfants ou à créer quelque chose à deux.

Cet arcane peut parfois annoncer un mariage (avec La Justice) ou une réception avec du beau monde. Une relation privilégiée peut vous mettre en valeur et contribuer à votre réussite. Il y a une réussite sentimentale et amoureuse.

Position 2 : En négatif : Il n'est pas favorable d'avoir peur d'aimer ou d'être aimé(e), d'idéaliser une situation ou une personne, d'ignorer votre valeur, votre idéal ou ce que vous dit votre cœur, de négliger votre image ou votre réputation, de vous dévaloriser ou d'accorder de la valeur à ce qui n'en a pas.

Vous ne vous sentez peut-être pas assez digne ou assez riche pour susciter l'intérêt d'une personne qui vous tient à cœur. Des relations mondaines qui semblent vous mettre en valeur vous font perdre votre énergie et votre temps. La personne que vous aimez ne vous aime pas ou ne peut pas vous montrer son amour. Vous n'avez pas forcément une vision juste et réaliste de la situation. Votre égocentrisme, votre orgueil, votre fierté, votre susceptibilité et votre arrogance, votre tendance à vous donner trop d'importance ou à vous croire supérieur aux autres, un côté trop idéaliste et trop exigeant(e), une tendance à être difficilement accessible ou à vous faire manipuler dès qu'on vous brosse dans le sens du poil, un excès d'autorité, une tendance à trop vous baser sur l'image et les apparences, votre désir de contracter une union par intérêt ou une tendance à jouer en permanence la comédie nuisent à votre vie sentimentale. Il peut y avoir une difficulté en lien avec des enfants, une sècheresse de cœur, un manque d'amour, de chaleur, de générosité et de conscience, une difficulté à construire une relation de qualité ou un coup de cœur pour une personne qui n'est pas libre. Il y a un échec sentimental ou amoureux. Sans doute devez-vous revoir vos repères, votre idéal, vos valeurs, votre objectif et ce que vous avez sur le cœur.

La santé et le bien-être : Position 1, 3 ou 4 : En positif : Cet arcane est en lien avec le cœur, le système cardio-vasculaire, le dos, l'énergie et la vitalité.

Position 1, 3 ou 4 : En positif : Il est favorable de vous fixer des objectifs, de faire appel à votre puissante volonté et à la force de votre amour, d'avoir confiance en vos capacité de guérison, de solliciter une personne que l'on vous recommande ou qui est connue dans son domaine, d'adopter une attitude positive, de prendre soin de votre cœur et de vos yeux et de faire de votre mieux pour être dans la meilleure forme possible. Avec l'arcane du Soleil, votre santé et votre vitalité sont bonnes voire excellentes et vous êtes dans une forme royale, éblouissante, éclatante et olympienne.

Une relation amoureuse a un impact positif sur votre santé. S'il y a un souci, votre attitude positive et une aide efficace permettent une guérison rapide. Prendre le soleil, des vacances ou effectuer une luminothérapie peut vous faire beaucoup de bien. Il y a parfois une naissance voire des jumeaux. La santé d'un enfant est bonne.

Position 2 : En négatif : Il n'est pas favorable de vous croire au-dessus des autres au point de négliger votre santé, de vouloir au contraire trop tout contrôler, de faire confiance à une personne juste parce qu'elle est connue ou d'avoir des objectifs trop ambitieux. Une situation amoureuse difficile peut affecter votre santé. Il est nécessaire d'éviter des excès, une surchauffe ou les coups de soleil. Vous avez peut-être une inflammation, une brulure, un problème de dos, de cœur ou de vue. Un enfant peut avoir des soucis de santé.

La vie professionnelle : Position 1, 3 ou 4 : En positif : Il est favorable d'avoir conscience de votre idéal, de vos valeurs ou de celles qui existent là où vous êtes, d'avoir conscience de votre valeur et de vous mettre en valeur, d'avoir des objectifs bien définis et une vision claire de la situation, d'avoir confiance en vous, d'être positif, optimiste et généreux(se), de mettre en place l'organisation nécessaire pour réussir, d'être visible et de vous faire connaitre, de créer des liens chaleureux avec des personnes de confiance, d'utiliser votre pouvoir créateur et d'exprimer votre volonté dans la joie, d'occuper un rôle central sur les devants de la scène à travers un poste d'encadrement ou de direction, de donner le meilleur de vous-même et de rayonner comme un soleil.

L'énergie et la puissance d'amour que vous êtes capable de déployer, votre capacité à avoir une vision et un idéal, à trouver votre vocation, à aimer ce que vous faîtes, à exprimer votre volonté et votre créativité, à y mettre tout votre cœur, à vous donner les moyens de réussir et d'être visible, à avoir confiance en vous et à manager favorisent votre activité professionnelle. Si vous êtes sans emploi, vous décrochez un nouvel emploi, peut-être dans une grande entreprise connue. Si vous êtes en poste, l'arcane du Soleil peut indiquer une promotion avec plus de responsabilités, une augmentation, une récompense, une médaille, l'obtention d'un diplôme, une réussite, une consécration, une période de succès, une activité en binôme, une reconnaissance de vos mérites, un environnement professionnel lumineux et valorisant et des relations professionnelles particulièrement harmonieuses. Il est temps d'agir et de vous mettre en valeur car vous traversez une période très positive, une période de chance. Des relations de confiance débouchent sur un partenariat heureux et sur de très belles affaires.

Un travail effectué en couple, en binôme ou en équipe qui donne d'excellents résultats. Vous avez peut-être la possibilité de vivre une relation amoureuse dans le cadre de votre activité professionnelle.

Une personne influente vous protège, vous soutient et contribue à votre réussite. Cet arcane symbolise parfois une activité bénévole ou vous donnez de votre temps, de vos compétences et de votre lumière aux autres. Il y a une réponse positive, une réussite professionnelle, une reconnaissance grâce à vos réalisations personnelles et parfois la notoriété.

Position 2 : En négatif : Il n'est pas favorable d'idéaliser votre situation ou une personne, d'ignorer votre valeur, votre idéal ou ce que vous dit votre cœur, de négliger votre image ou votre réputation, de vous dévaloriser ou d'accorder de la valeur à ce qui n'en a pas.

Vous devez réduire vos ambitions ou cacher votre lumière. Une personne vous fait de l'ombre ou vous empêche de réussir. Une mauvaise image ou une mauvaise réputation, votre égocentrisme, votre orgueil, des ambitions trop élevées, votre tendance à vous donner trop d'importance, à écraser vos collègues, à vous comporter comme un monarque, à être victime d'un supérieur imbu de sa personne ou à confondre être et paraître génèrent des problèmes dans votre vie professionnelle. Il y a un échec ou alors votre réussite est retardée ou contrariée.

Les Finances : Position 1, 3 ou 4 : En positif : Il est favorable de définir des objectifs financiers réalistes, d'avoir une vision claire, objective et synthétique de la situation, de solliciter vos partenaires financiers pour demander de l'aide, de faire preuve de générosité et de vous engagez pour atteindre vos objectifs. Votre situation financière s'éclaircie et s'améliore. Vous traversez une période de richesse et d'abondance parce que vous savez utiliser vos ressources et vos relations mais aussi parce que vous êtes capable de voir et de saisir les opportunités qui se présentent.

Il y a des belles rentrées d'argent, avec des gains par votre propre volonté, par votre créativité, par des activités liées à l'éducation, grâce à des partenaires d'affaires en qui vous avez confiance, aux relations chaleureuses que vous avez avec votre environnement où par l'intermédiaire de votre chéri(e) d'amour. Il peut également y avoir des gains grâce aux jeux. Il y a une reconnaissance financière ou une réponse positive à votre demande.

Votre capacité à donner le meilleur de vous-même, à réussir et à comprendre les lois de l'abondance vous permet d'accéder à une situation financière brillante.

Position 2 : En négatif : Il n'est pas favorable d'idéaliser votre situation ou l'argent, d'avoir une vision déformée de l'argent, d'accorder trop de place à l'argent, de faire preuve de trop de générosité, d'accorder votre confiance à une personne qui risque d'en abuser, d'ignorer la valeur des choses, d'accorder de la valeur à ce qui n'en a pas ou de faire preuve d'arrogance, de gaspillage ou de vouloir impressionner autrui parce que vous avez de l'argent. Il y a des dépenses excessives pour l'amour, les apparences, l'image ou pour des produits de luxe. Il y a une tendance à être une personne toujours intéressée ou à vivre au dessus de vos moyens. Il est judicieux de voir les choses autrement et d'être plus réaliste dans la gestion de votre budget.

Les personnages associés au Soleil : Le père, le chef, le président, le responsable, le directeur, le patron, le roi, les personnes brillantes, rayonnantes, généreuses, protectrices, paternalistes, charismatiques et détenant une autorité naturelle, les personnes qui s'imposent, les éléments moteurs d'un groupe, les enfants, les couples unis, les célébrités et les personnes de valeur.

Les métiers associés au Soleil : Les métiers en lien avec les enfants, les métiers de la création, certains métiers de l'enseignement ou en lien avec des centres de formation, les métiers impliquant des contacts humains, où vous donnez beaucoup de vous-même, les professions libérales, les métiers où vous avez pignon sur rue, les cardiologues, les métiers en lien avec l'énergie solaire et l'éclairage, les célébrités, les métiers de direction, les métiers du spectacle, les acteurs, les top modèles, les maquilleurs, les metteurs en scène, les commerces de luxe (joaillerie, bijoux, articles haut de gamme), chauffagiste.

Les lieux/objets associés au Soleil : Les lieux lumineux, les pays chauds, les endroits ensoleillés, majestueux ou célèbres, les lieux où l'on se retrouve pour partager, les lieux où l'on exprime sa créativité, sa joie et où l'on vit des instants de bonheur, les rayons de soleil, les scènes de théâtre, les lieux de valeur, les multinationales, les entreprises connues, les lieux de vacances, les objets de valeur, les œuvres d'art, les belles choses, les objets de marque, les lampes, les objets en or.

Les personnages de la mythologie Grecques en lien avec l'arcane : Hélios. Dédale et Icare. Hercule.

Les liens avec l'astrologie occidentale : Le Soleil qui est une étoile. Le signe du Lion et secondairement des Gémeaux.

La ou les couleurs en lien avec l'arcane : Jaune citron, couleur or ou blanc.

Les animaux en lien avec l'arcane : Le cygne, les chiens de prairie et le lion.

Pour vivre le meilleur du Soleil : Vous avez conscience de l'importance des objectifs, des intentions, de l'attention et du besoin de joie en vous. Vous avez conscience que l'objectif suprême est d'expérimenter l'éveil et donc de parcourir le chemin vers Dieu de façon à vous unir à nouveau à votre Dieu Vivant, en devenant en quelque sorte le contenu conscient de votre corps spirituel. Vous avez conscience que cette connexion avec votre « Dieu Vivant » n'existe que dans un état de joie intérieure et que pour favoriser cette connexion et cette joie, il est nécessaire d'exprimer votre créativité et il est judicieux d'offrir de temps à autre, quand vous en ressentez le besoin, une fête à votre âme, en imaginant le meilleur que vous devenez, quand vous avez tout réussi selon votre idéal, puis en vous identifiant à cette image.

Vous avez conscience d'être une personne créatrice de votre réalité en fonction de votre intention et en fonction de là où vous fixez votre attention. Vous veillez à faire toujours de votre mieux et à exprimer le meilleur de vous-même. Vous apprenez à prendre conscience de votre identité au-delà de toute image de vous suggérée par autrui. Vous apprenez à voir les choses telles qu'elles sont, avec un cœur pur et une simplicité d'enfant. Vous avez conscience qu'en tant qu'être humain, vous portez en vous une force, la force royale, suprême et créatrice de l'Amour.

Vous avez conscience que cette force, synonyme de respect, de confiance, d'engagement, de créativité et de joie, est votre essence et votre identité réelle, qu'elle est capable, lorsqu'elle est exprimée librement et spontanément, de dominer, de soumettre, de rassembler et d'unir toutes les autres forces et que c'est uniquement grâce à cette force que vous pouvez vous maîtriser et vous réunir à votre « Dieu Vivant », à votre « corps spirituel » afin d'être vous-même « le corps » qui accueille la lumière de la Source. Vous agissez pour vivre pleinement chaque partie de votre être puis pour les rassembler toutes, en les unifiant dans votre cœur, en votre centre, afin de redevenir complet et afin de vous reconnecter à votre « source créatrice divine » dans un état d'amour et de joie intense. Vous avez conscience que vous parvenez à être dans un état d'amour si vous abandonnez tout désir égoïste.

Vous avez conscience que vous pouvez accéder à cette force d'amour en étant totalement centré et conscient, c'est-à-dire totalement présent à ce qui est, dans votre corps tout entier, en ayant la sensation de vous-même, une sensation de vitalité et de joie, en acceptant totalement ce qui est, en vous positionnant dans votre cœur, en ouvrant votre cœur aux courants d'amour qui existent partout, en réunissant votre féminin et votre masculin et en vous reliant à la fois aux forces de la Terre et aux forces du Ciel. Ce centrage vous permet d'être conscient de la Nécessité, c'est-à-dire de ce qui est requis en termes d'état intérieur et d'actions, dans l'ici et maintenant, pour générer la réussite. Cela vous permet aussi de définir des objectifs clairs, d'avoir confiance en vous, de vous centrer à la fois sur vous-même et sur autrui de façon à ressentir dans votre corps ce que l'autre vit, de mettre en place l'organisation adaptée et de maîtriser ce qui doit l'être ; c'est-à-dire votre énergie, votre force d'amour, votre pouvoir créateur et votre vie. Vous pouvez ainsi exprimer votre énergie, votre créativité et votre puissance, vibrer d'amour et de joie puis mettre l'être d'amour, c'est-à-dire le Soleil incarné, que vous êtes en réalité, au service de la vie.

20- LE JUGEMENT OU LA RESURECTION OU L'ARCHANGE OU LE REVEIL DES MORTS.

THEORIE

Le nom de l'arcane : Un jugement est une comparaison entre une situation et un système de référence ou un système de loi puis l'émission d'une sentence, d'un verdict, d'un message. Cet arcane évoque ce que les Humains nomment le jugement dernier.

Lorsqu'une personne s'enceille parce que son corps physique a cessé de vivre, elle va, en fonction de son état intérieur, quelque part dans un monde de fréquence vibratoire supérieure, dans l'au-delà. A un moment donné, elle va dans un lieu où elle revoit toute sa vie, tout son passé, avec des zooms sur des points spécifiques, et les conséquences de chacune de ses choix et de ses actions. Elle s'évalue elle-même et voit où elle en est dans son chemin du retour à la Source, à son origine, grâce à des révélations. Son « jugement dernier » est en quelque sorte prononcé. La suite de son chemin dans l'au-delà sera déterminée en fonction de cela. Le nom de l'arcane symbolise ainsi un bilan sur soi, sur sa vie ou sur une situation, la comparaison entre une situation et un système de références, une élévation de sa vision suivi d'un réajustement et de révélations, grâce à un message de l'univers qui se manifestent dans la conscience, dans la matière. Le thème de cet arcane est également la résurrection. Une résurrection sous-entend une mort et une renaissance. La mort en question est ici « la chute dans la matière » tandis que la résurrection est alors logiquement « le retour vers la lumière », le triomphe sur le sommeil et l'oubli, le réveil et l'éveil de l'âme qui se souvient à nouveau de sa vie éternelle. La résurrection évoque une renaissance suite à une transformation, à une prise de conscience, à la réussite d'un projet. Ici, elle est le résultat d'un rassemblement de toutes les parties de l'âme, d'une réunion du masculin et du féminin et du placement de la conscience dans le corps spirituel, qui devient alors le corps de l'étincelle divine issue de la Source de toute vie qui « descend » dans la conscience. Cela génère une nouvelle forme de vie qui émerge du tombeau de la matière.

Le numéro de l'arcane : Il fait partie d'une famille de nombres regroupant le 2, le 11 et le 20. Ce nombre en tant que tel n'a pas à priori de signification particulière. Il est en lien avec les vingt doigts du corps humain et certains peuples de la Terre, comme les Mayas, comptent en base 20. Le 2 évoque la profondeur, la connaissance, la sagesse, le mystère, la capacité à naître et la vision sacrée de la Grande-Prêtresse tandis que le zéro évoque l'univers créé par la Source. 2X10 évoque deux mouvements, deux intelligences en action, deux stimulis, une deuxième opportunité ou d'une façon plus profonde la capacité à aller chercher des informations dans la mémoire universelle.

5x4 évoque l'idée d'un enseignement qui s'incarne dans la matière. L'union du 2 et du 0 peut symboliser le franchissement d'une nouvelle porte, une nouvelle façon de percevoir les choses, une vision multidimensionnelle et une renaissance à soi-même de part une reconnexion avec la « Source de toute vie ».

Signification des images symboliques :

La tombe : Au premier plan se trouve un petit bassin rectangulaire en pierre de couleur verte qui peut être une ouverture, un escalier qui vient d'en bas, une tombe, un sarcophage régénérateur ou un passage vers une autre dimension, un vortex. Cela symbolise ce qui est symboliquement mort, le monde de la matière, un état d'inconscience et d'ignorance, la mémoire du monde et de la vie, le passé duquel l'on émerge mais aussi le lieu où se produit la transmutation de l'être humain en une nouvelle forme de vie, qui s'opère par le transfert de la conscience du corps matériel vers le corps spirituel, lieu dont la porte d'entrée se trouve au centre du cœur.

Les personnages : Une jeune personne aux cheveux courts et dans certains jeux de couleur bleu, nue, qui peut être un jeune homme ou une jeune femme, se tient debout dans le bassin, vue de dos, dans une attitude de joie et de gratitude, comme s'il ou elle se sentait guéri(e) ou chaleureusement accueilli(e). On dirait qu'il ou elle vient de quitter son ancienne vie pour arriver dans un nouveau monde et qu'il ou elle ressuscite, qu'il ou elle renait de ces cendres. A l'extérieur du bassin, à l'angle côté droit se trouve un homme âgé et à l'angle gauche une femme plus jeune.

Tous deux ont une chevelure bleue, symbolisant le ciel, l'éternité, l'au-delà. Ils sont nus et joignent chacun leurs deux mains contre leur sternum, en signe de prière ou de gratitude. La prière est ici la prière du « Notre Père » qui symbolise le désir d'union entre la volonté humaine et la volonté divine. Les trois personnages représentent le masculin, le féminin et le produit de l'union entre le masculin et le féminin ou encore la conscience, la mémoire et la conscience qui se souvient de sa nature éternelle. Ils peuvent ainsi former un couple et leur enfant, c'est-à-dire une vie nouvelle dans un corps nouveau, ici le corps spirituel. Ils partagent une expérience et évoquent ainsi toutes les activités effectuées en groupe. Ils symbolisent enfin la réunification de l'Esprit, de l'âme et du corps, la réunification des différentes parties de soi qui fait suite à l'intégration des énergies féminines de la Lune et des énergies masculine du Soleil.

Le paysage vallonné : Derrière les personnages se trouve un paysage vallonné et montagneux de couleur ocre. Il symbolise à la fois un lieu dans l'au-delà, le lieu où chaque personne se rendra dans l'au-delà après la perte de son corps physique mais aussi le monde d'ici-bas, sur la Terre.

L'archange : Au dessus des trois personnages, dans les airs, comme sortant d'un nuage derrière lequel se trouve un soleil apparait un archange ailé, sans doute l'archange Gabriel. Il tient dans une main une trompette qu'il s'apprête à faire vibrer, sonner et résonner, pour que soit annoncé un événement imminent ou pour faire passer un message. Le soleil symbolise la conscience supérieure, l'amour, le père et le pouvoir créateur. Dans de nombreux jeux, l'Archange tient également un drapeau.

La trompette dorée : Elle symbolise le souffle de Dieu, c'est-à-dire les flux d'énergie, de lumière et d'informations qui proviennent des mondes spirituels. Elle apporte donc de l'énergie et des informations. Elle révèle que quelque chose va se passer.

Le drapeau : Dans certains jeux, l'archange tient un drapeau blanc orné d'une croix jaune ou rouge. Un drapeau est un symbole d'appartenance à un groupe. Le drapeau de l'archange est le drapeau du monde spirituel et il indique l'appartenance spirituelle de l'ange.

Une couronne de nuages, bleue ou blanche suivant les jeux, entoure l'archange. De longs rayons de couleur émanent de l'arrière plan, derrière l'archange, comme si l'archange jaillissait du Soleil, c'est-à-dire le la Source divine. Cela fait référence à l'eau et au feu, éléments que l'archange a intégrés et qui lui permettent de jaillir d'un monde vers un autre. La présence de l'archange symbolise une intervention divine, un signe et un message en phase d'être délivré à l'aide de la trompette ou du drapeau. Il invite à entendre la parole divine et à lui obéir, c'est-à-dire à agir « selon la volonté du Père ».

L'archange répond à la prière, à l'appel du divin qui a été exprimé et à la gratitude des personnages. Il apporte une réponse qui soulage et qui génère une transformation. Il apporte une seconde chance aux personnages, qui en éprouvent une profonde gratitude. L'archange porte un casque aillé, de nombreuses paires d'ailes, une auréole blanche ou dorée suivant les jeux et un manteau rouge vif. Cela évoque une position très élevée dans la hiérarchie des anges, voire la position la plus élevée, celle du « Chef Spirituel de tous les Anges » qui est dans la bible appelé «le Père».

Conclusion : On assiste à l'émergence d'un nouvel état de conscience multidimensionnel, à une conscience sur tous les plans, à la conscience que tout est lié, à un puissant sentiment d'unité intérieur et d'unité avec le grand Tout, où le masculin et le féminin, le conscient et l'inconscient, œuvrent ensemble. On expérimente des technologies permettant d'avoir accès à toutes les dimensions de soi et à tous ses souvenirs.

Cela permet l'émergence de tous les potentiels, le sentiment d'accoucher de soi-même, de justes récompenses et un puissant sentiment d'épanouissement et de gratitude.

PRATIQUE ET SOLUTIONS

La présence de cet arcane dans un tirage apporte un élément nouveau qui émerge de l'invisible, un changement, un imprévu, une situation nouvelle ou une accélération des événements. Il évoque une discussion, une réunion, une conférence, une activité de groupe ou un rituel initiatique.

La vie personnelle (Amour, sentiments, foyer, famille) : Position 1, 3 ou 4 : En positif : Il est favorable d'écouter les profondeurs de votre âme, de développer une vision claire, élevée et sacrée de la situation, d'entendre la vérité, de ressentir ce qui vibre pour vous, de prier et d'avoir la foi, de communiquer, de vous exprimer avec des paroles pertinentes, de révéler ce qui doit l'être et de faire passer des messages. Il est également favorable d'évacuer les croyances qui n'ont plus lieu d'être, de radier de votre environnement une personne inutile, d'effectuer des prises de conscience, d'accoucher de vous-même, de (vous) donner une seconde chance, d'adopter une vision nouvelle de vous-même et de l'amour, de mettre en place des changements, d'accepter l'imprévu, de vous adapter au changement et à la nouveauté, de faire appel à des technologies modernes et de préparer dès maintenant le meilleur futur possible. Votre capacité à écouter, à communiquer et à agir selon vos intuitions, à sortir rencontrer des personnes nouvelles dans des lieux nouveaux, à faire ce qui est nécessaire pour créer de nouvelles relations, à transformer votre passé et à changer de vie favorisent votre vie sentimentale.

Il y a un courrier, un mail, un appel téléphonique, un SMS, une nouvelle inattendue, une révélation, un changement soudain ou un retournement de situation en lien avec votre vie sentimentale. Il y a une rencontre dans un lieu publique, par hasard ou grâce à des technologies modernes de communication comme internet. Il y a un coup de foudre. Un élément extérieur intervient dans votre vie sentimentale. Une rencontre se concrétise rapidement. Cela engendre un renouveau sentimental et une vie nouvelle. Il y a une libération, une résurrection sentimentale ou un renouvellement de votre vie affective grâce à des échanges profonds, grâce à une nouvelle compréhension des causes de votre situation et parfois suite à une séparation brusque. Des fiançailles officielles peuvent être proclamées ou la naissance d'un enfant est annoncée.

Votre vie sentimentale renait de ses cendres. Vous vivez une vie nouvelle dans un nouveau monde.

Position 2 : En négatif : Il n'est pas favorable d'être tout le temps en train de juger et de comparer ou de ne pas communiquer quand c'est nécessaire. Un refus d'accepter l'autre tel qu'il est et un besoin de le changer ou de le guérir, des difficultés de communication avec l'autre, une difficulté à vous écouter, à écouter l'autre ou à vous faire entendre, des mauvaises nouvelles, des négociations difficiles, une erreur de jugement, une sensation d'étouffement ou de manque d'intimité, une tendance à accorder trop d'importance aux ami(e)s et à négliger votre vie de couple, un secret qui est révélé, une personne qui sème la zizanie dans votre relation, une rencontre imprévue suivie d'une attraction extrêmement forte, une aventure fulgurante sans lendemain ou une grossesse non désirée perturbent votre vie sentimentale.

Des personnes malveillantes colportent des rumeurs de comportements déplacés à votre sujet. Il y a parfois des rencontres multiples au détriment d'un lien privilégié de qualité. Cela génère un énervement, provoque une crise et abouti à une séparation brutale et bruyante.

La santé et le bien-être : Cet arcane évoque le corps dans sa globalité, l'entendement et les voies respiratoires en particulier. Il peut être en lien avec les outils et techniques modernes de transformation, les nouvelles technologies médicales (scanner, échographie, IRM ou laser), les nouvelles thérapies (les champs magnétiques pulsés), la médecine énergétique et la médecine quantique (la médecine traditionnelle chinoise, la fascia-thérapie, l'utilisation de symboles, le neurotraining etc.).

Position 1, 3 ou 4 : En positif : Il est favorable d'adopter une vision plus profonde de la situation, de désamorcer les causes de la situation, de vous détoxiner si c'est nécessaire, de révéler un secret, d'explorer des voies nouvelles, de tester un nouveau traitement ou un nouveau thérapeute, de faire appel à des technologies avant-gardistes, de communiquer de façon pertinente et de consulter un spécialiste. Une médecine avant-gardiste, un traitement révolutionnaire, votre foi, votre capacité à prier, l'intervention d'un facteur nouveau ou un(e) thérapeute extraordinaire permettent une guérison rapide et totale. Il y a une bonne nouvelle, un changement, une régénération, une renaissance et une nouvelle situation.

Position 2 : En négatif : Il n'est pas favorable de juger, de comparer, d'explorer des voies nouvelles ou de ne pas communiquer quand c'est nécessaire. Il y a un excès de tension nerveuse, une alerte nécessitant une consultation médicale, une mauvaise nouvelle, des problèmes pour entendre, des problèmes d'audition, des acouphènes, des problèmes respiratoires, des problèmes d'élocution, une maladie à évolution rapide où un problème lié à un accouchement. Il est judicieux de voir les choses différemment, de consulter un spécialiste et de faire preuve de prudence.

La vie professionnelle : Position 1, 3 ou 4 : En positif : Il est favorable de considérer la situation avec profondeur, hauteur et lucidité, de développer une vision nouvelle, claire, élevée, intelligente mais aussi sacrée de la situation, de ressentir ce qui vibre pour vous, d'être très à l'écoute de votre intuition, des coïncidences et des messages de l'archange porteur de vie, de communiquer, de solliciter un réseau de spécialistes, un ordre, un club ou un syndicat, de faire appel à des technologies modernes, d'utiliser tous les moyens modernes de communication pour vous exprimer avec des paroles pertinentes, de révéler ce qui doit l'être et de faire passer des messages qui génèrent des transformations, qui permettent d'avoir une seconde chance et qui favorisent la création d'une situation nouvelle.

L'arcane du Jugement vous demande de vous ouvrir à de nouvelles idées, de saisir une opportunité de changement, de prendre des initiatives et de prendre des risques, de tenter votre chance, de mettre en place de nouveaux projets, de créer du changement, d'accepter l'imprévu, la transformation et la nouveauté et de préparer dès maintenant le meilleur futur possible.

Il est peut-être temps de découvrir votre vocation, de décider d'une nouvelle orientation, de changer de poste ou de société ou encore de vous lancer dans un projet original. Vous allez participer à un entretien, à une interview, à une séance de négociation, à une conférence ou à un colloque.

Vos capacités de communication, votre capacité à écouter vos inspirations et ce qui vibre pour vous, votre aptitude à agir selon votre intuition et votre foi et votre capacité à sortir à l'extérieur pour faire les démarches nécessaires favorisent votre vie professionnelle. Il y a parfois une activité en lien avec un public, la communication, les technologies modernes et la vie moderne.

Il y a un changement très positif, une promotion, un projet qui vous enthousiasme, un couronnement, une bonne publicité, un renouveau, des affaires florissantes, une réussite, un coup de chance et parfois une certaine renommée.

Il y a un événement imprévu, synonyme d'opportunité, qui permet une évolution rapide. Il y a une belle réussite, un bon en avant et parfois une résurrection, une vie nouvelle dans un nouveau monde.

Position 2 : En négatif : Il y a une grosse difficulté à considérer la situation avec profondeur, hauteur et lucidité, à développer une vision nouvelle, claire, élevée, intelligente mais aussi sacrée de la situation. Il n'est pas favorable de communiquer sur des données confidentielles, de partager vos idées ou vos connaissances techniques, de vous lancer dans un nouveau projet sans la préparation adéquate, de juger, de comparer, d'explorer des voies nouvelles, de répondre favorablement à ce qui se présente comme une opportunité ou d'accepter un changement.

Des difficultés d'adaptation à votre environnement, des problèmes de communication avec vos collègues ou avec vos supérieurs, une difficulté à vous écouter ou à vous faire entendre, un excès de nervosité, des critiques désagréables, une mauvaise publicité, la révélation d'une information qui aurait du rester secrète, de mauvaises nouvelles, un imprévu de dernière minute, une situation trop complexe, des négociations difficiles, une négociation ou un entretien qui se passe mal, une erreur de jugement, une réponse négative, un verdict prononcé en votre défaveur, une sensation d'étouffement sur votre lieu travail ou un échec perturbent votre vie professionnelle. Une personne peu scrupuleuse peut soit vous solliciter pour acquérir vos connaissances ou vos technologies, qu'elle utiliserait ensuite pour son propre bénéfice, soit pirater, plagier ou contre façonner vos idées, vos connaissances, vos savoirs-faire ou vos produits. Il est donc nécessaire de faire preuve de vigilance dans la gestion de vos activités professionnelles.

Un changement brusque de situation ou une situation totalement inédite peut générer un sentiment d'être dépassé par les événements, une sensation d'inadaptation, un litige et une remise en question d'un contrat. Cela peut aboutir à un licenciement ou à louper une opportunité de changement très intéressante.

Les Finances : Position 1, 3 ou 4 : En positif : Il est favorable de vous ouvrir à de nouvelles idées, de saisir une opportunité de changement ou de créer du changement, de prendre des initiatives et de prendre des risques, de tenter votre chance, de mettre en place de nouveaux projets, de faire preuve de lucidité, de développer une vision nouvelle, d'être bien à l'écoute de votre ressenti, de solliciter un réseau de spécialistes, de faire appel à des technologies modernes, de révéler ce qui doit l'être, de créer une situation nouvelle et de préparer dès maintenant le meilleur futur possible.

Vous recevez un message, une nouvelle, une révélation ou une réponse positive. Il y a un imprévu ou un changement brusque dans votre situation financière. Vous bénéficiez d'une rentrée d'argent inattendue, d'une aide financière inespérée, d'une amélioration soudaine, d'un renouveau, d'un coup de chance libérateur, d'une seconde chance et d'une libération financière. Il y a des rentrées d'argent conséquentes grâce à des produits ou services que vous produisez et qui concernent soit une niche soit au contraire un public très vaste. Parfois, il y a un gain à un jeu. Une négociation ou un placement ayant des conséquences financières très positives.

Position 2 : En négatif : Il n'est pas favorable de suivre aveuglément ce que vous ressentez, de divulguer des données confidentielles, de partager vos idées ou vos connaissances financières, d'investir dans un nouveau projet, de prendre un risque nouveau, de comparer, d'explorer des pistes inédites, de répondre favorablement à ce qui se présente comme une opportunité ou d'accepter un changement.

Il y a une incompréhension des causes et des enjeux de la situation, une erreur de jugement suite à un manque de lucidité, une mauvaise nouvelle, une fuite d'informations confidentielles, une dépense imprévue, un retard, une annulation, de fausses informations ou des conseils inadaptés, une tentative de racket, de vol ou d'escroquerie, des frais de justice couteux, l'échec d'une négociation, une réponse négative, l'arrivé d'un souci qui coute cher, un changement qui a un impact financier désagréable ou une opportunité financière que vous ne parvenez pas à saisir. Il est ici judicieux de faire preuve de vigilance et de rigueur dans la gestion de vos finances.

Les personnages associés au Jugement : Toute personne qui apporte un message, les porte-paroles, les personnes qui sont sur une scène ou un plateau, les personnes qui font parler d'elles, les personnes qui rendent un diagnostic ou qui émettent un jugement, les jurys (avec la justice), les personnes qui donnent des conférences ou des conseils, les chamanes, les êtres éveillés, les anges et les archanges.

Les métiers associés au Jugement : Les métiers des médias, du multimédia et de l'audiovisuel, les journalistes et les présentateurs, les webmasters, les métiers en lien avec un public, les métiers de communication et de la publicité, les métiers en lien avec la musique, le son et la vibration, les ingénieurs du son, les activités en lien avec les technologies de pointe (avec l'Ange), les métiers liés à la naissance, les sages-femmes, les juges et les conseillers des prud'hommes, les métiers du nettoyage, les inventeurs, les conférenciers ou prêcheurs, les métiers du tourisme et des voyages dans d'autres lieux et d'autres dimensions, les guérisseurs, les thérapeutes et les éveilleurs de conscience.

Les lieux/objets associés au Jugement : Les lieux où l'on donne et où l'on reçoit des messages ou un verdict, les lieux en lien avec la musique, le son et la vibration, les scènes, les salles de spectacle, les podiums, les tribunes, les stades, les salles de conférence, les plateaux télé, les lieux qui vibrent, les lieux où l'on se régénère, les centres de remise en forme, les instruments de musique, les plantes chamaniques, les objets du futurs, les ascenseurs, les imprimantes 3D, les salles de téléportation, les synthétiseurs alimentaires, les holosuites et les hologrammes.

Les personnages de la mythologie Grecques en lien avec l'arcane : Ouranos.

Les liens avec l'astrologie occidentale : Conjonction Jupiter-Uranus-Soleil avec une touche de Pluton.

La ou les couleurs en lien avec l'arcane : Bleu nuit.

Les animaux en lien avec l'arcane : Le phœnix et l'aigle.

Pour vivre le meilleur du Jugement : Vous apprenez à prendre conscience de votre juge intérieur et à le canaliser grâce à un apprentissage des lois spirituelles qui régissent la vie. Vous agissez pour répondre à un appel vous invitant à découvrir votre nature multidimensionnelle, à éveiller votre conscience, à équilibrer et synchroniser votre masculin et votre féminin, à prier et à évoluer, de façon à devenir votre vérité profonde, à mourir à ce qui ne vous appartient plus et à faire l'expérience de la foi, de la transcendance, de la « vision sacrée » et de la « résurrection ». Vous consacrez ainsi un temps à votre évolution spirituelle puis à transformer en vous ce qui doit l'être de façon à accoucher de vous-même. Vous prenez conscience que vous pouvez incarner ce que vous êtes éternellement uniquement dans un état de joie. Vous apprenez à vivre dans la joie, à maîtriser la forme, à vous donner une seconde chance et à célébrer la vie à travers notamment le service et les chants. Vous prenez conscience de vos mémoires ancestrales et de vos mémoires d'âme et vous apprenez à les gérer, c'est-à-dire à rendre à vos ancêtres, avec amour et respect, ce qui leur appartient puis à donner la juste forme à ce que vous portez en vous. Vous apprenez durant votre vie terrestre à prendre en compte l'au-delà et à préparer votre vie future dans l'au-delà, en vivant intensément, en menant une vie équilibrée, dans un état d'amour et en développant une pratique, nommée « sorties hors du corps » ou « sorties astrales », consistant à se détendre profondément, à se ressentir comme un être vivant et vibrant à l'intérieur du corps physique, à faire circuler l'énergie dans la colonne vertébrale en connectant les centres d'énergie du sexe, du cœur et de la tête, à utiliser des affirmations pour transférer la conscience du corps physique dans le corps astral puis pour explorer en conscience les différents états d'être et les différents mondes existant dans l'au-delà.

Vous prenez conscience qu'il existe un lieu que toute personne qui s'encielle doit à un moment visiter afin de faire l'expérience dite du « jugement dernier », où elle visionne sa vie sur Terre et les conséquences de ses actions et non-actions. Vous prenez conscience que la suite de votre vie dans l'au-delà dépendra de cette expérience. Vous apprenez à prier commençant premièrement à chercher. Vous consacrez ainsi un temps à votre vie intérieure et à la méditation, où vous vous appliquez à immobiliser votre corps avec douceur, à être totalement détendu et relaxé, mais toujours alerte, à respirer naturellement et profondément, dans l'intensité de l'instant présent, jusqu'à ne presque plus vous apercevoir que votre conscience est dans un corps physique.

Vous vous exercer à ignorer toute pensée, son, couleur ou toute image qui chercherait à attirer votre attention, en ne lui accordant aucune importance. Puis vous apprenez à entrer dans un silence vivant et pulsant au rythme de l'éternité, de façon à vous ressentir comme un liquide vibrant contenu dans un récipient, dans un état de calme rempli de confiance et de foi, libre de tout désir, de toute impatience, de toute attente et de toute crainte. Vous prenez conscience qu'il s'agit, par étapes, de rassembler tout ce qui vous appartient éternellement, de réunir votre masculin et votre féminin, puis de devenir, par étapes aussi, le contenu de votre corps spirituel afin de renaitre dans ce corps, dans un état de lumière et d'amour où vous vous reconnectez à la forme de vie qui vous a créé ; « la Source ». Vous apprenez ensuite à demander et à définir les projets et les objectifs qui sont justes pour vous. Vous faîtes en sorte pour cela d'écouter, d'entendre, d'incarner la parole impeccable, d'utiliser la magie de la parole mais aussi de conformer votre vie selon « la Nécessité », qui conduit à la liberté et qui seule permet de « recevoir ». Vous apprenez enfin à frapper, c'est à dire à vivre dans l'instant présent, à accomplir vos devoirs quotidiens dans la vie et dans l'action en faisant toujours de votre mieux et à faire appel à la force de l'amour et à la force de la foi.

Vous prenez conscience que vous êtes un être d'amour et que c'est le pouvoir de l'amour qui vous permet d'obtenir la victoire sur vous-même, de renaitre à votre éternité, de retourner là d'où vous venez, de faire ainsi retentir la trompette de l'Archange et de vivre une vie nouvelle.

21-LE MONDE OU L'AME QUI DANSE

THEORIE

Le nom de l'arcane : Le monde désigne un espace dans lequel se trouve un ensemble d'éléments formant un tout universel. Il résulte d'un acte de création, de création artistique. Il tend à faire référence à l'ensemble de la planète Terre, avec ses habitants, ses villes, ses océans, ses montagnes, ses forêts ou du moins ce qu'il en reste, ses déserts et ses grandes plaines, mais aussi aux différentes dimensions ou espace-temps qui structurent l'ensemble de la réalité. Il est synonyme d'espace, de grandeur, de diversité, de totalité, de globalité et d'universalité. Il évoque également une quantité importante, une foule et l'étranger. Ici il représente le chemin vers Dieu et les espaces, c'est-à-dire les mondes, où se trouvent ce chemin, c'est à dire le monde extérieur et les mondes intérieurs, à l'intérieur de soi, au sein des différents corps.

Le numéro de l'arcane : Il fait partie d'une famille de nombres regroupant le 3, le 12 et le 21. Le chiffre 21 n'évoque en lui-même rien de particulier. Il permet de passer du 2 au 1, c'est-à-dire de la dualité à l'unité. La multiplication de 3x7, deux nombre clefs, évoque une perfection, une réalisation, un aboutissement, un achèvement, un accomplissement et la triple structure de l'univers ; Esprit, Ame et Matière.

Deux dés à six faces donnent 21 combinaisons et permettent ainsi d'obtenir l'un des arcanes du tarot.

Signification des images symboliques :

- La jeune femme : Une jeune femme nue, aux longs cheveux blonds, un morceau d'étoffe jaune posé sur son épaule, tient une baguette jaune, la même que le bateleur, dans une main. Elle plie une jambe pour former un 4, comme l'Empereur ou le Pendu, comme si elle allait exécuter un pas de danse, tandis que l'autre jambe est posée sur un bout de terre jaune. Elle est en mouvement. Elle danse et exprime sa joie en artiste de la vie. La nudité symbolise la vérité qui se manifeste mais aussi l'importance du corps et de la pureté du corps. La baguette magique symbolise la volonté divine, la créativité, la foi et l'action dans le monde.

Dans certains jeux, la belle danseuse tient également, dans l'autre main, une petite bourse ou un philtre. Cela symbolise alors l'aspect illusoire de la matière. Ici, la jeune femme n'est plus dans la nature, sur la Terre, comme l'était l'Etoile, mais au centre d'une couronne de laurier. Elle symbolise alors l'âme et la sagesse. L'écharpe en étoffe représente enfin la créativité en mouvement et les forces de création de formes.

- Le taureau, le lion, l'aigle et l'ange : Aux quatre coins de l'arcane figurent les symboles des quatre signes fixes de l'astrologie, des 4 éléments ou des 4 évangiles. Ils sont tous auréolés, ce qui signifie qu'ils ont été intégrés à la conscience. Il y a un taureau vu de profil et regardant vers la gauche en bas à gauche (signe du Taureau), un lion allongé, avec un collier jaune, en bas à droite (signe du Lion), un aigle orné d'une crête rouge posé sur un nuage (signe du Scorpion) en haut à droite, et un ange aux ailes rouges tenant un nuage dans sa main en haut à gauche (signe du Verseau). L'aigle regarde l'Ange et l'Ange regarde la jeune femme au centre. Cela évoque la maîtrise des quatre éléments, de l'ensemble des domaines de la vie et une réalisation globale et totale de soi.

Le taureau symbolise la capacité à développer et optimiser ses ressources, la joie, la maîtrise de la matière et le sacrifice des désirs inférieurs au profit de l'âme.

Le lion symbolise la capacité à se fixer des objectifs nobles, à écouter son cœur, à exprimer le meilleur de soi-même et à réussir. L'aigle représente la capacité à élever sa vision et son âme vers les réalités spirituelles, à voyager dans l'invisible en traversant le monde des illusions, à exprimer son pouvoir personnel, à faire preuve de discernement et à mener victorieusement le grand combat pour la lumière. L'ange symbolise la capacité à accepter l'aide qui est nécessaire, l'union avec Dieu, la conscience, l'amour, l'équilibre mais aussi l'intelligence psychologique et technologique capable d'aider là où cela est nécessaire, de trouver des solutions, de générer un progrès, d'incarner les lois universelles et de conquérir sa liberté. Ce sont là les quatre piliers indispensables pour aller jusqu'au bout du chemin.

- La couronne de lauriers : Elle décrit une forme qui se nomme une mandorle. Elle est formée à partir de l'intersection de deux cercles. Cela symbolise l'union de ce qui est en haut et de ce qui est en bas, du ciel et de la terre. Le laurier est un symbole de conscience. Des feuilles de laurier étaient brulées dans les temples de l'antiquité lors des rituels initiatiques. La couronne représente le corps spirituel, comme cela est expliqué dans la rubrique consacrée aux origines de l'arcane, la conscience de l'ensemble, du tout, de l'essence et de l'unité mais aussi la victoire de la conscience et la réussite.

L'espace à l'intérieur de la couronne symbolise la matrice d'où naitra une nouvelle forme de vie, l'être nouveau et réalisé. La couronne de laurier évoque la maîtrise de soi, la capacité d'accéder à sa vérité profonde et d'être reine ou roi dans son royaume. Elle évoque enfin la capacité à recevoir un enseignement, à maîtriser un enseignement, à obtenir son diplôme et à retransmettre un enseignement. Toutes les expériences ont été vécues et unifiées au soi, aboutissant à une union avec son « Dieu Vivant » et au triomphe de la vie éternelle. C'est la fin d'une longue histoire. Notre bateleur, jeune apprenti, à obtenu son diplôme de Maitre. Il prend la place qui lui était réservée, dans le monde, parmi les étoiles.

PRATIQUE ET SOLUTIONS

La vie personnelle (Amour, sentiments, foyer, famille) : Position 1, 3 ou 4 : En positif :

Il est favorable d'élargir vos horizons, de faire un voyage, d'adopter une vision globale et multidimensionnelle de la situation, d'accepter et d'intégrer les spécificités de chaque partenaire, de coordonner intelligemment les différents paramètres de la situation, de travailler ensemble, de faire aboutir vos projets, d'investir du temps et de l'énergie dans des relations sociales, d'apporter de l'enchantement là où vous êtes, de bien gérer l'influence du monde extérieur sur votre relation et de créer une vie sentimentale de qualité.

Le taureau en bas à gauche de l'arcane vous invite à bien gérer l'aspect matériel, corporel et financier de la situation. Il vous invite à prendre du plaisir et à exprimer votre joie.

Le lion en bas à droite vous invite à tenir compte de votre idéal et de vos valeurs, à vous fixer un objectif et à mettre tous les moyens en œuvre pour l'atteindre, en vous engageant et en y mettant tout votre cœur. L'aigle vous invite à élever votre vision, à prendre en compte tout ce qui est invisible, à gérer vos émotions et votre passion, à surmonter tous les obstacles puis à combattre pour saisir votre objectif jusqu'à ne faire plus qu'un avec lui. L'ange vous invite enfin à exprimer des valeurs humaines, à tempérer vos excès mais aussi à utiliser votre intelligence pour travailler en réseau, pour gérer un projet, pour trouver des solutions et pour faire progresser la situation.

Votre personnalité complète, cosmopolite, ouverte, disponible et chaleureuse, votre confiance en vous, vos facilités de communication, votre capacité à prendre votre place dans le monde et dans la relation, votre statut social, votre capacité à saisir les opportunités et à aller au bout des choses, votre investissement personnel dans la relation, votre capacité à concrétiser et à proposer des activités dans le monde ainsi que votre besoin de donner le meilleur de vous-même favoriseront votre vie sentimentale.

Si vous êtes célibataire, vous pouvez faire une rencontre avec une personne très bien intégrée dans la société, lors d'un voyage ou un déplacement, en sortant dans le monde, dans une grande surface, lors d'une formation ou parfois lors d'un spectacle de danse. Vous pouvez aussi rencontrer une personne ayant des origines étrangères.

Vous avez la possibilité de vivre une vie sentimentale de qualité, aboutie, complète, très harmonieuse et très satisfaisante, avec une belle personne et dans des conditions confortables. Amour, harmonie, générosité, joie, bonheur, des relations sociales agréables et de nombreuses sorties nourrissent votre vie sentimentale. Vous partez en voyage en amoureux ou un voyage a des conséquences très positives. Vous vous organisez pour vivre ensemble. Il y a une relation particulièrement équilibrée et un épanouissement affectif. Vous vous mariez. Vous avez la conscience et la puissance pour créer votre bonheur sur tous les plans.

Position 2 : En négatif : Il n'est pas favorable de vous enfermer dans votre monde ou d'accorder trop de place à votre travail, d'être trop influencé(e) par le monde extérieur, de vous éloigner de votre partenaire, de partir en voyage, d'ignorer l'impact de différences sociales ou culturelles, de faire preuve d'intolérance et de mesquinerie ou d'avoir des exigences que votre partenaire ne peut pas satisfaire. Une difficulté à prendre votre place dans la relation ou à laisser une place à l'autre, une tendance à vivre déconnecté de votre authenticité et de votre vérité profonde, un besoin de vivre selon une image sociale conforme, selon des apparences, des normes et des sollicitations plus ou moins perverses de la société, une tendance à vivre dans le mensonge permanent, dans des illusions et des fictions ou à ne pas communiquer sur les choses essentielles génère des difficultés sentimentales.

Des événements extérieurs, des éléments étrangers à votre cadre de vie habituel, un éloignement, des obligations professionnelles, un séjour à l'étranger ou un déséquilibre en lien avec l'un des quatre personnages décrits à la page précédente pour les positions 1,3 et 4 (taureau, lion, aigle et ange) perturbent votre vie sentimentale. Il n'est pas actuellement possible de concrétiser, d'aboutir, d'aller au bout de quelque chose ou de vous sentir complètement épanoui(e). Il est peut-être temps de voir que vous avez été au bout d'une relation et qu'il est d'actualité de changer de plan ou de retrouver votre liberté, et de redonner à votre partenaire sa liberté.

La santé et le bien-être : Position 1, 3 ou 4 : En positif : Il est favorable de sortir de chez vous et d'aller dans le monde, de faire un diagnostic global, complet et multidimensionnel, d'entreprendre un voyage à l'étranger, de faire de la danse, de pratiquer une activité sportive au sein d'un club ou de consulter un médecin allopathique, un spécialiste ou une personne qui pratique la Médecine Traditionnelle Chinoise.

Un traitement médical à l'étranger donne de très bons résultats. Une vaccination spécifique est nécessaire pour préparer un voyage. Il y a un accouchement et une naissance. L'arcane du Monde est synonyme d'excellente santé, d'harmonie et d'équilibre, d'amélioration rapide et de guérison totale en cas de difficulté. Une grossesse et un accouchement se déroulent harmonieusement.

Position 2 : En négatif : Il n'est pas favorable de négliger des paramètres importants de la situation ou d'ignorer des consignes de sécurité. Une guérison prend plus de temps que prévu. Il y a un risque d'erreur de diagnostic ou d'erreur médicale. Il n'est pas favorable d'entreprendre un voyage. Il y a une épidémie, une maladie tropicale, une maladie provenant de l'étranger, une grossesse difficile, un accouchement pénible ou une complication qui fait suite à une hospitalisation. Il est nécessaire de faire preuve de prudence.

La vie professionnelle : Position 1, 3 ou 4 : En positif : L'arcane du Monde en position favorable est l'un des meilleurs indices de succès, de victoire, de réponse positive, de réussite et d'épanouissement sur le plan professionnel. Vous avez les moyens, l'intelligence, l'énergie et la motivation pour atteindre vos objectifs et l'environnement vous offre la possibilité de le faire. Vous bénéficiez également de la chance et d'une aide précieuse et efficace.

Il est favorable d'avoir une vision globale et multidimensionnelle de la situation, de coordonner intelligemment les différents paramètres de la situation, d'être positif et optimiste, d'effectuer une formation ou d'exploiter pleinement les formations et diplômes que vous avez, de solliciter les bonnes personnes, de travailler en groupe, de participer à un projet d'envergure, d'élargir vos horizons, de développer vos capacités en langues étrangères, de faire un voyage professionnel ou de travailler à l'international.

Vous avez la possibilité de trouver un emploi officiel qui requiert l'usage de langues étrangères, des déplacements ou des voyages, de travailler dans une société d'origine étrangère ou à l'étranger, de travailler loin de chez vous ou dans une société travaillant beaucoup avec l'étranger.

Votre multitude de compétences, vos aptitudes linguistiques, vos capacités de gestion, vos hautes qualifications, votre maîtrise de votre poste, votre réseau relationnel et parfois une envergure internationale favorisent votre réussite professionnelle.

Il y a la réussite d'un projet, d'une présentation, d'un entretien, d'un concours ou d'un examen, un accroissement de clientèle et de vos revenus, l'obtention d'un diplôme, une promotion voire un aboutissement de votre carrière. Il y a des réalisations de grande envergure auxquelles vous participez. Vous bénéficiez de l'appui de gens compétents ou importants. De nouveaux marchés ou de nouveaux clients permettent une augmentation de votre chiffre d'affaires.

Il y a un déplacement ou un voyage dans le cadre de votre travail. Il y a une opportunité professionnelle à saisir. Il y a une réussite professionnelle, une reconnaissance sociale, une récompense de vos efforts, de grandes satisfactions dans votre travail et parfois une renommée internationale.

Position 2 : En négatif : Votre activité professionnelle prend trop de place dans votre vie ou elle comporte trop de déplacements. Vous n'êtes pas correctement ou suffisamment diplômé(e), formé(e) ou qualifié(e) pour effectuer ce que l'on vous demande où vous ne parlez pas les langues étrangères requises.

Des obstacles, des retards, une tendance à la prétention, à la mégalomanie ou à l'égocentrisme, un manque d'envergure ou encore une difficulté à satisfaire aux critères de qualité, à saisir les opportunités, à comprendre les règles du jeu, à vous donner les moyens de vos ambitions et à aller jusqu'au bout de votre projet perturbent votre vie professionnelle.

Il y a une difficulté en lien avec des normes et des règles, avec votre statut ou avec votre image sociale qui ne passe pas bien. Vous avez l'impression de ne pas être reconnu(e) ou rémunéré(e) à votre juste valeur. Vous n'obtenez pas le poste ou la promotion que vous espériez. On vous place en position de second rôle. Vous avez des difficultés à prendre complètement votre place dans votre activité professionnelle.

Vous subissez une diminution de clientèle et de revenus à cause d'une perte de compétitivité, de la crise économique, d'une décision politique, d'une nouvelle norme ou de la mondialisation. Le monde est contre vous. Il n'est pas favorable de participer à un projet d'envergure ou d'entreprendre un voyage.

Les Finances : Position 1, 3 ou 4 : En positif : Il est favorable de prendre en compte tous les paramètres de la situation, d'avoir une vue d'ensemble, de saisir une opportunité d'affaires, d'effectuer une demande de soutien financier auprès d'un organisme officiel, de votre réseau, d'une société étrangère ou de partenaires d'affaires, d'investir à l'étranger ou dans un projet d'envergure ou encore de faire du commerce international.

Votre capacité à exprimer toutes vos compétences, à prendre votre place dans le monde, à maîtriser des langues étrangères, à saisir les opportunités qui surgissent, à négocier efficacement, à développer votre réseau relationnel, à optimiser votre sens de la gestion, à solliciter efficacement vos relations, à effectuer des investissements fructueux et à faire des affaires lucratives favorisent votre situation financière.

Il y a des rentrées d'argent conséquentes ou un accroissement des rentrées d'argent. Il y a des gains à l'étranger, grâce à des étrangers, suite à une formation où grâce à la réalisation d'un projet. Il y a des dépenses en lien avec une formation, avec l'enseignement ou avec un voyage.

Vous traversez une période de chance, d'aisance et de prospérité financière. Vous bénéficiez d'une aide sérieuse et inestimable. Vous maîtrisez votre situation financière. Votre situation financière est excellente. Vous vivez dans l'abondance financière voire dans le luxe.

Position 2 : En négatif : Une tendance à vivre au dessus-de vos moyens, des dépenses obligatoires liées au monde extérieur et à ses règles, des dépenses liées à une fête, une formation ou à un voyage, une tendance à dépenser pour entretenir une certaine image sociale, de mauvais investissements ou une crise économique ou géopolitique perturbent votre situation financière.

Il y a un décalage entre le statut que vous affichez et votre réalité financière. Vous recevez une réponse négative. Vous ne recevez pas l'aide demandée. Vous n'avez pas les moyens nécessaires pour effectuer un voyage ou une formation. Vous passez à côté d'une opportunité. Il y a un retard, une difficulté passagère ou une déception financière. Il n'est pas favorable d'accepter une proposition, de dissimuler vos difficultés, d'effectuer un voyage, d'investir à l'étranger ou de vous engager dans un projet d'envergure.

Les personnages associés au Monde : Les voyageurs, les étrangers, les enseignants, les personnes douées qui réussissent, les célébrités, les personnes jouant un rôle important dans le monde ou ayant rang social élevé, les membres de clubs ou de sociétés fermées, les personnes qui se sont réalisées dans leurs domaines, les personnes cultivées, les personnes cosmopolites et mondaines, les ambassadeurs et les diplomates, les personnes très riches, les guides spirituels.

Les métiers associés au Monde : Les métiers de direction, des ressources humaines, de l'enseignement, de la logistique, de l'import-export, du tourisme, de l'interprétariat, de la grande distribution, du commerce de gros, des affaires, de l'industrie, de l'environnement et du sport. Les professions libérales.
Les activités permettant d'accéder à la célébrité. Les métiers artistiques, l'architecture, les métiers liés à la politique et les métiers à hautes qualifications. Les emplois dans les grandes multinationales ou dans des organismes internationaux.

Les lieux/objets associés au Monde : Le monde extérieur, l'étranger, le lointain, les bâtiments de très grande taille, les centres commerciaux, les centres de formation, les collèges, les universités, les écoles internationales, les clubs, les objets fabriqués à l'étranger, les objets ethniques ou culturels, les chefs-d'œuvre, les diapasons thérapeutiques.

Le ou les personnages de la mythologie Grecques en lien avec l'arcane : Phanis ou Phanes.

Les liens avec l'astrologie occidentale : Jupiter et le signe du Sagittaire. L'ensemble des planètes.

La ou les couleurs en lien avec l'arcane : Vert foncé.

Les animaux en lien avec l'arcane : Le cheval, le taureau, le lion, l'aigle, la licorne, le jaguar, la panthère, la baleine et les oiseaux migrateurs.

Pour vivre le meilleur du Monde : Par le taureau, vous avez conscience de l'importance de la forme, de la joie, du plaisir, d'être incarné(e), d'être la vie en action, de l'importance des nourritures et vous agissez pour créer des richesses et pour générer l'abondance. Vous avez conscience que chaque être à son propre accomplissement.

Par le lion, vous avez conscience de votre pouvoir créateur, de votre pouvoir de décision, de votre autorité, d'être roi ou reine dans votre royaume mais aussi de l'importance des objectifs que vous vous fixez, de là où vous mettez votre attention et de vos intentions. Vous avez conscience que l'objectif suprême est de vivre pleinement chaque partie de votre être puis de les rassembler toutes en les amenant dans votre cœur, en votre centre, afin de vous reconnecter à votre « source créatrice divine » dans un élan d'amour.

Par l'aigle, vous avez conscience que toutes vos actions découlent de votre vision, de vos décisions et que ce sont elles qui façonnent votre destin. Vous utilisez votre volonté, votre pouvoir de décision, votre capacité d'engagement, votre passion, vos capacités d'organisation, votre intelligence et votre autorité pour transformer les événements jusqu'à obtention du résultat nécessaire. Vous avez conscience de la vie dans l'au-delà, de l'aspect transitoire de la matière, de vos ombres et de votre éternité. En faisant à chaque instant de votre mieux pour améliorer ce qui est, vous mettez votre énergie au service de la vie.

Par l'ange, vous avez conscience que c'est par le service envers la vie que vous vous réalisez pleinement et que tout accomplissement véritable nait de l'union avec Dieu. Vous utilisez votre intelligence psychologique et technologique pour trouver des solutions et apporter un progrès. Vous travaillez en réseau. Vous apprenez à aider et à accepter l'aide d'autrui. Ainsi, vous définissez des objectifs légitimes et nobles, prenez des décisions, fixez les étapes, mettez en place une stratégie, trouvez puis organisez les ressources nécessaires, communiquez avec les mots justes et vous coordonnez vos ressources et votre environnement pour atteindre vos objectifs, vous réaliser, pour faire l'expérience de la plénitude, de l'épanouissement et de la plus belle forme que peut prendre votre être et votre vie.

Vous avez conscience des origines spirituelles de l'être humain et des processus d'incarnation qui scindent l'être humain en un pôle masculin et un pôle féminin et le déconnecte presque entièrement de sa source créatrice. Vous avez conscience qu'un être humain est constitué d'un corps spirituel autour duquel gravite une âme faite de multiples volontés et que cet ensemble est incarné dans un corps physique. Vous avez conscience que l'âme ne peut grandir que par la vie et l'action dans le monde, dans l'instant présent et qu'elle ne peut s'épanouir que par la prière, la méditation et par un cheminement effectué dans une totale liberté de choix où une partie de la vie est consacrée au développement spirituel. Vous avez conscience des différents enseignements nécessaires, en lien avec le corps spirituel (Le Père), l'âme (le Fils) et le corps physique (le Saint Esprit), qui sont accessibles à l'humanité pour que ses membres puissent retrouver le chemin de l'union avec Dieu. Vous avez conscience de l'importance d'harmoniser votre masculin et votre féminin.

Vous savez que chaque âme devra un jour par se rassembler à nouveau autour de son centre et vous êtes motivé(e) pour apporter votre contribution à l'évolution de la vie, parfois en dispensant certains enseignements et toujours en jouant votre rôle dans le monde, en dansant votre vie, dans la réjouissance, en étant un artiste de la vie afin d'apporter de l'amour, de la conscience, de la vie, de la joie et de l'enchantement là où vous êtes.

Vous organisez ainsi votre vie pour concrétiser vos aspirations les plus élevées, pour pouvoir un jour devenir la vie dansante qui occupe l'espace de votre corps spirituel, pour devenir « les lauriers du vainqueur » et pour renaitre dans un corps nouveau, en tant que « fils » du « Père », en tant « qu'étoile nouvelle rayonnante » ou en tant que contenu de votre corps spirituel.

0 ou 22 ou pas de nombre - LE MAT OU LE FOU

THEORIE

Le nom de l'arcane : Le terme Mat provient de l'Arabe et signifie la fin. On retrouve ce terme dans l'expression « échec et maat » du jeu d'échec, expression qui nous vient de la civilisation musulmane et qui indique que la partie est terminée, que l'un des joueurs a gagné tandis que l'autre a perdu. Quelque chose est donc terminé et donc il y a autre chose qui se manifeste. Il y a une mort symbolique et l'arrivée d'une énergie nouvelle. Dans le langage populaire, les personnes considérées comme folles sont des personnes qui sont totalement déconnectées de leur centre, de leur conscience, de leur vérité et qui sont identifiées à leur mental, à un traumatisme, à une mémoire de vie passée ou à une mémoire généalogique qui prend la place de la conscience. Elles sont alors dans un état d'errance et de confusion mentale.

Le nom de l'arcane évoque ainsi deux possibilités : Si l'on se fie aux apparences, il y a une personne atteinte de folie, dans un état d'errance et de confusion, parce que bloquée dans son mental, dans une forme quelconque d'être ou dans une mémoire. Si l'on va en profondeur, c'est un être éveillé qui a été au bout du chemin et qui vit dans l'émerveillement du moment présent. C'est un « Etre » hors-normes, exceptionnel, doté de génie et maître de toute forme.

Le numéro de l'arcane : Le Mat n'a pas de chiffre. Il n'est ni le zéro ni le 22 même si, pour l'aspect pratique, on tend à lui attribuer l'un de ces deux chiffres, pour pouvoir le caser quelque part. Il fait dans ce cas partie d'une famille de nombres regroupant le 4, le 13 et le 22. Autrement, il est hors du système numérique, non inscrit, marginalisé, tel un électron libre qui échappe à toute tentative de classification, d'étiquetage ou d'enfermement. On le positionne en général avant le Bateleur, après le Monde ou quelque part entre le Monde et le Bateleur. Le protagoniste du Tarot, le Bateleur, a terminé son histoire. Il retourne à sa source. Où alors il ne l'a pas encore commencé et le fou vient pour annoncer l'histoire. Le chiffre zéro symbolise l'origine, l'avant première ou la préface de toute chose, la Source créatrice de formes autonomes, l'univers dans sa totalité, la matrice et le chaos apparent d'où naissent les choses et vers où elles finissent par revenir, la force spirituelle divine indispensable à toute création et la fin de toute chose. Le chiffre zéro symbolise aussi enfin l'absence de valeur et ce qui ne s'est pas encore exprimé ou affirmé dans le 1. Si vous additionnez zéro à n'importe quel chiffre, il ne se passe rien. Zéro est donc synonyme de rien. Mais si vous multipliez n'importe quel chiffre par zéro, votre chiffre disparait, comme englouti par le zéro et vous obtenez toujours comme résultat zéro. Et tout chiffre divisé par zéro vous emmène vers l'infini, vers le vide, vers « la Source ». Le Mat, à travers le zéro, nous permet de faire le vide en nous et d'accéder ainsi à « l'énergie de la source » et au génie qui vit en nous. Il permet de remettre les compteurs à zéro et de fonctionner avec de nouveaux programmes. Le Mat peut aussi être perçu comme un fou , un zéro, un nul, parce qu'il a choisi de vivre l'expérience de la matière et donc de se déconnecter presque en totalité de sa Source de Vie, d'être scindé en deux, c'est à dire en un pôle masculin et un pôle féminin puis d'être fragmenté en plusieurs morceaux dont chacun veut vivre sa vie de façon plus ou moins autonome.

Mais il peut aussi être perçu comme un génie et un être libre, c'est-à-dire qui vit et agit en harmonie avec les lois universelles, parce qu'il a su parcourir le chemin du retour et se reconnecter à la « Source de toute vie ». Chaque personne se situe alors quelque part entre le fou et le génie.

La signification des images symboliques : Un personnage atypique, sans âge, barbu, vêtu d'un costume multicolore et de chaussures rouges, d'une ceinture avec des grelots ou d'un serpent en guise de ceinture, suivant les jeux, d'une écharpe avec des grelots métalliques et d'une étrange cagoule, est en train de marcher, le long d'un chemin de campagne où poussent des plantes vertes et blanches. Il n'a comme biens qu'un bâton de marche, de berger, de pèlerin ou de voyageur, qu'il tient dans sa main droite et un baluchon accroché à un autre bâton, posé sur son épaule droite. Là où son bâton touche le sol, une touffe d'herbe semble pousser, comme s'il était générateur de vie nouvelle.

- **Le baluchon :** Souvent de couleur chair, il symbolise les fardeaux que l'on porte volontairement et ce que l'on emporte avec soi dans l'au-delà quand on s'en va. Cela peut être les fautes ou les bienfaits qui ont été commis ou la richesse des multiples expériences accumulées. Il symbolise également les mémoires généalogiques ou les mémoires de vies passées que l'on rapporte de l'au-delà sur Terre dans la vie présente et qui doivent être réintégrées en conscience à l'âme.

- **Le chat :** Il symbolise l'inconscient et le passé. Il lui saute sur la jambe droite, le griffant légèrement et déchirant son pantalon, sans que cela provoque une réaction du personnage. Le Mat poursuit son chemin sans se défendre. Cela signifie que le passé existe mais qu'il n'a plus d'effets.

Les chaussures rouges : Le rouge est la couleur de la matière et de l'ancrage. Elles nous montrent que le Mat est dans l'action et qu'il y a une part de lui qui sait parfaitement ce qu'il fait et ou il va.

Quatre aspects du mat soulignent, en apparence, son côté atypique et disharmonique.

• Son costume et sa cagoule évoquent le ridicule, une absence de légitimité et de sens et la tendance à mettre des masques et à jouer la comédie. On se demande pourquoi il porte un tel chapeau et à quoi il sert.

• Un visage étrange, un tout petit nez, un menton triangulaire indiquent un certain entêtement et un « sale » caractère.

• Un tout petit baluchon dont on s'interroge si ce qu'il y a dedans va lui suffire pour survivre. Il semble partir en exil et errer sur les chemins de la vie, sans but précis, sans repères, hors course.

• Un chat déchire son pantalon mais soit il ne le voit pas parce qu'il est absorbé par ses pensées ou soit il n'y accorde aucune importance, demeurant dans ses croyances et ses certitudes.

Si on place le Fou en position zéro, il représente alors une âme avant sa chute dans la matière, avant son incarnation sur Terre, ou une force d'âme qui s'apprête à s'incarner et qui n'a pas encore la conscience de sa forme ni de son identité. Il représente le long chemin à parcourir pour accéder à sa vérité profonde. Si l'on place le Fou en position 22, on peut alors interpréter, d'un point de vue spirituel, que le personnage, qui a acquis toutes les expériences nécessaires et toutes les connaissances dont il aurait besoin. Il ne s'identifie plus à qui il est ni à ce qu'il a fait. Il est totalement libre et heureux. Il n'a plus besoin de rien, sait se nourrir d'énergie et matérialiser ce qui peut lui être nécessaire. Il n'est plus atteint par le passé, la peur ou par ce qui vient d'en bas, du monde terrestre.

Cet arcane renvoie ainsi au thème de la Liberté totale, de la foi absolue, de la fusion de la conscience individuelle avec la conscience universelle ou avec la « Source de toute vie » et de la présence divine. Le personnage est alors un symbole d'une particule d'énergie divine et d'une force de vie qui vous demandent de vivre détaché intérieurement de tout système, au-delà de tout jugement et de toute croyance et qui vous pousse à progresser, à avancer vers votre vérité profonde, vers votre liberté suprême, mais sans que vous ayez forcément la conscience ni la maîtrise de cette force.

PRATIQUE ET SOLUTIONS

La vie personnelle (Amour, sentiments, foyer, famille) : Position 1, 3 ou 4 : En positif : Il est favorable d'écouter votre intuition et votre ressenti, de vous libérer de vos mémoires de vie passées ou de vos schémas généalogiques, de dissoudre tout nœud émotionnel, de briser les chaines de toute dépendance, de vous libérer de toute contrainte, d'exprimer vos besoins spécifiques et votre génie créatif, d'accepter l'imprévu, l'inattendu, les surprises et la nouveauté, de partir à l'aventure explorer de nouveaux horizons, de tenter votre chance, d'aller là où la vie vous porte, ce qui peut être juste à côté de chez vous ou à l'autre côté de la planète, de saisir toute opportunité même si elle est atypique, de sortir des cadres, des sentiers battus et des conventions, de développer votre autonomie, de sortir de vos limites habituelles ou d'être sans limites et de vivre comme une personne libre et heureuse. Vous avez une façon unique et atypique de vivre votre vie sentimentale. Votre sens de l'humour, votre inventivité, votre capacité à respecter la liberté de l'autre, à exprimer votre spécificité, à suivre vos intuitions, à prendre des risques, à vous démarquer des autres et à proposer des activités originales favorisent votre vie sentimentale.

Comme vous vous sentez libre, tout est possible. Vous pouvez alors faire une rencontre surprenante d'une façon étrange et dans un lieu inattendu. Cette rencontre peut aussi bien ne durer que quelques heures ou quelques semaines comme déboucher sur une nouvelle vie dans un nouveau monde.

Si vous êtes en couple, vous formez un couple atypique où chaque personne a un important espace de liberté, un couple génial, hors-normes, libre et heureux, vivant en totale autonomie, de façon peut-être un peu marginale et qui explore de nouveaux horizons et de nouvelles façon d'être en lien. Votre vie de couple se renouvelle en permanence grâce à de nouveaux projets, grâce à des activités artistiques, thérapeutiques ou atypiques, grâce à de nouvelles rencontres, à des déplacements ou encore des voyages à l'étranger. Vous ressentez parfois le besoin de mettre fin à une relation qui ne vous correspond plus et de tout quitter pour repartir à zéro. Vous reprenez alors votre liberté et vous recommencez ailleurs une nouvelle vie sentimentale sur de nouvelles bases. Vous franchissez une nouvelle étape vers une conscience plus spirituelle ou vous travailler la forme d'une façon nouvelle.

Position 2 : En négatif : Des peurs, un état d'inconscience, l'incompréhension, la négligence, l'indifférence, le manque de maturité, de cohérence, de structures et d'organisation, une tendance à fuir vos responsabilités, la stupidité, un côté anticonformiste, des comportements bizarres ou extravagants, un besoin excessif de liberté, un refus de toute contrainte, une tendance à confondre liberté et fantôme de la liberté, une difficulté à vous libérer de schémas qui appartiennent à vos parents ou à votre famille, une peur et un refus de l'engagement, des déplacements trop nombreux, un déménagement de votre partenaire loin de chez vous ou un événement imprévu ou invraisemblable, que personne n'aurait pu imaginer, perturbe votre vie sentimentale et créé des conflits relationnels.

Il y a une rencontre furtive, virtuelle, éphémère et insécurisante, avec une personne qui n'est pas libre, pas fiable et qui risque de vous quitter à tout moment. Il y a une relation instable, floue, décevante, adultère et qui ne fait que passer. Votre partenaire se sent étouffé(e). Il ou elle veut fuir, s'en aller et se libérer des contraintes. Il y a une tendance à vivre dans des rêves et des fantasmes irréalisables, à mélanger vos mémoires de vies passées ou vos mémoires familiales avec votre vie présente, à vivre en conséquence dans une confusion affective et une désillusion sentimentale. Il y a une rupture soudaine, un abandon, un départ et une désillusion sentimentale. Votre vie sentimentale est chaotique et dépourvue de sens ou de légitimité.

La santé et le bien-être : Position 1, 3 ou 4 : En positif : Il est favorable d'écouter votre intuition et votre ressenti, de bien gérer votre impulsivité et une certaine nervosité, de préserver votre liberté et votre autonomie, de vous libérer d'une situation contraignante, de faire appel à une personne ou à une technique de soin qui sort de votre parcours thérapeutique habituel, de voir les choses autrement et de changer quelque chose.

Une solution sortant de l'ordinaire doit être trouvée. Vous trouvez une solution atypique. Vous faîtes appel à une thérapie toute nouvelle, qui sort des cadres ou qui n'est pas encore reconnue. Il y a une guérison inexplicable et miraculeuse. Il est bénéfique de faire de la marche ou de changer de vie.

Position 2 : En négatif : Il n'est pas favorable de faire n'importe quoi, d'écouter tout ce que l'on vous dit et de vous oublier. Cet arcane peut-être en lien avec des problèmes liés à votre mémoire, à vos mémoires d'âme ou à vos mémoires généalogiques. Vous pouvez être confronté(e) à une nervosité excessive, à une dépression, à un problème d'addiction à l'alcool ou à la drogue, à un désalignement de vos différents corps de lumière, à des hémisphères cérébraux qui ne fonctionnent plus de façon synchronisée, à un handicap ou une personne handicapée, à la folie, à des difficultés mentales, neurologiques, psychologiques et psychiques, à une la dégénérescence cellulaire, à un cancer ou simplement à des croyances négatives qu'il est nécessaire d'abandonner. Il peut exister une situation floue ou chaotique. Il est alors judicieux de reprendre la situation en main de façon responsable et de faire le nécessaire pour rétablir l'harmonie.

La vie professionnelle : Position 1, 3 ou 4 : En positif : Il est favorable d'écouter votre intuition et votre ressenti, d'exprimer votre spécificité et votre génie créatif, de vous investir dans un nouveau projet, d'accepter l'imprévu, l'inattendu, les surprises et la nouveauté, de partir à l'aventure explorer de nouveaux chemins, de tenter votre chance avec audace, d'aller là où la vie vous porte, d'effectuer un déplacement où un voyage dans un lieu lointain, de saisir toute opportunité même si elle est atypique, de sortir des cadres, des sentiers battus et des conventions, de développer votre autonomie, de sortir de vos limites habituelles, de quitter un lieu où vous n'avez plus rien à faire, de faire quelque chose de complètement différent et de démarrer une nouvelle activité dans un nouveau monde, où vous avez une grande liberté d'action.

Votre polyvalence, votre inventivité, votre capacité à suivre vos intuitions et à prendre des risques, votre capacité à proposer des solutions originales et innovantes, à exprimer votre spécificité et à vous démarquer des autres mais aussi des déplacements ou un pèlerinage favorisent votre vie professionnelle. Vous bénéficiez d'un coup de chance incroyable. Vous traversez une très bonne période pour tenter l'impossible.

Il est nécessaire de prendre votre baluchon et de partir, ou de repartir à zéro. Il y a un nouveau projet. Vous vous investissez dans une activité professionnelle atypique. Votre activité professionnelle vous permet de préserver votre liberté.

Position 2 : En négatif : Il n'est pas favorable de partir en déplacement ou d'aller au bout du monde, de vouloir faire les choses à votre façon, d'agir selon vos envies de façon incohérente, de revendiquer une liberté synonyme de chaos, de compter sur le hasard pour résoudre les difficultés et de ne pas respecter les procédures et la hiérarchie en place. Rien ne se passe comme prévu. La gestion des événements est très mal organisée. Il y a un risque de commettre des erreurs. Des personnes font n'importe quoi ou ne sont pas fiables. C'est le chaos. La situation n'a aucun sens. Vous perdez votre temps. Votre inconscience, votre négligence, votre manque de conscience des limites, votre besoin excessif de liberté, une tendance à fuir vos responsabilités, votre stupidité ou celle d'une autre personne créent des ennuis. Il y a une opportunité qui vous passe sous le nez, une réponse négative et parfois une rupture de contrat. Il y a une période d'errance, de flou ou une activité virtuelle qui ne sert à rien. Il y a un manque d'appui et de soutien, une mise à l'écart, l'abandon d'un projet et un échec. Votre activité professionnelle vous prive de votre liberté ou votre hiérarchie vous empêche d'agir comme vous le souhaiteriez. Vous êtes tenté(e) de prendre votre baluchon et de vous en aller.

Il est judicieux de faire le point sur la situation voire sur votre vie et de chercher une façon réaliste de vous exprimer et de servir.

Les Finances : Position 1, 3 ou 4 : En positif : Il est favorable d'écouter votre intuition et votre ressenti, de vous investir dans un nouveau projet, d'accepter l'imprévu, l'inattendu, les surprises et la nouveauté, d'explorer de nouvelles possibilités de gain, de tenter votre chance avec audace, de saisir toute opportunité même si elle est atypique, de développer votre autonomie financière, de voir les choses de façon différente ou de gérer votre budget d'une façon différente. Vous avez la possibilité d'effectuer une opération financière géniale, d'avoir un coup de génie financier ou de gagner de l'argent d'une façon atypique. Il y a des dépenses atypiques et imprévues. Vous pouvez avoir la chance de ne pas avoir besoin de travailler pour gagner votre vie. Vous pouvez bénéficier d'aides sociales. Vous pouvez vivre comme une personne libre et heureuse. Vous êtes capable d'être autonome avec peu. Il est judicieux d'être réaliste et de faire preuve de prudence dans la gestion de vos finances.

Position 2 : En négatif : Il n'est pas favorable d'effectuer un achat impulsif, de prendre un risque inutile, de gérer votre budget de façon irrationnelle ou d'effectuer une demande d'aide sans bien préparer votre dossier. Votre situation financière est instable, déséquilibrée ou chaotique. Une aide que vous espériez ne vous est pas accordée. Une dépense imprévue vous met en difficulté.

Votre irréalisme, votre manque de réflexion et de cohérence, votre inconscience, votre stupidité, votre négligence ou votre tendance à vivre comme une personne marginale génèrent des difficultés financières voire une situation précaire et misérable. Il y a un risque de vol ou d'escroquerie. Vous loupez une opportunité. Vous subissez une baisse de revenus. Il est nécessaire de repartir à zéro, de vous libérer de vos difficultés financières et de créer une nouvelle situation plus harmonieuse.

Les personnages associés au Mat : Les personnes atypiques, inclassables et hors-normes, les extra-terrestres. Les personnes polyvalentes ou qui savent tout faire, tout dire et rire de tout. Les personnes qui choquent et dépassent les limites. Les personnes nomades et itinérantes qui voyagent léger, les immigrés, les exilés, les naufragés et les voyageurs. Les illuminés, les révolutionnaires, les personnes géniales capables d'inventer des objets, des procédures et des solutions avant-gardistes, les âmes errantes, les personnes handicapées ou inadaptées, les charlatans, les exclus et les vagabonds, les fous et les malades mentaux (avec le Pendu), les marginaux, les psychiatres (avec le Pape), les prophètes, les avatars, les guides, les originaux, les excentriques ou les génies. Les personnages légendaires.

Les métiers associés au Mat : Les métiers atypiques, inclassables et hors-normes, les métiers de création ou liés à l'information, les métiers indépendants, les métiers impliquant d'être souvent en déplacement (commercial, livreur, facteur, marchant ambulant, ambulancier, taxi), les grands voyageurs, les inventeurs, les révolutionnaires, les bricoleurs de génie, les prophètes, les métiers d'aide aux personnes en difficultés, certains métiers thérapeutiques (psychiatre, magnétiseur, guérisseur, éducateur spécialisé, personnes qui travaillent avec les handicapés, les thérapies énergétiques) et certains métiers artistiques atypiques comme comédien, clown, styliste, designer ou professeur de Biodanza.

Les lieux/objets associés au Mat : Les marchés, les endroits atypiques, inclassables, les endroits perdus au milieu de nulle part, les lieux hors-normes, les routes de campagnes, les chemins de traverse, l'atelier d'un inventeur ou d'un artiste, un hôpital psychiatrique ou un laboratoire, les casquettes et les baskets, les objets étranges, les objets futuristes ou design.

Les personnages de la mythologie Grecques en lien avec l'arcane : Diogène.

Les liens avec l'astrologie occidentale : Conjonction Lune-Mercure-Uranus-Neptune. Une des facettes du signe du Cancer, une des facettes du signe des Gémeaux, une des facettes du signe du Verseau et une des facettes du signe des Poissons.

La ou les couleurs en lien avec l'arcane : Blanc avec des points multicolores.

Les animaux en lien avec l'arcane : Le chat.

Pour vivre le meilleur du Mat : Vous avez conscience de tout ce qui a été mentionné concernant les arcanes précédents. Vous avez conscience que depuis l'éternité et pour l'éternité, les âmes humaines expérimentent les différents univers, en allant des moins denses aux plus denses, jusqu'au monde de la matière, puis en retournant graduellement vers leur unité avec leur Dieu Vivant et vers leur Source.

Vous avez conscience que la vie est un perpétuel voyage vers une destination inconnue, que le voyage est aussi important que la destination et que le fond du cœur est plus loin que le bout du monde. Vous avez conscience que l'esprit a besoin, pour s'exprimer, de la forme et vous apprenez à être un artiste maîtrisant les formes au gré des inspirations.

Vous avez conscience que la vie est intelligence en action, force de gravité, mouvement, nombre et rythme et qu'elle obéi à la Nécessité, l'intelligence suprême universelle créatrice et ordonnatrice de la vie.

Vous avez conscience que la vraie liberté consiste à connaitre et à appliquer les lois qui régissent la vie en apprenant à penser, à s'exprimer et à agir en harmonie avec la Nécessité et selon les exigences de celle-ci, en harmonie avec le Tao ou avec la justesse des choses. Vous avez conscience que la liberté a aussi son ombre, le fantôme de la liberté, créateur d'illusions et de mirages par l'imagination et la pensée.

Vous veillez à rester libre de l'emprise des fausses images de la liberté qui incitent à agir selon ses envies et selon des mémoires généalogiques ou des mémoires de vie passées dont il est nécessaire de se libérer, en rendant, avec amour et respect, aux personnes concernées, ce qui doit l'être. Vous avez conscience que la joie véritable résulte de la créativité et que Dieu existe uniquement dans la joie. Vous laissez la vie couler avec fluidité et s'exprimer à travers vous.

Vous avez conscience de l'importance d'une respiration bien gérée, ample et profonde, pour générer souplesse et fluidité. Vous savez qu'il y a un temps pour rêver, un temps pour penser et un temps pour être en silence en étant relié(e) à la vie, en étant libre et heureux. Vous avez conscience que l'intelligence et les pensées sont de merveilleux outils nécessaires à l'adaptation au monde matériel mais vous avez aussi conscience de leur pouvoir limitant que trop d'études et trop de pensées rendent idiot. Vous maîtrisez votre mental en le maintenant sous silence quand il n'est pas sollicité. Vous avez conscience du rôle créateur des pensées. Vous savez écouter la sensation des mots et faire appel au pouvoir magique de la Parole.

Vous veillez à toujours trouver les mots justes et à avoir une parole impeccable. Vous avez conscience que tout ce qui touche à la vie et à l'âme doit avant tout être observé, ressenti, vécu puis conquis et intégré à soi, avec le corps tout entier, de façon à ce que la personne qui sait et ce qui est « su » ne fassent plus qu'un. Vous avez conscience que la pensée ne peut jamais remplacer l'expérience vécue et l'action consciente. Vous avez conscience que pour connaitre quelque chose, vous devez devenir ce que vous voulez connaitre et que seules l'intuition, la certitude intérieure, la force de la foi et la grâce de Dieu vous permettent, en apprenant à être creux et vide, d'accéder à votre vérité profonde.

Vous prenez conscience de la valeur libératrice du rire pour éliminer de mauvaises habitudes et vous apprenez à sortir de schémas répétitifs nuisibles et à vous libérer grâce entre autres au rire.

Vous avez conscience de votre éternité au-delà de l'espace et du temps et vous avez conscience que le monde de la matière est comme un film, une matrice et le reflet d'une autre réalité. Vous vivez centré(e) dans votre cœur, dans votre joie, dans vos inspirations et votre vision spirituelle, dans la force de la foi et la force de l'amour, en étant « connecté(e) ». Vous vous investissez dans la vie et dans l'action, totalement dans l'instant présent, là où c'est nécessaire, de façon, en créateur de formes, en tant qu'être humain enfant de la Source, à servir la vie qui vous a créée, à faire de votre vie une œuvre d'art et à vivre libre et heureux(se).

Chapitre 2 : Comment associer et comparer deux arcanes entre eux.

On peut d'autant plus facilement comparer deux arcanes quand on connait leurs structures symboliques. Nous avons vu au chapitre 3 que les fondements de cette structure symbolique sont basés sur la division par 2 (polarité de la lame) par 3 (mode vibratoire ou de mouvement de la lame) et par 4 (élément dominant en analogie avec la lame).

Lors de la création des premiers jeux de Tarot, les arcanes étaient parfois placés autour d'un cercle, ou autour de deux cercles pour former le symbole d'un 8 ou de l'infini. Chaque lame avait ainsi une distance angulaire symbolique et une certaine relation angulaire, issue d'un multiple de 30, avec les autres. De la nature de la lame, de son symbolisme et de cette distance symbolique dépend le type de lien existant entre les deux lames.

Pour établir la nature des liens possibles entre deux arcanes, on peut tracer un cercle puis le diviser en 12 espaces de largeur identique qui sont numérotés de 1 à 12. On nomme ces espaces secteurs ou maisons. La symbolique de chaque secteur est en lien avec la symbolique des 12 secteurs astrologiques, qui représentent eux-mêmes la matérialisation des signes astrologiques. On peut ensuite rapprocher la symbolique d'un secteur et celui de l'arcane de façon à pouvoir placer les arcanes dans les secteurs qui leur correspondent le mieux.

Le type de relation qu'un arcane placé dans un secteur entretient avec un autre arcane placé dans un autre secteur peut alors être défini par la relation angulaire qui existe entre les deux secteurs. On peut ainsi, comme en astrologie, évoquer des relations angulaires symboliques de 30, 60, 90, 120, 150 et 180 degrés. Ces relations et la combinaison des arcanes sont décrite ci-après.

Pour retrouver une relation entre deux arcanes, il faut observer quelle relation angulaire ils forment entre eux puis se reporter au texte qui traite de cette relation angulaire.

Les relations angulaires symboliques entre arcanes

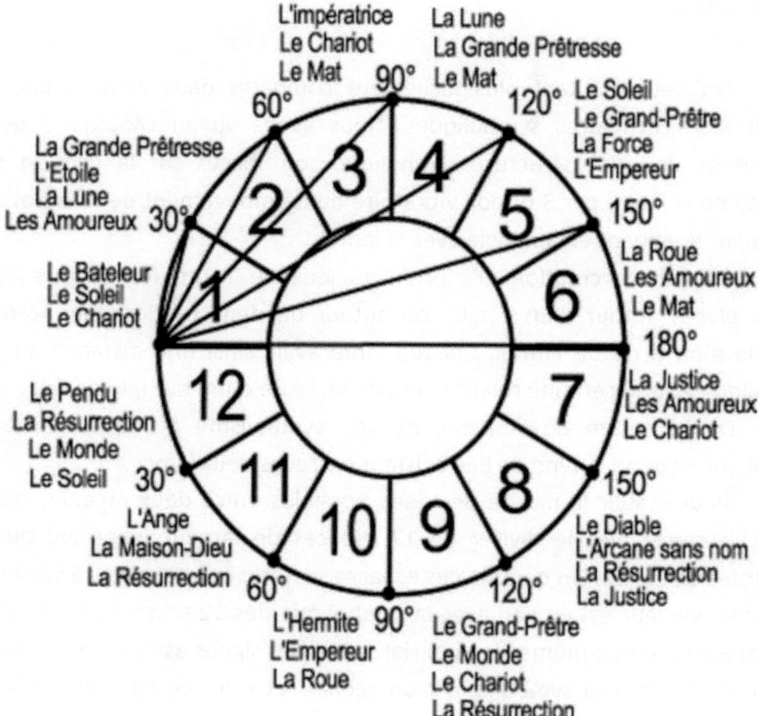

Liens entre les 12 secteurs et les arcanes :

Les maisons et les arcanes ayant un symbolisme commun, on peut effectuer les analogies suivantes entre les maisons et les arcanes. Un arcane peut être en analogie avec plusieurs secteurs en fonction du niveau ou point de vue avec lequel on considère l'arcane.

Les arcanes en analogie avec la maison 1 : Le Bateleur, le Chariot, le Soleil.

Les arcanes en analogie avec la maison 2 : La Grande prêtresse, l'Etoile, la Lune, les Amoureux.

Les arcanes en analogie avec la maison 3 : L'impératrice, le Chariot, le Mat.

Les arcanes en analogie avec la maison 4 : La Lune, la Grande Prêtresse, L'Empereur.

Les arcanes en analogie avec la maison 5 : La Force, le Soleil, l'Empereur.

Les arcanes en analogie avec la maison 6 : La Roue, le Mat.

Les arcanes en analogie avec la maison 7 : La Justice, les Amoureux.

Les arcanes en analogie avec la maison 8 : Le Diable, l'Arcane sans nom, la Grande-Prêtresse, la Résurrection.

Les arcanes en analogie avec la maison 9 : Le Pape, le Monde, le Chariot, la Résurrection.

Les arcanes en analogie avec la maison 10 : L'Hermite, la Roue.

Les arcanes en analogie avec la maison 11 : L'Ange, la Maison-Dieu, la Résurrection.

Les arcanes en analogie avec la maison 12 : Le Pendu et la Résurrection, Monde.

Les distances angulaires symboliques de 30° :

Les deux lames ayant cette distance angulaire sont placées l'une à côté de l'autre. Elles forment un couple symbolique d'opposés qui se repoussent. Elles tendent à être dans la réaction l'une envers l'autre tant qu'un rééquilibrage n'a pas été effectué. Pourtant, même si les deux énergies sont totalement différentes et opposées, l'une est la continuation logique de l'autre. Voici les couples de voisins.

- Le couple Bateleur/Chariot - Etoile/Amoureux, c'est-à-dire le Bateleur avec l'Etoile ou l'Amoureux et le Chariot avec l'Etoile ou l'Amoureux. Ce couple symbolise le masculin et le féminin en action.
- Le couple Etoile/Amoureux - Impératrice. Ce couple symbolise la concrétisation des choix puis la communication et la mise en forme.
- Le couple Impératrice - Papesse. Le couple Impératrice - Lune.
Expression et connaissance, communication et émotion.
- Le couple Empereur- Pape. Construction et enseignement.
- Le couple Papesse – Force/Soleil. Ce qui est caché et ce qui est visible.
- Le couple Force/Soleil - Roue. La volonté et l'adaptation de la volonté dans la matière.
- Le couple Roue - Justice. L'intelligence et la civilisation.

- Le couple Justice - Arcane sans nom ou le couple Justice – Diable. L'équilibre et la rupture d'équilibre. Les lois des hommes et les lois de la nature.
- Le couple Arcane sans Nom/Diable – Pape/Monde. Pouvoir invisible et pouvoir visible. Illégitimité et légitimité.
- Le couple Pape/Monde/Chariot - Hermite. Enseignement et cheminement, bénédiction et sagesse.
- Le couple Hermite – Ange/Tour. Le passé et l'avenir.
- Le couple Ange/Tour - Pendu. Le mental collectif et les émotions collectives, l'aide et le soulagement.
- Le couple Pendu - Bateleur. Immobilisation et mouvement.
- Le couple Monde - Mat. Intégration et marginalité.

Exemple : La paire Bateleur- Pendu :

Le Pendu termine un cycle et peut passer le relais au Bateleur qui en déclenche un nouveau. Le Bateleur vit dans l'instant présent tandis que le Pendu est très influencé par ses mémoires généalogiques. Ces deux lames ont peu de choses en commun si ce n'est la foi et la croyance que tout est possible. Cependant, ils peuvent former une complémentarité très riche. Le Pendu peut apporter au Bateleur l'inspiration, un adoucissement de ses passions, l'expérience, l'ouverture spirituelle et la conscience qu'il n'est pas seulement un individu isolé mais aussi le membre d'un tout plus grand. Le Bateleur permet au Pendu de prendre des décisions parmi une multitude de possibilités informes, de laisser le passé de coté pour aller de l'avant, de canaliser son énergie pour s'affirmer et de se donner les moyens de réaliser ses rêves. La combinaison permet à la force de la foi de s'incarner dans l'action.

Exemple : La paire Bateleur-Etoile :

Ces deux lames sont aussi différentes que le sont Mars et Vénus mais elles sont aussi indispensables l'une à l'autre, tout comme le masculin et le féminin ne peuvent créer l'un sans l'autre. Le Bateleur dynamise l'Etoile tandis que l'Etoile aide le Bateleur à avoir un minimum de stabilité, à canaliser son énergie et à concrétiser son idéal. Comparons les deux arcanes :

Le Bateleur :	L'Etoile :
-Besoin de déclencher l'action	Besoin de donner une forme (matérielle) à l'action.
-Domine la matière	Organise la matière
-Besoin de conquérir	Besoin de séduire.
-Besoin de féconder.	Besoin d'être fécondée.
-Force de répulsion.	Force d'attraction.
-Créatif.	Productive.
-Recherche l'efficacité.	Recherche la paix, la beauté.
-Rapidité	Lenteur.
-Va de l'avant en ligne droite.	Reste là où elle est pour consolider.
-Besoin de nouveauté.	Besoin de stabilité et de sécurité.

Lorsque ces deux lames parviennent à se rencontrer, cela fait évidemment des étincelles et une force d'action dans la matière, mais chacune tend ensuite à retourner à ses centres d'intérêts, jusqu'à une prochaine rencontre.

Exemple : La paire Hermite-Ange ou Hermite-Maison-Dieu :

Ces deux lames ont paradoxalement un fond commun de sagesse, d'intériorité et de profondeur mais l'une est tournée vers le passé tandis que l'autre est tournée vers l'avenir. Toutes deux ont besoin d'expérimenter, de chercher, de résister aux pressions, ou aux sollicitations extérieures, pour parcourir leur voie personnelle. Elles ont toutes deux besoin d'évoluer et peuvent être chacune à leur façon très organisées mais également catégoriques, fanatiques et rigides. Un comparatif illustre le coté opposé de ces deux lames.

L'Hermite.	L'Ange ou la Maison Dieu.
- Attaché au Passé /traditionnel.	Tourné vers l'avenir /moderne.
-Besoin de stabilité et de routine.	Besoin de nouveauté
-Conservateur.	Progressiste/révolutionnaire/réformiste.
-Tendance à s'isoler du groupe.	Besoin de participer au groupe.
-Classique/conventionnel.	Hors normes/inconventionnel.

-Le temps /la lenteur.   L'espace /l'ultra rapide.

-La simplicité.   La complexité.

-Besoin de solitude.   Besoin de communiquer et d'amitiés

-Besoin de prévoir.   Besoin d'agir à l'improviste.

Distances angulaires symbolique de 60° :

Les deux lames ayant cette distance angulaire symbolique forment un couple de partenaires et tendant à s'associer naturellement. Un effort de volonté et de conscience est cependant nécessaire pour qu'elles expriment pleinement leur potentiel. L'une évolue vers l'autre.

Le chemin d'évolution des arcanes masculins.

- L'étape Bateleur/Chariot - Impératrice. Action et communication. Intelligence en action.
- L'étape Impératrice – Force/Soleil. Intelligence et force. Communication et maîtrise. Expression du cœur.
- L'étape Force/Soleil - Justice. Force et civilisation.
- L'étape Justice - Pape/Monde/Chariot. Civilisation et action dans le monde. Contrat béni.
- L'étape Pape/Monde/Chariot-Ange/Tour. Monde et réseau.
- L'étape Ange/Tour - Bateleur/Chariot. Réseau/technologies/prises de conscience/aide et action.

Le chemin d'évolution des arcanes féminins.

- L'étape Etoile/Amoureux - Papesse/Lune.
- L'étape Papesse/Lune - Roue.
- L'étape Roue - Arcane sans Nom/Diable.
- L'étape Arcane sans Nom/Diable - Hermite.
- L'étape Hermite - Pendu.
- L'étape Pendu - Etoile/Amoureux.

Exemples : La paire Etoile-Lune :

Ces deux lames donnent naissance à la vie. Avec l'Etoile, l'énergie s'incarne dans la matière, se structure et s'organise. La Lune développe des processus d'organisation en instaurant des frontières à l'intérieur desquelles l'être, protégé de l'extérieur, peut construire son intérieur (le corps, l'âme, la famille, la nation), et commence à prendre conscience, d'une façon globale, de cet intérieur. L'Etoile produit et la Lune reproduit en multipliant. La Lune est à l'accouchement (ou à la naissance) ce que L'Etoile, mais aussi la Papesse, sont à la gestation. Là où l'Etoile a besoin de sécurité matérielle et affective, la Lune a besoin de sécurité émotionnelle.

Ces deux lames ont également en commun les valeurs d'introversion, l'attachement aux racines, à la famille et à la nature, l'importance qu'elles accordent à la vie sentimentale et au bien être, la fécondité, la sensualité, la gourmandise et la possessivité. L'Etoile est un peu plus pragmatique et la Lune plus sensible à l'irrationnel. L'Etoile peut aider la Lune aider à incarner ses rêves dans la matière et à s'organiser tandis que La Lune peut inspirer l'Etoile, lui permettre de gérer sa dimension émotionnelle et l'aider à accéder à un certain bien-être.

Exemples : La paire Monde-Tempérance :

Là où le Monde engendre la société, assure son bon fonctionnement à travers les échanges culturels, sociaux, économiques et politiques, Tempérance va plus loin. Elle cherche à internationaliser, à unir les sociétés et les hommes pour engendrer l'humanité et pour instaurer une dimension universelle.

L'individu acquiert avec le Monde, l'autorité, la confiance de ce qui est maitrisé, la conscience sociale et le respect des lois de sa nation. Avec l'Ange ou Tempérance, il acquiert l'intelligence technologique, psychologique et spirituelle, la conscience universelle et le respect des lois internationales et des lois cosmiques.

Tandis que le Monde (ou le Pape) a besoin d'aller explorer l'espace terrestre et d'élargir ses horizons à travers les voyages, la culture et la philosophie, l'Ange a besoin de liberté, d'explorer l'espace aérien et d'expérimenter les sciences et notamment les sciences humaines. On parle de chance avec le Monde et d'Ange Gardien avec l'Ange. Il y a là une combinaison particulièrement chanceuse.

Ces deux arcanes ont en commun leur optimisme et leur puissance, un besoin d'aventure, d'espace et de liberté, un besoin de participer à la vie de groupe et à la société, un profond intérêt pour l'être humain ainsi que des aspirations idéalistes. L'Ange n'a cependant pas le coté instinctif, la démonstrativité, le dynamisme et l'aptitude à exprimer l'émotion du Monde tandis que le Monde n'a pas toujours la profondeur, les aptitudes techniques et la dimension de conscience de l'Ange.

Distances angulaires symbolique de 90° :

Ce sont des lames de même mode vibratoire. Les deux lames ayant cette distance angulaire symbolique génèrent une très forte tension intérieure. Initialement, elles entrent en conflit l'une avec l'autre car elles ont des besoins totalement différents. Elles forment donc au départ une association conflictuelle mais cette association devient extrêmement dynamique et productrice de résultats dès que le conflit initial a été transformé. Un effort de volonté et de conscience est nécessaire pour les intégrer. Leur présence dans un même axe dans un tirage en croix ou dans deux maisons angulaires du Diamant de Naissance indique souvent un excès qui doit être corrigé. Voici un rappel du mode dominant de chaque arcane.

Mode Cardinal	Mode Fixe	Mode Mutable
Bateleur	Etoile	Impératrice
Papesse	Force	Roue de Fortune
Amoureux	Diable	Pape
Hermite	Ange	Pendu
Lune	Soleil	Monde
Chariot	Maison-Dieu	Résurrection
Justice	Arcane sans Nom	Arcane sans Nom
Empereur	Empereur	Monde
Mat	Mat	Mat

Les arcanes formant une distance angulaire symbolique de 90° ont un même mode vibratoire dominant et ont donc des points communs dans leur façon de s'exprimer. Elles forment des couples d'opposés sous tension. Les lames cardinales créent une dynamique de commencement. Elles ont besoin d'aller de l'avant, de déclencher quelque chose, de nouveauté et de prendre des initiatives dans la direction qui correspond à leur nature. Les lames fixes ancrent et consolident les élans du mode vibratoire précédent.

Elles incarnent la stabilité, la durée, la sensibilité aux rapports de force le pouvoir que l'on exerce où auquel on résiste. Les lames mutables catalysent une transformation. Elles permettent, à travers la communication et la foi, le développement, la réorientation, la possibilité de s'adapter aux changements et à l'évolution la vie.

Quand on compare deux arcanes ayant cette distance symbolique, on observe que la nature de leur constitution, leurs besoins, leurs traits de caractère et leurs compétences respectives sont radicalement différents, opposés et à priori incompatibles, d'ou les tensions et les conflits qui se produisent quand de telles lames se rencontrent et s'associent.

Chacune a tendance à vivre dans son monde d'une façon excessive. Une lame va donc compenser les excès de l'autre. Deux lames en relation angulaire symbolique de 90° peuvent ainsi être exprimées en alternance rapide pour satisfaire les besoins de chaque lame.

Cela ne peut se faire qu'avec des efforts conscients et parfois des luttes, des tensions, des difficultés à vaincre et un défi à surmonter. Mais au bout du chemin, il y a inévitablement une évolution, une richesse et la possibilité de réaliser de grandes choses.

Exemples : Amoureux - Hermite : Deux arcanes cardinaux.

Dualité des lames : Amoureux et Hermite

- S'engage avec les autres	**S'engage seul**
- L'emballage, la forme	**Le contenu, le fond**
- Les plaisirs	**Les devoirs**
- La diplomatie	**La fermeté**
- La tolérance	**L'exigence**

L'Amoureux peut avoir un besoin excessif de s'orienter vers l'extérieur, de voir la vie en rose, de communiquer, d'exprimer ses désirs et ses sentiments, de s'occuper de la forme, de plaire, de soigner les apparences, d'entrer en relation avec autrui, de tenir compte des autres, de se détendre et de participer à la civilisation. L'Hermite peut compenser ces excès en aidant l'Amoureux à s'intérioriser, à voir les difficultés en face et à y faire face, à gérer la solitude, à dépasser les apparences pour voir les choses en profondeur, à construire des relations et à les faire évoluer, à prendre du recul par rapport à ses sentiments et ses relations, à être plus dynamique, plus responsable et plus persévérant, bref à murir.

L'Hermite peut avoir un besoin excessif de s'orienter vers l'intérieur, de focaliser sur le chemin qu'il reste à faire, de se détacher de ses désirs et ses sentiments, de s'occuper des questions de fond en allant à l'essentiel, de voir l'aspect utilitaire et pratique des choses, de travailler et d'assumer activement des responsabilités tout en étant détaché intérieurement des choses extérieures. L'Amoureux peut ainsi aider l'Hermite à s'extérioriser, à être plus optimiste, à s'ouvrir aux autres pour créer des relations sociales, à exprimer ses sentiments, à tenir compte de la forme et de l'esthétique et à s'accorder des moments de détente. Combiner ces arcanes, c'est par exemple être « une main de fer dans un gant de velours » et trouver l'équilibre entre la solitude et la vie relationnelle, entre les apparences, l'esthétique et les fondements ou l'aspect utilitaire, entre le dépouillement et le raffinement, entre des lunettes roses et des lunettes noires, entre les loisirs ou la détente et le travail ou les responsabilités, entre la civilisation extérieure et l'évolution intérieure.

Exemple : Roue-Monde : Deux arcanes mutables.

Ces deux arcanes ont en commun le besoin de s'adapter au monde, mais ils le font d'une manière radicalement opposée, comme le montre le comparatif suivant.

Dualité des lames : Roue de Fortune	*Monde*
- **Introverti**	**Extraverti.**
- **Cérébral**	**Passionné.**
- **Besoin de limites.**	**Besoin d'expansion et d'espace.**
- **Réservé, doute facilement**	**Démonstratif, confiance en soi.**
- **Sceptique, prudent**	**Enthousiaste, s'emballe.**
- **Sens critique**	**Optimisme.**

- Sens du détail et de la précision	Sens de globalisation et envergure.
- Besoin de prévoir, peur de l'inconnu	Besoin d'aventure, amour de l'inconnu.
- Besoin de sécurité, économe	Se soucie peu du lendemain, dépensier.
- Craintive	Goût du risque et des paris.
- Pragmatique	Idéaliste
- se situe en fonction de mots	Se situe en fonction de symboles et de représentations.

La Roue peut avoir tendance, d'une façon excessive, à focaliser sur des détails et à ne pas avoir une vue d'ensemble alors que le Monde s'étend sur l'ensemble mais tend à négliger les détails pratiques. Le Monde accorde parfois trop sa confiance aux autres alors que la Roue peut être excessivement méfiante. Le Monde dans son besoin d'expansion, d'espace, d'envergure et d'élargir ses horizons tend à être excessif et démesuré alors que la Roue tend parfois à s'enfermer dans une prison mentale ou à s'imposer des règles et des limites de façon excessive.

La Roue aide le Monde à concrétiser ses idéaux, à limiter ses excès, à être mieux organisé au niveau des détails pratiques et à utiliser son sens de l'analyse et son intelligence technique pour voir les difficultés en face. Le Monde peut aider la Roue à avoir confiance en elle et en la vie, à sortir de ses limites et de sa vie bien réglée, à élargir ses horizons en s'ouvrant au monde et à être plus optimiste. Cette combinaison peut cependant évoquer un enseignement technique ou une intelligence technique permettant de trouver sa place dans le monde.

Distances angulaires symbolique de 120° :

Ce sont des lames de même élément. Les deux lames ayant cette distance angulaire symbolique forment une association naturelle, détendue, donc pas forcément très dynamique, mais pourtant très efficace car l'élément est maîtrisé naturellement. Il y a une maîtrise de l'énergie avec le feu, des émotions avec l'eau, de l'information avec l'air, et de l'organisation avec la Terre. Voici un rappel du lien entre les arcanes et les éléments.

TERRE	AIR	EAU	FEU
Etoile	Impératrice	Lune/Papesse	Bateleur-Chariot
Roue	Justice/amoureux	Diable/Arcane sans nom	Force-soleil
Hermite	Ange/tour	Pendu	Pape-Monde
Empereur			Empereur

Exemple : Bateleur- Force : Arcanes de feu.

Ces deux arcanes ont en commun la volonté, la passion, la force de frappe, les capacités d'engagement, le besoin de réaliser un idéal, le besoin d'affirmation, le besoin de commander et le manque de pragmatisme et de sens pratique au niveau des détails matériels, caractéristiques qui sont propre aux signes de feu. Cela engendre une puissante dynamique donc, avec des tensions créatrices et parfois quelques étincelles quand la franchise spontanée du Bateleur heurte la fierté de la Force.

Exemple : Lune-Diable : Arcanes d'eau.

La Lune représente la découverte de l'émotion, de l'invisible, de l'inconscient personnel. On se sert de l'émotion pour engendrer la sympathie, pour créer des relations émotionnelles intimes et personnelles, des ambiances et un univers privé servant de refuge. Le Diable représente la maîtrise des émotions, de l'invisible et de l'inconscient social (émotions, angoisses, déchets psychologiques à une échelle collective). On lutte pour conquérir son âme et briser ses chaines, pour maîtriser ses émotions et ses pulsions afin de les dominer pour ensuite, grâce au pouvoir ainsi acquis, s'affirmer dans le monde extérieur, manipuler et transformer. La sensibilité et l'intuition de la Lune deviennent avec le Diable lucidité, flair et relation médiumnique avec l'environnement. La Lune découvre ces cycles personnels alors que le Diable découvre son cycle traumatique et les cycles liés à la civilisation. Ces deux arcanes ont en commun des caractéristiques de l'eau comme par exemple le besoin d'engagement émotionnel intime, de sécurité, l'intuition, l'intérêt pour l'irrationnel, la méfiance, un coté facilement inquiet voir angoissé, le besoin d'influencer autrui à travers l'émotion, leurs humeurs et une forte sensualité. Des différences existent entre ces deux arcanes.

La Lune est de nature cardinale et a besoin de mouvement et de changements alors que le Diable est de nature fixe. Il résiste au mouvement et aux changements tant qu'il ne les provoque pas lui même. La Lune recherche la tranquillité et la quiétude alors que le Diable a besoin de combats, d'intensité et parfois de violence. L'un nourrit et se nourrit pour assurer une continuité de la vie alors que l'autre détruit pour transformer la vie. Cette combinaison promet beaucoup d'émotions !

Distances angulaires symbolique de 150° :
Ces relations existent entre :

- Un arcane de feu et un arcane de terre.
- Un arcane de terre et un arcane d'air.
- Un arcane d'air et un arcane d'eau.
- Un arcane d'eau et un arcane de feu.

La distance angulaire de 150° se situe symboliquement entre une distance angulaire et 120° et une distance angulaire de 180°. Si l'on décrit les besoins, les tendances, les qualités et les faiblesses des deux arcanes en relation angulaire symboliques de 150°, on s'aperçoit qu'ils sont totalement différents mais aussi que les forces de l'un correspondent aux faiblesses de l'autre. Ils sont donc subtilement complémentaires. Comme dans une relation angulaire symbolique de 120°, les lames en relation angulaire symbolique de 150° ont tout un ensemble de points communs, de tendances communes et de valeurs communes où elles peuvent s'entendre et s'accorder.

Et en même temps, elles sont tellement différentes qu'elles n'ont à priori pas grand-chose à se dire. La relation entre ces arcanes a donc une double nature. Elle ne confère ni la facilité pure des relations de 120°, ni les durs conflits des relations de type 180°. Elle implique un défi et propose des solutions pour le résoudre. Les arcanes en relation symbolique de 150° ont ainsi une relation subtile, complexe et très évolutive. Il y a entre eux de grandes différences qui les obligent à faire des efforts pour s'accorder, des points communs grâce auxquels ils peuvent s'accorder et une profonde complémentarité. Vous trouverez ci-dessous des repères et des exemples.

i) Les arcanes de feu et les arcanes de terre.
(Bateleur - Roue) : Commencement/Action et évolution/stratégie.
(Force/Soleil - Hermite), (Pape - Etoile).

ii) Les arcanes de terre et les arcanes d'air.
(Etoile/Amoureux - Justice), (Roue – Ange/Tour).
(Empereur/Hermite - Impératrice) : Construction/silence et
communication/expression.

iii) Les arcanes d'air et les arcanes d'eau.
(Impératrice – Diable/ASN), (Justice/Amoureux - Pendu).
(Ange/Tour – Papesse/Lune) : Bouleversements et traditions, prises de conscience
et émotions.

iv) Les arcanes d'eau et les arcanes de feu.
(Papesse/Lune – Pape/Monde) : La vie privée et la vie publique.
(Diable/ASN – Bateleur/Chariot) : La fin et le commencement.
(Pendu – Force/Soleil) : Les mémoires généalogiques et les objectifs personnels.

Exemple : Bateleur-Roue : Arcanes Feu +Terre.

Le Bateleur et la Roue sont très différents mais aussi très complémentaires. Le premier vit dans le présent, s'affirme, fonce en avant dans la vie et dans l'action et peut être assez indiscipliné. Il vit d'idéaux et de passions. Le second prévoit et s'organise prudemment avec discrétion et discipline. Il vit en fonction de repères matériels. Ils ont cependant en commun des aptitudes manuelles, un besoin d'exploiter la matière et une tendance à croire avant tout ce qui peut être prouvé et vérifié expérimentalement. Le Bateleur aidera la Roue à s'affirmer tandis que la Roue peut aider le Bateleur à canaliser son énergie et à tourner dans le bon sens. Cette association permet alors une certaine expertise technique.

Exemple : Bateleur-Diable ou Chariot-Diable : Arcanes Feu + Eau.

Le Bateleur et le Diable ont en commun un besoin d'extérioriser leur énergie, leurs corps, leur sexualité et leurs instincts, de transformer la matière, de combattre et d'être dans l'action, mais dans deux domaines différents. Le combat du Diable est avant tout intérieur, de nature émotionnelle et fait appel à des énergies invisibles subtiles. Le Bateleur a au contraire besoin de combattre sur le terrain et d'agir dans le monde extérieur.

L'un combat dans l'invisible et l'autre dans le visible. La motivation s'allie à la passion. La combinaison des deux signes est ainsi particulièrement puissante et complémentaire. Le Diable peut aider le Bateleur à tenir compte des réalités invisibles et des émotions sous-jacentes aux événements ou à l'envers du décor que le Bateleur ne voit pas toujours alors que le Bateleur peut aider le Diable à s'exprimer de façon plus concrète et à orienter ses richesses intérieures vers une activité extérieure, d'une façon constructive et positive. Cette association permet une efficacité redoutable.

Distances angulaires symboliques de 180° :

Ce type de relation renvoie à la séparation d'un tout en 2 parties complémentaires. Ces relations existent entre deux arcanes de polarités identiques. Chacun des deux arcanes fait partie d'un axe et correspond à une énergie totalement différente de l'autre. Il est cependant nécessaire d'intégrer les deux arcanes pour trouver un équilibre, en sachant par exemple alterner entre les deux énergies composant l'axe.

- Un arcane de feu est en opposition avec un arcane d'air.
- Un arcane de terre est en opposition avec un arcane d'eau.

- L'axe Bateleur et Justice (ou Amoureux).
- L'axe Etoile (ou Amoureux) et Arcane sans Nom (ou Diable).
- L'axe Impératrice - Monde.
- L'axe Lune (ou Grande Prêtresse) et Hermite (ou Empereur)
- L'axe Force (ou Soleil) et Ange (ou Maison Dieu).
- L'axe Roue de Fortune et Pendu.

Exemple : L'axe Etoile-Diable ou Etoile-Arcane sans nom. Deux arcanes féminins.

L'Etoile représente la matière visible, l'incarnation dans la matière, la conscience de la matière (des apparences), la production et la gestion de forme matérielles alors que le Diable ou l'Arcane sans Nom représentent la matière invisible, la désincarnation hors de la matière (voyage astral et mort du corps physique), la conscience de l'immatériel (de ce qu'il y a derrière les apparences) et la destruction ou la transformation des formes matérielles.

On peut associer à cet axe la forme et à l'essentiel, au choix et à l'absence de choix, à la stabilité et à la transformation, à la naissance et à la mort, à la matière temporelle et au spirituel éternel, au plaisir et au dégoût, à la jouissance et à la répugnance, à la gorge (et la voix) et aux organes sexuels, à la paix et à la guerre, à la capacité à résister et au besoin de manipuler, à la douceur et au pouvoir, à l'éveil des sens et au flair, au bon sens et à la lucidité, à l'aveuglement et à l'ignorance, à la placidité et à la tourmente, au désir et à la passion, à l'argent personnel et à l'argent des autres. Ainsi, par exemple, l'initiation nécessite un solide ancrage dans la matière. On ne peut remplir un récipient que s'il a été préalablement vidé.

On ne peut s'épanouir sexuellement (sans tourmente) que s'il y a une vie commune vécue. La matière, la foi en la Vie et la connexion à son Etoile intérieure peuvent être un antidote à l'angoisse. L'Etoile permet un ancrage dans la vie et permet d'incarner la joie de vivre tandis que le Diable ou l'Arcane sans nom permettent d'intégrer l'éternité et d'effectuer les transformations qui sont nécessaires à l'évolution spirituelle.

Exemple : L'axe Bateleur – Justice ou Bateleur- Amoureux. Deux arcanes d'énergies masculines et extraverties.

Le Bateleur est centré sur lui même, il croit que l'on n'est jamais aussi bien servi que par soi-même. Il trouve sa force en lui même et peut avoir des difficultés à tenir compte des autres. La Justice est centrée sur les autres, sur la civilisation. Elle croit que l'union et la Justice font la force et elle peut avoir des difficultés à s'occuper d'elle-même. L'axe Bateleur-Justice, ou Bateleur-Amoureux ou Chariot-Justice ou Chariot-Amoureux, représente par exemple la découverte de soi même et la découverte de l'autre, de l'individu et du couple, l'individualisme et l'associatif, l'action et le repos, le mouvement et l'immobilité, la force et la justice ou la beauté, la capacité à décider facilement seul mais difficilement à deux et la difficulté à décider seul mais la capacité à décider facilement à deux, l'énergie brute informe et l'énergie raffinée qui a pris forme, la force de frappe et la diplomatie, le conflit et la paix, les conflits avec l'expression des différences et la réconciliation, la violence et la douceur ou la tempérance, la force brute et la finesse, la barbarie conquérante et la civilisation animée d'échanges culturels.

Conclusion : En établissant quel type de relation angulaire forme deux arcanes, vous pouvez établir si ils tendent plutôt à entrer en relation d'une manière harmonieuse et à se compléter ou au contraire à former d'emblée une relation tendue et conflictuelle. Cela vous permet d'évaluer le degré de tension présent dans un tirage.

Chapitre 3 : Les différents tirages du Tarot.

1-TIRAGE A DEUX ARCANES DIT « COUPE SIMPLE »

Ce tirage a été créé afin d'avoir une idée générale de la situation en lien avec une question. Il peut être effectué seul mais son but premier est souvent de servir d'introduction à un tirage ultérieur plus élaboré. Pour effectuer la coupe, vous mélangez les arcanes et vous les posez devant vous pour former une pile, les arcanes étant cachés. Vous coupez la pile de la main gauche en posant le lot d'arcanes à droite de la pile que vous venez de couper. Vous retournez ensuite les deux piles. Vous observez les deux piles que vous avez en face de vous et vous recherchez si le significateur en lien avec votre question où avec la situation est présent. S'il ne l'est pas, les cartes parlent alors d'autre chose ou résument la situation différemment. Pour interpréter les combinaisons d'arcanes, vous pouvez vous reporter au chapitre deux de ce livre.

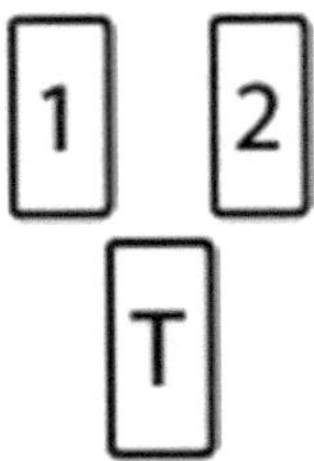

Deux interprétations sont possibles en fonction de votre choix :

Interprétation 1 :

La carte 1 : Elle représente le passé récent et la situation jusqu'à maintenant
La carte 2 : Elle représente la suite des événements, là où vous allez et l'avenir proche.
La carte T (qui peut être ou non le total des deux arcanes en position 1 et 2 : Elle représente la réponse synthétique, sur quoi débouche, en fin de compte, la situation et la symbolique qu'il s'agit d'exprimer pour atteindre votre objectif.

Interprétation 2 :

La carte de gauche : Elle représente la force, le pour, le « oui », ce qui joue en votre faveur et surtout ce qu'il faut être et faire.

La carte de droite : Elle représente la faiblesse, le contre, le « mais », les obstacles qui peuvent jouer en votre défaveur, ce qui ne peut pas se produire et surtout ce qu'il faut éviter d'être et de faire.

Le total des deux arcanes : Il représente comment les choses évoluent, vers quoi la situation débouche, le « donc » et ce vers quoi il faut aller.

Vous pouvez utiliser les textes d'interprétation du Tarot Eternel livre 1 pour interpréter ces trois positions.

2-TIRAGE A TROIS ARCANES

Vous mélangez les arcanes et vous les étalez devant vous. Vous choisissez ensuite trois arcanes que vous disposez ainsi :

Carte 1 : Elle représente le passé en lien avec la question.
Carte 2 : Elle décrit ce qui se passe dans le présent.
Carte 3 : Elle indique l'évolution à court et moyen terme.

Si vous avez un deuxième jeu de tarot, vous pouvez aussi placer le significateur (l'arcane le plus représentatif) de la question devant la carte 1 avant d'étaler les cartes.

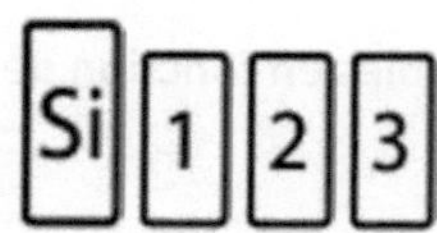

Vous pouvez également placer, au dessus, ou en dessous des trois arcanes majeurs, trois arcanes mineurs. Cela implique d'avoir séparé les deux séries d'arcanes et d'effectuer un deuxième tirage qui complète le premier.

Vous pouvez alors interpréter en lisant les arcanes comme une suite d'images, comme une bande dessinée à trois images.

Pour interpréter les arcanes mineurs, vous pouvez consulter le tirage JFK plus loin. Vous pouvez également, si vous le sentez utile, ajouter une quatrième lame pour synthétiser le tirage, comme ci-dessous.

Carte 4 : Elle est la somme des trois premiers arcanes et elle décrit la synthèse du tirage.

Exemple : Sandrine vient de terminer ces études de psychologie. Elle cherche du travail. Le tarot est consulté. Vais-je trouver prochainement un poste en lien avec mes études ? Elle obtient le tirage suivant.

Arcane 18 Arcane 5 Arcane 14   Synthèse : Arcane 8

Arcane 18, la Lune : Après des études intenses et assez stressantes émotionnellement, Sandrine se sentait un peu embrouillée. Elle a eu des difficultés à démarrer ses recherches d'emploi. Elle avait tendance à rester chez elle. Elle a fini par s'y mettre.

Arcane 5, le Pape : Elle entreprend à présent des recherches et a eu quelques entretiens. Des négociations sont en cours. Une personne bienveillante va certainement l'aider.

Arcane 14, la Tempérance : Le significateur en réponse indique qu'il y a de l'espoir. En persévérant et en faisant appel à son réseau et en mettant en avant ses qualités humaines, elle devrait trouver un poste.

Arcane 8, la Justice : La justice indique la signature d'un contrat, peut-être dans une administration ou dans une structure associative.

Retour : Quelques mois après son tirage, elle a trouvé un poste dans au sein d'un groupe scolaire.

TIRAGE POUR FAIRE UN CHOIX

Si vous avez un choix à effectuer entre deux possibilités, pour pouvez placer en haut le significateur correspondant au thème que vous souhaitez aborder, écrire sur un papier le nom de chaque possibilité, puis placer en dessous de chaque possibilité trois cartes comme ceci.

Carte 1 : Elle représente le pour et ce qui est favorable.

Carte 2 : Elle décrit le contre et ce qui est défavorable.

Carte 3 : donne la synthèse.

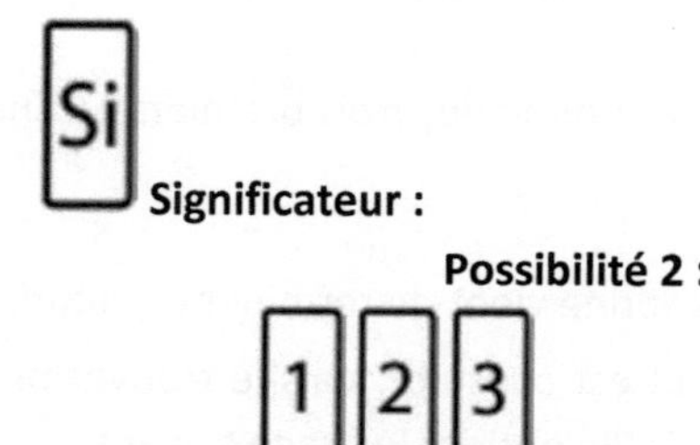

3- LE TIRAGE EN CROIX

Nous avons vu dans Le livre « Le tarot éternel livre 1 » la version française du tirage en croix dont voici pour rappel la définition des six positions.

A : LE TIRAGE EN CROIX FRANCAIS.

Position 1 : Elle décrit le consultant, comment il perçoit la situation présente par rapport à la question et ce qu'il faut faire, ce qui est positif et favorable.

Position 2 : Elle décrit les difficultés, les problèmes, le « contre », c'est-à-dire ce qui agit contre le consultant et ce qu'il faut éviter.

Position 3 : Elle décrit l'intervention du ciel ou du monde invisible, c'est-à-dire un événement qui aura une influence sur la situation. Elle révèle aussi le cheminement nécessaire et le conseil pour s'adapter et évoluer.

Position 4 : Elle indique la conséquence concrète, la réponse et l'évolution à court terme.

Position 5 : Elle décrit la synthèse, le cœur de la situation et la morale de l'histoire.

Position 6 : Elle décrit l'évolution à long terme.

Position 7 : L'addition des positions 1 et 2 décrit l'énergie du présent.

Position 8 : L'addition des positions 3 et 4 décrit l'énergie du futur.

Position 9 : Le total indique le conseil final.

Quand le significateur (voir Le Tarot Eternel livre 1) est en position 1 ou en position 4, cela indique une réponse positive. Quand le significateur est en position 2, cela indique une réponse négative.

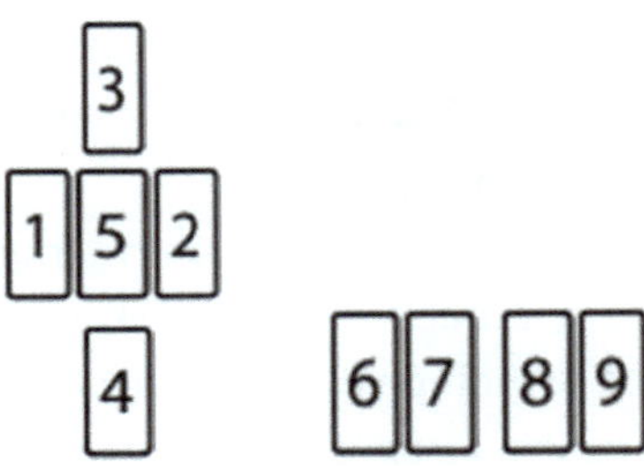

DIX EXEMPLES DE TIRAGES

Exemple 1 : Vie sentimentale : Question : Est-il judicieux de m'engager dans une relation à long terme avec Pierre. Réponse positive. Une belle histoire.

Mon amie Murielle, la trentaine, est une femme moderne, belle intelligente et sensible. Elle a créé sa petite entreprise qui marche bien malgré la crise. Avec les hommes pourtant, ça ne s'est pas bien passé jusqu'à présent. Elle est devenue méfiante. Elle a rencontré Pierre et se sent très attirée mais elle est un peu craintive. Le tarot est consulté. Elle veut savoir si elle pourra construire une relation durable avec Pierre.

Arcane 19

Arcane 17 Arcane 6 Arcane 2

Arcane 21

Présent = Arcane 17 Futur= Arcane 7 Total = Arcane 7 Evolution = Arcane 4

Le pour : Arcane 13 : Ce qui est ici favorable, c'est d'être naturel, d'écouter son intuition et son ressenti, d'exprimer ses besoins, ses désirs et ses sentiments. Il y a vraiment de l'espoir. Cette lame est de bon augure.

Le contre : Arcane 4 : Il n'est pas favorable de rester cloitrée, de se baser sur le passé ou de rester en silence. Cela va dans le sens de la première lame.

Le message du ciel : Arcane 19 : Il semble bien qu'une belle histoire d'amour va naitre. Il lui est conseillé d'écouter son cœur et de donner le meilleur d'elle-même. Pierre est à priori la personne idéale.

La réponse : Arcane 21 : Il y a la possibilité de vivre une relation épanouissante sur tous les plans. Il y a peut-être une possibilité que Pierre puisse travailler avec Murielle dans son entreprise ou qu'ils entreprennent un voyage en commun.

L'énergie du présent : Arcane 19 : Le Soleil indique une puissante attraction réciproque et une relation basée sur le cœur.

L'énergie du futur : Arcane 4 : Les choses vont se concrétiser. Il y a une construction sur le long terme.

La synthèse : Arcane 6 : Il s'agit ici de créer une relation de couple harmonieuse et d'apprendre à écouter ses vrais désirs pour faire le bon choix. Il semble vraiment ici que le choix de Pierre soit le bon.

Synthèse des quatre arcanes : 17+2+19+21 = 59 = 7 : Arcane 14 : Il est judicieux d'apprendre à se connaitre, de s'entraider mutuellement et de créer une continuité dans le flux des événements.

L'évolution : L'Empereur : Il y ici une confirmation que la relation va se concrétiser, durer et peut-être aboutir à une activité professionnelle partagée.

Retour : Après quelques mois passé à se découvrir, Murielle et Pierre se sont organisés pour habiter ensemble. Pierre a quitté son emploi et s'investit dans l'entreprise de Murielle. Ils sont très amoureux et très heureux depuis maintenant plusieurs années, avec le sentiment d'avoir enfin trouvé la bonne personne.

Voici à présent deux histoires de vie avec quatre arcanes sur neuf identiques.

Exemple 2 : Vie sentimentale : Est-il possible de construire avec Bernard. Réponse négative. Une histoire surprenante.

Il y a parfois des personnes vraiment atypiques et des situations hors-normes qui traversent votre vie. Mon amie Nat, que j'avais rencontré dans une librairie quelques mois plus tôt, la trentaine, d'origine Serbe, me parle de sa vie où rien ne va même si bizarrement, comme elle dit, elle ne se sent pas si mal que ça. Elle évoque sa relation sentimentale avec un homme marié, Bernard et son impression de ne pas être à sa place en France. Elle me demande si elle pourra construire avec l'homme avec qui elle a une liaison depuis plus de six mois. On consulte le Tarot.

                    Arcane 22
      Arcane 13   Arcane 19   Arcane 4
                    Arcane 16

Présent = Arcane 17 Futur= Arcane 7 Total = Arcane 7 Evolution = Arcane 21

Le pour : Arcane 13 : Ce qui est positif, c'est de changer radicalement de situation et de mettre fin à une situation ou à une relation qui n'est pas harmonieuse.

Le contre : Arcane 4 : Il n'est pas actuellement possible de construire avec cette personne. Il y a sans doute des éléments, des engagements ou des contraintes qui dépassent de beaucoup la relation, dont trois enfants. (Arcane 16+4=20 dans l'espace consacré au passé de l'autre).

Le message du ciel : Arcane 22 : Un événement qu'elle n'attend pas du tout va se produire et rendre sa question complètement obsolète. Le ciel lui conseille de prendre son baluchon, de partir et d'avoir la foi.

La réponse : Arcane 16 : La relation actuelle risque de s'effondrer et une nouvelle structure de vie se mettra alors en place.

L'énergie du présent : Arcane 17 : Nat se sent comme une star en présence de son ami qui la met beaucoup en valeur quand ils parviennent à se voir. Elle se sent également profondément connectée à la vie et aussi un peu soumise à l'emploi du temps de son ami.

L'énergie du futur : Arcane 8 : Une décision sera prise. Les choses finiront par rentrer dans l'ordre. Elle récoltera les conséquences de ses actions et trouvera un meilleur équilibre. Il y aura sans doute une signature de contrat.

La synthèse : Arcane 19 : Sans doute y a-t-il beaucoup d'amour entre eux. Il faut qu'elle écoute son cœur et donne à la vie le meilleur d'elle-même. Sa situation finira par s'arranger et le Soleil par revenir d'une manière ou d'une autre.

Synthèse des quatre arcanes : 13+4+19+16 = 52 = 7 : Arcane 7 : Il est judicieux de prendre des initiatives, de définir un nouvel objectif et de créer mettre en place l'organisation adaptée pour atteindre l'objectif choisi.

L'évolution : Le Monde : La situation de Nat va évoluer vers un épanouissement et il y aura peut-être un nouvel emploi ou un voyage déterminant à l'étranger.

Retour : Ce tirage nous avait laissé perplexe car ce n'était pas vraiment ce qu'on attendait. Nat, qui était de passage à Besançon où je vivais, est retournée à Paris et je n'ai pas eu de nouvelles pendant plus d'une année. Puis un jour, je reçois alors un appel de sa part. « Bonjour Eric, je suis retourné dans mon pays. Tu ne croiras jamais ce qui m'est arrivé, j'ai gagné presque un million au loto ! Du coup, je me suis séparé de mon ami, je suis retournée à Belgrade où j'ai acheté un appartement et un commerce où je travaille maintenant. En plus j'ai rencontré un homme extraordinaire, il est astrologue. On va se marier ! ». Que dire ! Merci Nat pour ce beau témoignage comme quoi tout est possible ! Aux dernières nouvelles, Nat vit toujours à Belgrade. Elle s'est mariée et a eu une petite fille.

Exemple 3 : Vie professionnelle : Est–ce le moment de moment de quitter mon emploi dans la mesure où je ne m'y sens plus bien ? Réponse positive.

Mon amie Amélie m'appelle un peu affolée. Elle est assistante maternelle dans une maison bourgeoise et elle n'en peut plus. L'enfant qu'elle garde fait sans arrêt des crises et elle ne sait plus quoi faire ni où elle en est. Le tarot est consulté. Doit-elle quitter son travail ?

Arcane 7

Arcane 22 Arcane 13 Arcane 18

Arcane 19

Présent = Arcane 4 Futur= Arcane 7 Total = Arcane 7 Evolution = Arcane 21

Le pour : Arcane 22 : Ce qui est positif, c'est de prendre son baluchon et de s'en aller afin de retrouver sa liberté. Il y a déjà une réponse.

Le contre : Arcane 18 : Il n'est pas actuellement favorable ou possible de passer d'un mal être à un bien être avec cet enfant et il n'est pas judicieux de s'occuper d'enfants. Cela confirme la réponse.

Le message du ciel : Arcane 7 : Le ciel lui conseille à nouveau de prendre son véhicule et de partir puis de définir de nouveaux objectifs et une nouvelle destination.

La réponse : Arcane 19 : Le Soleil reviendra. Il est judicieux d'écouter son cœur, d'exprimer sa créativité et de focaliser sa conscience sur ce que l'on aime et d'aller vers la joie.

L'énergie du présent : Arcane 4 : Amélie était bien installée à ce poste et très appréciée par les parents de l'enfant, qui travaillent tous les deux énormément au point de ne pas avoir le temps de s'occuper de l'enfant.

L'énergie du futur : Arcane 8 : Une décision officielle sera prise. Les choses finiront par rentrer dans l'ordre. Elle récoltera les conséquences de ses actions et trouvera un meilleur équilibre. Il y aura un accord ou une signature de contrat.

La synthèse : Arcane 13 : Sans doute y a-t-il des causes cachées qui génèrent une situation de stress. L'enfant est sans doute très angoissé, il se sent abandonné, rejeté ou il a peut-être très mal aux dents. Il faut changer radicalement de situation et mettre fin à une situation de crise permanente ou à une relation qui n'est pas harmonieuse.

Synthèse des quatre arcanes : 22+18+7+19 = 66 = 12 : **Arcane 12 :** Il est nécessaire de lâcher prise, de surmonter une épreuve et de considérer les choses sous un angle plus spirituel.

L'évolution : Le Monde : La situation d'Amélie va évoluer vers un épanouissement et vers un nouvel emploi. Il y aura peut-être un voyage déterminant ou une formation.

Retour : Ce tirage était très clair. Amélie a demandé une rupture conventionnelle, qui a été acceptée. Après une période de transition où elle était au chômage, elle a effectué une formation dans une activité qui la passionne et a créé une petite structure où elle enseigne. Elle est très contente de sa nouvelle situation.

Exemple 4 : Vie professionnelle : Est-ce le moment de retourner travailler ? Réponse positive.

Mon amie Marie est maman depuis peu. Elle travaille dans une entreprise et à pris un congé maternité. Elle se demande si elle devrait retourner travailler au bout du temps minimum légal, d'ici quelques mois. Elle aurait beaucoup aimé prendre un congé maternité beaucoup plus long. On consulte le tarot avec la première question en tête. Est-ce la meilleure option pour elle de retourner travailler et de faire garder son enfant par une nounou ?

Arcane 9

Arcane 7 Arcane 10 Arcane 5

Arcane 18

Présent = Arcane 4 Futur= Arcane 7 Total = Arcane 7 Evolution = Arcane 22

Le pour : Arcane 7 : Le Chariot : Ce qui est positif, c'est de prendre son chariot et de partir en mission. Il y a déjà une réponse.

Le contre : Arcane 5 : Le Pape : Il n'est pas actuellement favorable de discuter, de négocier, de philosopher ou de chercher à profiter d'une législation sociale qui permet une situation plus confortable. Cela confirme la réponse.

Le message du ciel : Arcane 9 : L'Hermite : Le ciel lui conseille certes de se mettre au travail mais aussi de faire preuve de bon sens, de sagesse, de voir les choses à plus long terme et d'approfondir. Quelle est ma vérité profonde à long terme ? C'est exactement la question que Marie se pose.

La réponse : Arcane 18 : La Lune : Il est judicieux de prendre soin de la vie et de générer du bien-être. Ici, la préoccupation principale de Marie est de chercher et trouver une nounou pour son enfant.

L'énergie du présent : Arcane 12 : Marie est pour l'instant dans le lien mère-enfant et s'intéresse à des choses plus spirituelles.

L'énergie du futur : Arcane 9 : Marie est en chemin, en chantier. Elle avance lentement mais surement. Il y aura sans doute des remises en questions dans le futur par rapport à son travail.

La synthèse : Arcane 10 : Pour que la roue tourne, il faut la faire tourner. Il sera temps de démarrer un nouveau cycle de vie.

Synthèse des quatre arcanes : 7+5+9+18 = 39 = 12 : **Arcane 12 :** Il est ici nécessaire de lâcher prise, de donner du sens et de considérer les choses sous un angle plus spirituel.

L'évolution : Le Mat : Marie restera sans doute dans cette entreprise quelques temps puis partira. Elle me confirme que c'est comme ça qu'elle voit les choses. Elle compte rester tout au plus trois ans puis faire autre chose ailleurs.

Retour : Marie est retournée à son poste. Elle a trouvé une nounou et poursuit ses réflexions sur l'évolution de sa vie.

Exemple 5 : Vie professionnelle : Est-il judicieux d'accepter cette proposition de travail – Réponse négative.

Mon amie Carole est au chômage suite à un licenciement économique. Elle était assistante commerciale. Un ami de son mari lui propose un poste dans sa petite entreprise. Carole hésite et consulte le tarot. Est t'il judicieux de s'engager dans cette entreprise en tant qu'assistante commerciale ?

Arcane 19

Arcane 16 Arcane 15 Arcane 3

Arcane 8

Présent = Arcane 19 Futur= Arcane 9 Total = 46 = Arcane 10 Evolution = Arcane 22

Le pour : Arcane 16 : La Maison Dieu : Ce qui est positif, c'est de faire des prises de conscience, de s'intérioriser et de se libérer. Accepter cette proposition risque d'être explosif !

Le contre : Arcane 3 : L'Impératrice : Il n'est pas actuellement favorable de communiquer, de coordonner ou de gérer des affaires commerciales. Cela donne une réponse négative.

Le message du ciel : Arcane 19 : L'Hermite : Le ciel lui conseille d'écouter son cœur et d'exprimer le meilleur d'elle-même. Est-ce que cette proposition la met en joie ? Carole me répond que non.

La réponse : Arcane 8 : La Lune : Une décision est à prendre, il faut trancher, faire ce que l'on sent juste et remettre les choses en ordre.

L'énergie du présent : Arcane 19 : Carole prend en ce moment du temps pour faire ce qu'elle aime et recherche une activité qui correspond à ses valeurs, où elle aurait la possibilité de créer des liens positifs.

L'énergie du futur : Arcane 9 : Carole est en chemin, en chantier. Elle avance lentement mais surement. Elle a besoin de se remettre en question et de chercher un poste et une entreprise qui lui correspondent en profondeur.

La synthèse : Arcane 15 : Il y a sans doute un loup quelque part. Après une discussion, Carole fini par me dire qu'elle n'aurait pas été rassurée de se retrouver souvent seule dans cette entreprise. Cela l'angoissait. Elle a eu l'impression que l'ami de son mari lui a plus ou moins fait des avances et cela l'a dérangée.

Synthèse des quatre arcanes : 16+3+19+8 = 39 = 46 : **Arcane 10 :** Il est ici nécessaire de faire tourner la roue du destin et de démarrer une nouvelle étape d'un nouveau cycle.

L'évolution : Le Mat : Carole, même si elle acceptait la proposition, ne resterait pas longtemps. Elle prendrait son baluchon et irait voir ailleurs.

Retour : Carole a décliné la proposition et a décidé de partir sur autre chose.

Exemple 6 : Vie professionnelle : Est-il judicieux d'embaucher cette personne ? Réponse négative.

Valérie travaille dans un service de ressources humaines. Elle doit embaucher pour une petite entreprise une personne qu'on lui a recommandée pour le poste de comptabilité qui est à pourvoir d'urgence. L'entretien s'est relativement bien passé. La candidate a les bons diplômes et de l'expérience. Le responsable de la société souhaite clairement l'embaucher. Pourtant, Valérie a un mauvais pressentiment. Le tarot est consulté en privé.

       Arcane 15
Arcane 9 Arcane 18 Arcane 6
       Arcane 13

Présent = Arcane 7 Futur= Arcane 10 Total = 53 = Arcane 9 Evolution = Arcane 16

Le pour : Arcane 9 : L'Hermite : Il est favorable d'attendre, de prendre son temps, d'approfondir et de faire des recherches.

Le contre : Arcane 6 : L'Impératrice : Il n'est pas actuellement favorable de faire ce choix.

Le message du ciel : Arcane 15 : Le Diable : Le ciel indique qu'il y a peut-être un loup et qu'il risque d'y avoir des embrouilles.

La réponse : Arcane 13 : L'Arcane sans nom : Il est judicieux de transformer la situation, de creuser et de mettre fin à une situation.

L'énergie du présent : Arcane 15 : Il y a des pressions pour que cette personne soit embauchée et la situation est tendue.

L'énergie du futur : Arcane 10 : La roue du destin tournera.

La synthèse : Arcane 18 : La Lune : Au cœur de la situation, il y a le besoin et la nécessité de passer d'une situation de stress émotionnel à une situation de bien-être.

Synthèse des quatre arcanes : 9+6+15+13 = 43 = 7 : **Arcane 7 :** Il est ici nécessaire de fixer des objectifs clairs et de mettre en place l'organisation pour les atteindre.

L'évolution : Arcane 16 : La Maison Dieu : La situation à terme risque d'être explosive si cette personne est embauchée ! On rajoute un arcane d'éclairage et l'on obtient l'arcane 8.Il y aura une nécessité de générer de l'ordre, de la justesse et de la vérité, de trancher et de remettre de l'ordre.

Retour : La comptable a quand-même été embauchée. Environs 18 mois plus tard, suite à un contrôle, on s'est aperçu qu'il y avait eu des falsifications d'informations et que le bilan annuel était faux. La comptable a pris la poudre d'escampette dès qu'elle a senti qu'elle était soupçonnée ! L'entreprise a eu une amende pour ne pas avoir mieux surveillé ses employés et plus spécifiquement sa comptable !

Exemple 7 : Vie professionnelle : Est-il judicieux d'embaucher cette personne ? Réponse positive.

Bertrand est cadre supérieur dans une société de BTP. Il doit embaucher un collaborateur à un poste d'ingénieur spécialisé dans le bâtiment et plus précisément dans la géotechnique et les forages. Des déplacements et voyages à l'étranger sont à prévoir. Après une première sélection, il a retenu quelques candidats dont un pour qui il a une préférence. Il me demande si c'est la bonne personne pour le poste. Le tarot est consulté en privé.

Arcane 21

Arcane 4 Arcane 16 Arcane 9

Arcane 13

Présent = Arcane 13 Futur= Arcane 7 Total = 47 = Arcane 11 Evolution = Arcane 19

Le pour : Arcane 4 : L'Empereur : Le candidat a les diplômes requis et une solide expérience des chantiers.

Il saura prendre en charge le poste et le maîtriser.

Cet arcane est l'un des significateurs de la vie professionnelle. Un arcane qui est l'un des significateurs de la question en position 1 indique une réponse positive.

Le contre : Arcane 9 : L'Hermite : Il n'est pas actuellement favorable d'attendre, de faire trainer les choses, de se poser trop de questions et d'avoir des doutes.

Le message du ciel : Arcane 21 : Le Monde : Le ciel indique que c'est certainement le meilleur choix car le candidat a un profil complet et une envergure internationale.

La réponse : Arcane 13 : L'Arcane sans nom : Si on interprète l'arcane hors de son contexte, l'on dirait qu'il est judicieux de transformer la situation, de creuser et de mettre fin à une situation. Mais cet arcane est en lien avec les forages. C'est même l'arcane qui représente sans doute le mieux le fait de sonder la terre et de faire des forages. Quand un arcane est en position de réponse par rapport à une question justement en lien ce que l'arcane symbolise, cela indique alors une réponse positive.

L'énergie du présent : Arcane 13 : Hors de son contexte, cet arcane pourrait suggérer que « c'est mort », qu'il y a quelque chose de négatif ou qu'il faut creuser et transformer la situation. Mais dans ce cas, la préoccupation du présent est justement de trouver une personne capable d'aller sur des chantiers et de prendre en charge les opérations de forages. L'arcane est donc bien en lien avec l'énergie du temps présent.

L'énergie du futur : Arcane 7 : Une décision sera prise. Il y aura un contrat de mission signé et un mandat pour partir en expédition sur les chantiers.

La synthèse : Arcane 16 : La Maison Dieu : Au cœur de la situation, il y a le besoin et la nécessité de déconstruire et reconstruire, de modifier la structure des choses et de gérer des chantiers. Cet arcane nous parle bien du secteur du bâtiment.

Synthèse des quatre arcanes : 4+9+21+13 = 47 = 11 : **Arcane 11 :** Il est ici nécessaire d'être bien centré dans son cœur, de fixer des objectifs clairs, de mettre en place l'organisation pour les atteindre et de faire confiance à son instinct.

L'évolution : Arcane 19 : Le Soleil : La situation à terme sera pleinement satisfaisante et le candidat sera reconnu et très apprécié. L'évolution débouche sur une réussite.

Retour : Le jeune homme a été embauché et s'est rapidement intégré. Il a été ensuite envoyé sur des chantiers en Europe, en Afrique et dans les pays Arabes où il a su répondre aux exigences de la situation. Il est toujours en poste quelques années plus tard et s'est adapté efficacement à son poste. L'entreprise le considère comme un élément de valeur.

Exemple 8 : Achat et vente : Est-il judicieux d'acheter une voiture neuve prochainement ? Réponse positive.

Henriette est attachée à sa vieille voiture qui a plus de 15 ans. Elle marche encore mais elle est déjà tombée en passe deux fois et du coup elle ne se sent plus en sécurité quand elle doit faire de longs trajets ? Elle se demande si c'est le moment de changer de voiture. Elle a une idée bien précise en tête, une Peugeot 208 blanche. Le tarot est consulté.

Arcane 5

Arcane 7 Arcane 11 Arcane 12

Arcane 3

Présent = Arcane 19 Futur= Arcane 8 Total = 27 = Arcane 9 Evolution = Arcane 1

Le pour : Arcane 7: Le Chariot : Il est favorable d'aller de l'avant. Le significateur des voitures en position 1 donne à priori une réponse positive.

Le contre : Arcane 12 : Le Pendu : Il n'est pas actuellement favorable de s'accrocher au passé, aux ancêtres.

Le message du ciel : Arcane 5 : Le Pape : Le ciel indique qu'il y a des discussions, des négociations et la possibilité d'un contrat officiel. Il y a également la possibilité de rencontrer un homme de bon conseil.

La réponse : Arcane 3 : L'Impératrice : Il est judicieux de communiquer, de créer des formes nouvelles et d'effectuer une transaction commerciale. La réponse est positive.

L'énergie du présent : Arcane 19 : Il est ici juste d'écouter son cœur. Les conditions sont très favorables pour acheter une voiture neuve.

L'énergie du futur : Arcane 8 : Un contrat officiel sera signé et les choses rentreront dans l'ordre, apportant une plus grande sérénité.

La synthèse : Arcane 11 : La Lune : Au cœur de la situation, il y a le besoin et la nécessité de maîtriser sa vie et de poser un acte symbolique fort, acheter une voiture neuve. Le logo de Peugeot est un lion.

Synthèse des quatre arcanes : 7+12+5+3 = 27 = 9 : **Arcane 9 :** Il est ici nécessaire de voir les choses à long terme et d'aller vers plus de sérénité. Henriette prévoit de garder sa nouvelle voiture au moins 15 ans.

L'évolution : Arcane 1 : La Bateleur : Cet achat débouche sur la sensation de redémarrer une vie nouvelle et de retrouver une certaine liberté d'action ou tout est possible.

Retour : Henriette a changé de voiture depuis 9 mois maintenant. Son garagiste lui a repris l'ancienne. Elle est très contente de sa nouvelle Peugeot et me dit avoir beaucoup gagné en confiance en elle.

Exemple 9 : Achat et vente : Est-il judicieux d'acheter l'appartement dans lequel je vis ? Réponse négative.

Claude habite dans un appart où elle se plait malgré des voisins un peu perturbés et malgré le fait qu'il n'y a pas d'ascenseur. Sa propriétaire lui a annoncé qu'elle mettait l'appartement en vente et Claude se demande si c'est judicieux de l'acheter. Le tarot est consulté.

Arcane 16

Arcane 6 Arcane 15 Arcane 14

Arcane 13

Présent = Arcane 20 Futur= Arcane 11 Total = 49 = Arcane 13 Evolution = Arcane 7

Le pour : Arcane 6: L'Amoureux : L'appartement est mignon et Claude s'y plait. Il y a pourtant de multiples possibilités et un choix à faire.

Le contre : Arcane 14 : Tempérance : Il n'est pas actuellement favorable d'adopter cette solution et de s'engager dans ce projet. L'énergie ne circule pas bien par rapport à ce projet.

Le message du ciel : Arcane 16 : La Maison Dieu : Un changement de structure, un événement imprévu et un déménagement sont à prévoir.

La réponse : Arcane 13 : L'Arcane sans Nom : C'est mort et il va falloir envisager un départ. La réponse est négative.

L'énergie du présent : Arcane 20 : Quand Claude à signalé à sa propriétaire qu'elle était potentiellement intéressée, le prix qui lui a été communiqué était exorbitant et cela a choqué Claude.

L'énergie du futur : Arcane 11 : La Force indique la nécessité de prendre les choses en main, d'être bien centré, de se fixer des objectifs et de déployer ses forces et son énergie pour réussir.

La synthèse : Arcane 15 : Le Diable : Claude a été voir sa banque et sa conseillère lui à déconseillé d'acheter un bien à ce prix là, d'ailleurs, sa banque ne peut pas lui prêter la somme nécessaire.

Synthèse des quatre arcanes : 6+14+16+13 = 49 = 13 : **Arcane 13 :** Il est ici nécessaire de voir que c'est la fin d'une histoire et qu'il est nécessaire d'abandonner ce qu'il n'y a plus lieu d'être.

L'évolution : Arcane 7 : Le Chariot : La situation débouche sur un départ et sur un déménagement.

Retour : Claude a fait le tour des agences immobilière et à fini par trouver à louer un très belle appartement avec ascenseur et garage dans une résidence moderne. Elle est ravie du changement.

Exemple 10 : Développement personnel : Comment acquérir plus de confiance en moi ?

Mon amie Isabelle me parle de ses soucis de confiance en elle et souhaite demander au tarot comment elle pourrait avoir plus confiance en elle. Le tarot est consulté.

Arcane 7

Arcane 11 Arcane 5 Arcane 10

Arcane 1

Présent = Arcane 21 Futur= Arcane 8 Total = 29 = Arcane 11 Evolution = Arcane 19

Le pour : Arcane 11: La Force : La Force indique que pour avoir confiance en elle, Isabelle doit être centrée dans son cœur, apprendre à écouter son cœur, son corps et son instinct. Elle peut également apprendre à pratiquer une technique d'ancrage de type PNL axée sur la confiance en soi.

Le contre : Arcane 10 : La Roue de Fortune : La Roue indique que ce qui nuit à la confiance en soi, c'est premièrement faire comme dans le passé et répéter les mêmes schémas et ensuite d'être tout le temps dans sa tête, en train de penser, au lieu d'être centré dans son âme, dans son corps et dans son cœur.

Le message du ciel : Arcane 7 : Le Chariot : C'est en forgeant que l'on devient forgeron et le Chariot indique que la confiance vient quand on se fixe des objectifs réalisables, quand on s'organise avec la bonne stratégie pour les atteindre, quand on prend des décisions et quand on passe à l'action.

La réponse : Arcane 1 : Le Bateleur : On redémarre alors une nouvelle vie dans un nouveau monde. Le Bateleur indique que la confiance vient aussi de l'enfant intérieur, de la joie et qu'elle se manifeste d'autant mieux quand l'on est naturel. Le Bateleur invite à sentir ce qu'il faut faire, à trouver les bons outils et les bons ingrédients puis à passer à l'action.

L'énergie du présent : Arcane 21 : Le Monde indique que la confiance est un ensemble d'éléments et que c'est en rassemblant tous ces éléments et en allant au bout de soi-même que l'on peut vraiment avoir confiance en soi.

L'énergie du futur : Arcane 8 : La Justice invite à voir que toute action à ses conséquences, qu'il y a des lois qui régissent l'ordre des choses et que quand l'on fait de son mieux, alors cela est juste. Elle invite à ne pas confondre évolution et perfection et à se donner le droit à l'erreur. Elle permet de sentir ce qui est juste et d'agir de façon équilibrée.

La synthèse : Arcane 5 : Le Grand-Prêtre : La confiance est aussi une affaire de foi et quand on a la foi en la vie ou en Dieu, cela aide grandement à avoir confiance en soi. Au cœur de la situation, il est nécessaire de voir que la confiance peut s'apprendre et s'enseigner, comme n'importe quelle matière. Un enseignement approprié permet de développer la confiance en soi.

Synthèse des quatre arcanes : 11+7+10+1 = 28 = 10 : **Arcane 10 :** Travailler sur la confiance en soi active la roue du destin, permet de saisir les opportunités et favorise la chance.

L'évolution : Arcane 19 : Le Soleil : Le fait de travailler sur la confiance en soi permet de mieux s'aimer, de mieux aimer les autres, de créer des liens privilégiés avec autrui, d'exprimer sa lumière, de donner le meilleur de soi-même, de réussir et de briller comme un soleil.

Retour : Isabelle a fait un peu de PNL ainsi qu'un travail sur la confiance en soi. Cela lui a permis d'être beaucoup plus à l'aise dans tous les domaines de sa vie et de se créer une vie nouvelle qui correspond à ses rêves et à ses objectifs.

B : LE TIRAGE EN CROIX LYONNAIS.

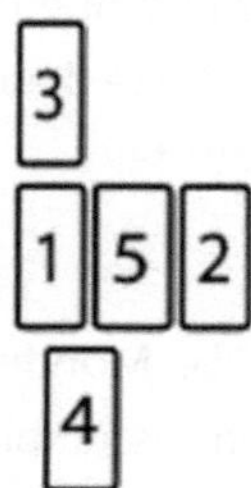

Les arcanes peuvent être interprétés en position droite et inversés.

Position 1 : L'arcane dans cette position décrit le consultant et comment il perçoit la situation présente par rapport à la question.

Position 2 : L'arcane dans cette position indique la réponse et l'évolution à court terme.

Position 3 : L'arcane dans cette position décrit le cheminement extérieur nécessaire pour aboutir à la réponse et ce qui est extérieur au consultant.

Position 4 : L'arcane dans cette position décrit le cheminement intérieur nécessaire pour aboutir à la réponse et ce qui est intérieur au consultant.

Position 5 : L'arcane dans cette position est la somme des quatre premiers arcanes. Il décrit l'évolution à moyen terme et le conseil final.

L'addition des arcanes 1 et 2 décrit la clef pour réussir.

L'addition des arcanes 3 et 4 décrit le chemin global.

L'addition des arcanes 1-3 et 1-4 décrit le passé tandis que l'addition des arcanes 3-2 et 4-2 décrit l'avenir extérieur et intérieur à long terme.

Exemple : Jeanne demande si le livre qu'elle a écrit et envoyé récemment à un éditeur sera publié par cet éditeur. Elle obtient le tirage suivant :

	Arcane 3		Arcane 19
Arcane 19	Arcane 13	Arcane 16	
	Arcane 11		Arcane 9

L'addition des arcanes 3 et 16 révèle l'arcane 19

L'addition des arcanes 11 et 16 révèle l'arcane 9.

Arcane 19 : Jeanne est une personne lumineuse. Elle a écrit son livre avec son cœur et il est certainement de très bonne qualité.

Arcane 11 : Elle exprime la force de son amour à travers son livre et écrit avec ses tripes. Elle est prête à se battre pour faire de son mieux. Elle a les moyens intérieurs pour réussir mais doit à la fois lutter et faire preuve de patience.

Arcane 3 : Le chemin de la réussite passe ici par beaucoup de communication et par l'expression d'une intelligence commerciale et par la prise en compte des demandes du marché.

Arcane 16 : Pour cet éditeur là, il y a de fortes chances à ce qu'elle essuie un refus, peut-être parce que le livre est perçu comme trop atypique, trop dérangeant, trop complexe ou pas mal ordonnancé. La réponse est négative.

Arcane 9 : Jeanne va devoir reprendre son bâton de pèlerin, se remettre au travail, se remettre en question et poursuivre son chemin, en effectuant peut-être une réorganisation de la structure du livre, en allant plus à l'essentiel.

Arcane 13 : Le tarot confirme que pour cet éditeur, « c'est mort », c'est terminé. Jeanne tournera définitivement la page sur cet éditeur. Elle changera peut-être le nom de son livre ou le structurera différemment.

Arcane 19 : En restant positive, en créant des liens, en sollicitant de l'aide et en recherchant d'autres éditeurs parmi les éditeurs connus, elle finira très certainement par être édité et son livre rencontrera un certain succès.

Retour : Jeanne a confirmé le refus du premier éditeur, sa réorganisation du livre et l'accord d'un deuxième éditeur une année plus tard. Son livre est devenu une référence dans la niche qu'il occupe.

C- LE TIRAGE EN CROIX ASTROLOGIQUE.

Ce tirage est intéressant si vous avez besoin de prendre en compte une dimension psychologique. Il reprend les définitions existantes des maisons astrologiques 1,4 7 et 10. Les arcanes sont interprétés à l'endroit exclusivement. De nombreux astrologues et tarologues l'utilisent.

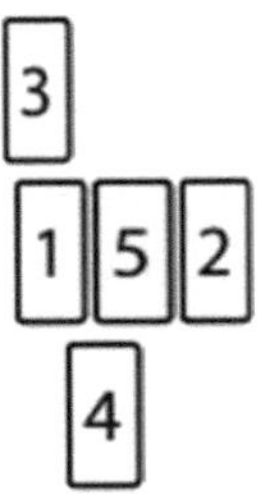

Arcane 1 : Analogie avec la Maison 1 : Il décrit l'état d'être du consultant avec ses forces et ce qu'il est judicieux de faire.

Arcane 2 : Analogie avec la Maison 7 : Il indique l'objet de la question, les autres, les difficultés, le défi majeur, ce qui doit être rééquilibré et ce qu'il faut éviter.

Arcane 3 : Analogie avec la Maison 10 : Il décrit l'objectif en lien avec la question, le chemin juste d'évolution, la recherche, l'effort à faire, les forces du destin en jeu, l'évolution à court terme, le futur proche, le résultat ou ce qui doit être amené au milieu du ciel. Il donne la réponse du ciel.

Arcane 4 : Analogie avec la Maison 4 : Il décrit l'influence du passé sur le présent, ce qui est au fond du ciel intérieur, le passé et les origines de la question.

Arcane 5 : Analogie avec la Maison 5 : Il décrit la clef d'évolution spirituelle, le message solaire du cœur et l'évolution à moyen terme.

Arcane 6 : Il renseigne sur l'évolution à long terme.

Arcane 7 : L'addition des arcanes 1234 décrit la morale de l'histoire et la conclusion finale.

Arcane 8 : L'énergie du présent : L'addition des arcanes 1 et 2 révèle l'énergie du présent avec ses forces et ses faiblesses. Cela décrit un état psychologique ou une ambiance.

Arcane 9 : L'énergie du futur : L'addition des arcanes 3 et 4 décrit l'énergie du futur par rapport à la question. Cela révèle comment le passé et l'impact de l'environnement transforment la situation et génère un nouvel état psychologique. Elle peut indiquer un événement spécifique.

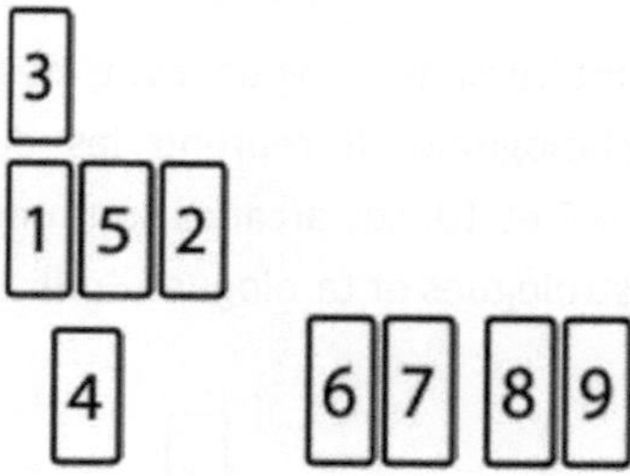

Les quatre arcanes temporels: En additionnant les arcanes 1 et 3, vous obtenez l'évolution à moyen terme du consultant. (Arcane 10). En additionnant les arcanes 2 et 3, vous obtenez l'évolution à moyen terme de l'objet de la question et des difficultés rencontrées. (Arcane 11). En additionnant les arcanes 1 et 4, vous obtenez le passé du consultant. (Arcane 12). En additionnant les arcanes 2 et 4, vous obtenez le passé et les causes ou origines de l'objet de la question ou des difficultés. (Arcane 13). Si vous souhaitez approfondir votre réponse, un arcane mineur ou un deuxième arcane majeur peuvent venir compléter les arcanes 1,2 3, 4 et 5.

D- LE TIRAGE EN CROIX QUEBECOIS.

Nos chers cousins Québécois interprètent les arcanes dans les deux sens, en position droite et inversée. Un arcane en position droite révèle une force, un événement harmonieux tandis qu'un arcane inversé révèle un déséquilibre, une difficulté, un manque ou un excès qui doit être remis en ordre.

Arcane 1 : Il décrit l'état psychologique du consultant.

Arcane 2 : Il décrit l'objet de la question, les autres et l'environnement du consultant.

Arcane 3 : Il décrit le passé du consultant et les causes de la situation présente.

Arcane 4 : Il révèle la réponse et l'évolution à court terme de la situation présente.

Arcane 5 : Il décrit la dominante psychologique du consultant et le cœur de la question.

Arcane 6 : L'énergie du présent : L'addition des arcanes 1 et 2 révèle l'énergie du présent avec ses forces et ses faiblesses. Elle décrit un état psychologique ou une ambiance.

Arcane 7 : L'énergie du futur : L'addition des arcanes 3 et 4 décrit l'énergie du futur par rapport à la question. Elle révèle comment le passé et l'impact de l'environnement transforment la situation et génèrent un nouvel état psychologique. Elle peut indiquer un événement spécifique.

Arcane 8 : L'addition des arcanes 12345 décrit l'évolution à moyen et long terme, la morale de l'histoire et la conclusion finale. Si le tirage prend en compte les arcanes inversés, l'arcane en position 8 est placé dans le même sens que l'arcane ayant le chiffre le plus élevé des quatre premiers arcanes.

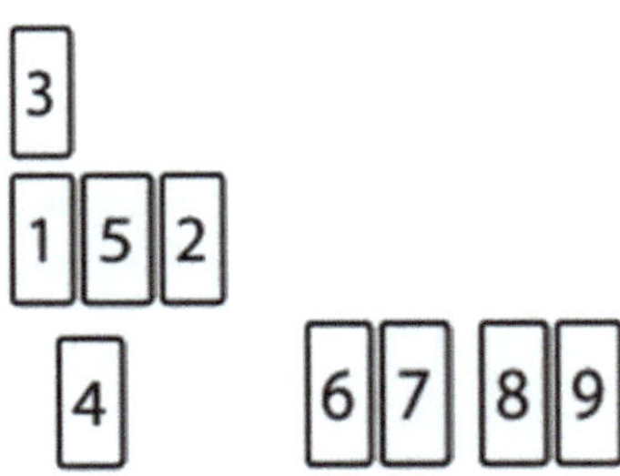

Si vous souhaitez approfondir votre réponse, un arcane mineur ou un deuxième arcane majeur peuvent venir compléter les arcanes 1,2 3 et 4.

Les quatre arcanes de temps: En additionnant les arcanes 1 et 3, vous obtenez des informations sur le passé du consultant. (Arcane 9). En additionnant les arcanes 2 et 3, vous obtenez des informations sur le passé de l'objet de la question. (Arcane 10). En additionnant les arcanes 1 et 4, vous obtenez des informations sur l'évolution à moyen terme du consultant. (Arcane 11). En additionnant les arcanes 2 et 4, vous obtenez des informations sur l'évolution à moyen terme de l'objet de la question. (Arcane 12).

E- LE TIRAGE EN CROIX SENTIMENTAL.

Ce tirage est intéressant dès lors que l'on a besoin d'avoir un éclairage sur la vie de couple. Ce tirage reprend plus ou moins les définitions existantes des tirages en croix français et astrologiques. Les arcanes sont interprétés à l'endroit exclusivement.

Arcane 1 : Analogie avec la Maison 1 du tirage astrologique : Il décrit l'état d'être du consultant avec ses besoins et ses comportements.

Arcane 2 : Analogie avec la Maison 7 du tirage astrologique : Il décrit l'état d'esprit du ou de la partenaire avec ses besoins et ses comportements.

Arcane 3 : Analogie avec la Maison 10 du tirage astrologique : Il décrit l'objectif en lien avec la question, le juste chemin d'évolution, un événement ayant des répercussions sur la relation ou ce qui doit être amené au milieu du ciel. Il donne la réponse du ciel.

Arcane 4 : Analogie avec la position 4 du tirage en croix français : Il décrit la conséquence concrète qui découle du message du ciel, la réponse, l'acte à poser et l'évolution à court terme.

Arcane 5 : Il décrit la synthèse et ce qu'il y a au cœur de la situation.

Arcane 6 : Il renseigne sur l'évolution à moyen et long terme.

Arcane 7 : L'addition des arcanes 1234 décrit la clef d'évolution spirituelle, la morale de l'histoire et la conclusion finale.

Arcane 8 : L'énergie du présent : L'addition des arcanes 1 et 2 révèle l'énergie du présent avec ses forces et ses faiblesses. Cela décrit un état psychologique ou une ambiance relationnelle au sein du couple.

Arcane 9 : L'énergie du futur : L'addition des arcanes 3 et 4 décrit l'énergie du futur au sein du couple. Elle peut indiquer un événement spécifique impactant la vie du couple.

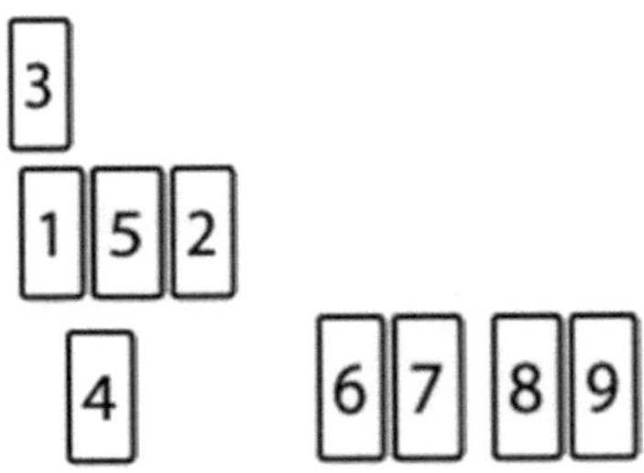

Les quatre arcanes temporels: En additionnant l'arcane 1 et 3, vous obtenez l'évolution à moyen terme de l'état d'esprit du consultant. (Arcane 10). En additionnant les arcanes 2 et 3, vous obtenez l'évolution à moyen terme du de l'état d'esprit du ou de la partenaire et du couple. (Arcane 11). En additionnant l'arcane 1 et 4, vous obtenez le passé du consultant. (Arcane 12). En additionnant les arcanes 2 et 4, vous obtenez le passé du ou de la partenaire. (Arcane 13).

Synthèse des 5 positions pour les différentes versions du tirage en croix.

A= Tirage en croix Français B= Tirage en croix Lyonnais

C= tirage en croix astrologique D= Tirage en croix Québécois

A = L'environnement, la météo, le destin et comment s'y adapter. B = Comment être et cheminer extérieurement

C = Le résultat, la réponse et l'évolution à court terme

D = Le passé et les origines de la situation

A = Le pour, ce qui est à faire

B = Le consultant, le présent

C = Le consultant, ce qui est à faire

D = Le consultant au présent

A = Le contre, les obstacles, ce qui est à éviter

B = Le résultat et l'évolution à court terme

C = L'objet de la question, le défi, ce qui est à rééquilibrer ou à éviter

D = L'objet, l'environnement, les autres

A = Le résultat, la réponse, ce qui se concrétise et l'évolution à court terme

B = Comment être et cheminer intérieurement

C = Le passé et les origines de la situation

D = Le résultat, la réponse, ce qui se concrétise et l'évolution à court terme

L'arcane 5 symbolise toujours en France les conséquences la synthèse, donc l'évolution à moyen terme mais aussi le conseil spirituel.

4- LE TIRAGE PSYCHOLOGIQUE A CINQ ARCANES

Un tirage avec 5 arcanes est plus synthétique qu'un tirage avec sept arcanes. Les arcanes peuvent être disposés de différentes façons. Un tirage psychologique est effectué pour aider à mettre les mots sur une difficulté consciente où sur un mal-être dont on ignore la cause. Vous pouvez commencer ce tirage par une coupe. Une fois la coupe effectuée, vous mélangez les arcanes et vous les étalez devant vous comme ci-dessous. Puis vous choisissez cinq arcanes que vous placez comme ci-dessous.

| 1 | 2 | 3 | 4 | 5 |

Carte 1 : Elle représente l'origine des difficultés, les causes et le pourquoi.

Carte 2 : Elle représente la nature de la souffrance et le quoi.

Carte 3 : Elle représente les ressources du cœur, les aides, les forces, les remèdes, les moyens et le comment s'en sortir.

Carte 4 : Elle représente les difficultés à surmonter pour s'en sortir et les leçons à apprendre pour arrêter de nourrir la souffrance.

Carte 5 : Elle représente la guérison et le chemin de guérison.

5-LE TIRAGE PYRAMIDAL A SIX ARCANES.

Le tirage Pyramide : Il est utilisé pour traiter un domaine spécifique de la vie. Vous pouvez commencer ce tirage par une coupe. Une fois la coupe effectuée, vous mélangez les arcanes et vous les étalez devant vous. Puis vous choisissez 6 arcanes en les disposant comme ci-dessous.

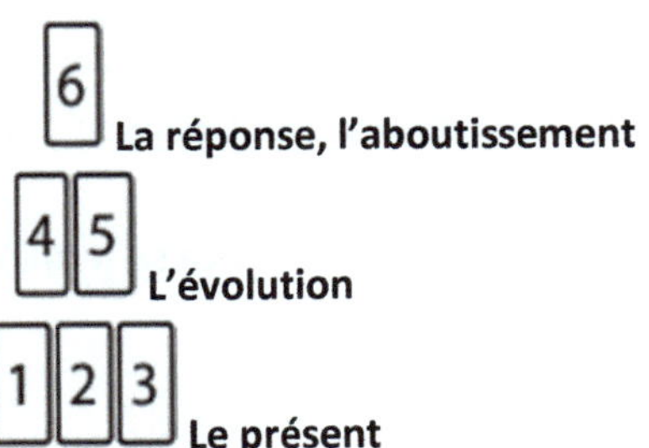

Carte 1 : Elle représente la situation présente

Carte 2 : Elle représente les obstacles à surmonter

Carte 3 : Elle représente les ressources, les forces et les atouts pour s'adapter

Carte 4 : Elle représente le chemin à suivre

Carte 5 : Elle présente l'évolution à court terme

Carte 6 : Elle représente l'évolution à long terme et l'aboutissement

6-LE TIRAGE YI KING A SIX ARCANES.

Ce tirage est utilisé pour répondre à une question quelle que soit sa nature. Vous mélangez les arcanes et vous les étalez devant vous. Puis vous choisissez 6 arcanes en les disposant comme ci-dessous.

1 : Place de l'entrepreneur : La situation présente et ses causes. Ce qui doit être fait pour être efficace.

2 : Place du gestionnaire : Les ressources à utiliser et ce qui doit être organisé.

3 : Place du commercial : Les défis, ce qui doit être évité et ce qui doit être communiqué.

4 : Place du ministre : L'environnement social et comment s'y adapter.

5 : Place du roi, du boss, du maître : L'objectif à atteindre et comment réussir à maîtriser la situation.

6 : Place du sage ou du fou : Comment ça se termine et le message spirituel.

7-TIRAGE DES SEPT CHAKRAS.

Le chiffre 7 étant hautement symbolique (7 jours de la semaine, 7 chakras, 7 couleurs de l'arc en ciel), il existe de nombreux tirages avec 7 arcanes. Les lames peuvent être disposées de façon linéaire ou dans différentes formes, en V, en triangle, en pyramide, en colonne, en ligne, en être humain les bras écarté, en étoile, en cercle ou en carré.

La définition des chakras est la suivante :

Chakra 7 : La vision intérieure, la connexion au divin, les messages que l'on reçoit, l'extase, la communion, la conscience spirituelle.

Chakra 6 : La capacité à diriger avec sagesse, l'intuition, l'intuition clairvoyante, la pensée intuitive, la capacité à être relié(e), l'imagination, la foi, la capacité à avoir une vision globale, physique, astrale et spirituelle.

Chakra 5 : Les échanges, la communication, l'ouïe, la connaissance, la compréhension, l'intelligence, la conscience de la justesse et de la vérité.

Chakra 4 : Le cœur, l'amour, le bonheur, la guérison, la compassion, le pardon, le rayonnement, le sentiment de communion avec les êtres et avec la vie, la conscience du sens. Le toucher, les relations.

Chakra 3 : La vitalité, le rayonnement, l'expression de soi, la situation social, ce qui nourrit, l'identité, l'image de soi, la vue, la confiance en soi, la compréhension intellectuelle, le stress, l'acceptation et la conscience des expériences.

Chakra 2 : Les désirs personnels, les émotions, la sexualité, la créativité dans la matière, les mémoires à nettoyer, le sentiment d'être en vie. Le goût.

Chakra 1 : La façon dont est ancré dans la vie, les motivations, la force vitale, les racines, l'instinct de survie, le sentiment de sécurité. L'odorat.

Vous pouvez choisir uniquement sept arcanes, en commençant par le bas, ou choisir 21 arcanes, disposés en trois colonnes ; la colonne de gauche pour le passé, celle du milieu pour le présent et celle de droite pour l'évolution.

8- TIRAGE APPROFONDI AVEC SEPT ARCANES :

C'est un tirage psychologique et événementiel très pratique quand une question demande de chercher plus en profondeur. Vous pouvez commencer le tirage par une coupe. Vous mélanger les arcanes et vous les étalez devant vous. Vous choisissez 7 arcanes en les disposant soit en ligne, soit en V, la quatrième lame formant la base du V.

Carte 1 : Le passé et ses influences sur la question posée.

Carte 2 : L'état présent du consultant, la situation dans laquelle il se trouve ici et maintenant.

Carte 3 : Comment la situation évolue à court terme.

Carte 4 : Le conseil, le chemin juste. C'est la carte qui donne son avis sur la question.

Carte 5 : Elle renseigne sur l'entourage du consultant, ses parents, sa famille, ses ami(e)s et ses collègues.

Carte 6 : Elle montre les obstacles qui peuvent être rencontrés.

Carte 7 : Elle donne la réponse, l'aboutissement et l'évolution à plus long terme. C'est la plus importante.

Vous pouvez vous-même créer votre propre tirage. Les définitions des positions sont en général celles-ci :

- Les bases, les acquis du passé, les origines
- La situation actuelle, les forces du présent
- Ce qui domine la situation
- Ce qui décrit l'environnement et l'entourage
- Les obstacles qui peuvent être rencontrés, les excès, les manques
- Le conseil, les solutions, la voie à suivre, ce qu'il est judicieux de faire
- Ce qu'il est judicieux d'éviter
- L'évolution de la situation à court terme, les influences futures
- La conclusion ou l'aboutissement
- L'évolution de la situation à long terme

9-TIRAGE COACHING

Ce tirage vous aide à être guidé dans l'atteinte d'un objectif. Vous pouvez commencer le tirage par une coupe. Vous mélangez les arcanes et vous les étalez devant vous. Vous choisissez 7 arcanes en les disposant en colonne comme ci-dessous.

Carte 1 : Elle représente l'objectif conscient.

Carte 2 : Elle représente l'objectif inconscient et les bénéfices secondaires escomptés et pas forcément avoués.

Carte 3 : Les aides, les forces, les appuis visibles et conscients. Le potentiel connu.

Carte 4 : Les aides, les forces, les appuis invisibles, inconnus, cachés et inconscients.

Carte 5 : Les moyens à mettre en œuvre et les actions nécessaires pour atteindre l'objectif.

Carte 6 : Les obstacles à dépasser et la gestion du saboteur à mettre en place.

Carte 7 : Le résultat.

10- TIRAGE DE LA CROIX CELTIQUE AVEC 10 ARCANES

Ce tirage est très intéressant pour avoir une vue globale d'une personne ou d'une situation. Il a été créé par Monsieur Arthur Edward Waite, célèbre tarologue anglais (1876-1942). Un significateur de la question est parfois placé sous les lames 1 et 2.

Carte 1 : Votre état d'esprit actuel, la situation présente, l'influence principale du présent par rapport à la question, le cœur du sujet.

Carte 2 : Les obstacles, ce qui résiste, le conflit concerné ou les influences secondaires du présent qui peuvent où non renforcer l'influence principale.

Carte 3 : L'idéal conscient, l'objectif avoué, vos convictions, votre vision.

Carte 4 : Les causes et origines de la situation, les racines de la difficulté, les objectifs non avoués, les schémas inconscients ou les souvenirs qui influencent la situation présente, des éléments cachés.

Carte 5 : Les éléments, influences et connaissances qui appartiennent au passé. Ce qui est fait, ce qui est résolu, ce qui n'est plus nécessaire et ce qui s'en va.

Cartes 6 : Ce qui doit être traité, fini ou résolu, ce qui est en train de prendre de l'importance où d'arriver, le futur désirable et l'évolution à court terme.

Carte 7 : Vous, l'image que vous avez de vous-même ou que vous montrez.

Carte 8 : Votre entourage et environnement, ce qu'on attend de vous, les restrictions qu'on vous impose, comment vous êtes perçu.

Carte 9 : Vos espoirs et peurs, l'imprévu, le conseil, la leçon, ce qui explique tout.

Carte 10 : La réponse, le résultat final, l'aboutissement, la solution, la voie à suivre, comment aboutir, l'évolution à plus ou moins long terme.

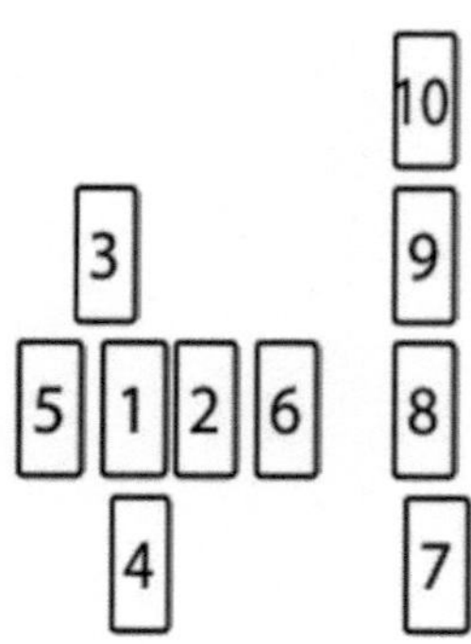

11- TIRAGE DE LA GRANDE PRETRESSE OU DE LA CROIX DIAMANT

Ce tirage que j'ai inventé est dérivé du tirage de la croix celtique. Il est très intéressant pour avoir une vue globale complète d'une personne, d'une situation ou d'une période de temps mensuelle, trimestrielle ou même annuelle. Vous mélangez les arcanes majeurs et vous les étalez devant vous. Vous choisissez 13 arcanes en les disposant comme ci-dessous.

Carte 1 : Le présent et son influence principale, le cœur du sujet, l'état d'esprit du consultant dans la situation présente.

Carte 2 : Les obstacles, le conflit, les peurs, les résistances et le défi majeur.

Carte 3 : Les convictions, votre vision, l'idéal conscient, l'objectif avoué.

Carte 4 : Les racines, les causes et les origines de la situation, les objectifs non avoués, les schémas inconscients, les souvenirs qui influencent la situation présente, les forces et les ressources cachées.

Carte 5 : Les moyens, actions et solutions à mettre en œuvre pour atteindre l'objectif et pour réussir. Ce qui doit être traité, fini ou résolu. Le conseil.

Cartes 6 : L'image que le consultant a de lui-même ou qu'il montre aux autres. Le juste choix. Le choix qui est fait.

Carte 7 : Les ressources conscientes du consultant, les aides, les forces, les appuis visibles et conscients. Le potentiel connu qu'il faut utiliser.

Carte 8 : Les risques et ce qu'il est nécessaire d'éviter.

Carte 9 : L'entourage et l'environnement du consultant, comment il est perçu et ce qu'on lui demande, les règles dont il faut tenir compte pour s'adapter.

Carte 10 : L'évolution à court terme, ce qui est en train de prendre de l'importance où d'arriver, le futur désirable, le chemin d'évolution.

Carte 11 : La réponse, le résultat final, l'aboutissement, la guérison, l'évolution à long terme.

Carte 12 : Les éléments karmiques ou généalogiques qui influencent la situation présente, la guérison karmique à effectuer, la fin du cycle.

Carte 0 : Le message du cosmos, le hasard, les imprévus, les espoirs.

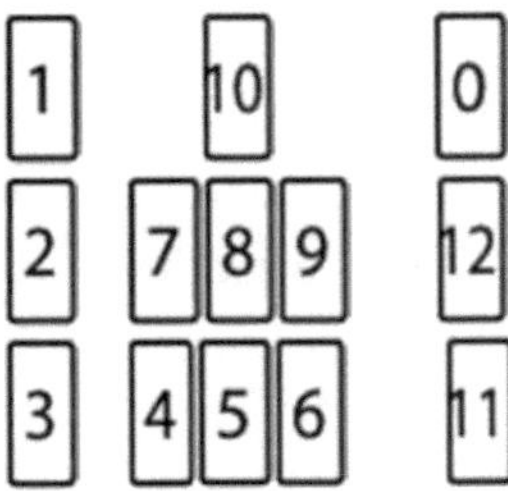

12- TIRAGE GLOBAL POUR LES DOMAINES DE LA VIE

Il peut-être effectué sur une période de temps défini, un mois, un trimestre ou un semestre. Vous pouvez rajouter des séries de 2 arcanes pour inclure d'autres domaines. Vous commencez le tirage par une coupe. Vous mélangez les arcanes et vous les étalez devant vous. Vous choisissez 10 arcanes en les disposant en colonne comme ci-dessous.

La colonne de gauche indique la situation présente et la colonne de droite la situation future, là où vous allez. Vous pouvez aussi rajouter une troisième colonne à gauche pour le passé.

Carte 1 : Le consultant dans l'instant présent et son état d'esprit.

Cartes 2 et 3 : Elles représentent le domaine de l'énergie et de la santé.

Cartes 4 et 5 : Elles représentent le domaine matériel et financier

Cartes 6 et 7 : Elles représentent le domaine amoureux et affectif

Cartes 8 et 9 : Elles représentent le domaine professionnel

Cartes 10 et 11 : Elles représentent le domaine social ou spirituel

Carte 12 : Cette carte indique l'état d'esprit et les actions clefs qui sont nécessaires pour vivre au mieux la période concernée.

Des domaines peuvent être ajoutés ou enlevés

13 – LE TIRAGE NUMEROLOGIQUE A ONZE ARCANES

Dix arcanes sont choisis et disposées en ligne. Ce tirage couvre une durée de 9 semaines ou de 9 mois maximum. Vous commencez le tirage par une coupe. Vous mélangez les arcanes et vous les étalez devant vous comme ci-dessous.

Les 10 positions reprennent la symbolique des 10 chiffres de 0 à 9 soit :

0 = Le message de la volonté cosmique

1 = L'intention, le démarrage, les possibilités d'action, l'état de l'énergie, la motivation, la passion, l'autonomie.

2 = Les ressources, les dualités, les associations, les liens intimes, la vie privée, le foyer, la réceptivité, la fécondité, l'organisation des informations.

3 = Les échanges d'informations, la communication, les découvertes, les contacts, le mouvement, l'apprentissage, l'adaptation, le commerce.

4 = L'organisation de la matière, les fondations, les structures, le corps, le travail productif, l'ancrage dans la vie, l'ordre, le territoire et les limites.

5 = Les repères, la créativité, l'expression de soi, la maîtrise de soi, l'aventure, la sensualité, les choses nouvelles, la réussite.

6 = L'intelligence à utiliser et les choix à faire, la manière de se relier aux autres, l'esthétique, l'harmonie, le sens du service, la joie, le bien-être, la vie sentimentale, la santé, les limites à dépasser.

7 = La vie intérieure, le sens de l'ordre des choses, la spiritualité, les études supérieures, l'intelligence des systèmes et des réseaux, les entreprises, l'organisation de l'action, les victoires.

8 = Les combats, les crises, les transformations, les réalisations, les affaires, les finances, l'intelligence stratégique, la lucidité, la quête initiatique, la sexualité, la relation à l'au-delà.

9 = L'extérieur, le monde, les voyages du corps et de l'âme, l'épanouissement, l'étranger, l'évasion, le cheminement spirituel, la transcendance, l'humanisme, le soulagement des souffrances et des misères du monde.

10 = Les réalisations concrètes, l'évolution, le cheminement, les chantiers, les structures, le nouveau commencement, la nouvelle étape.

14 – TIRAGE COUPLE POUR UN OU PLUSIEURS DOMAINES OU SUJETS.

Ce tirage peut s'effectuer sur une ligne où sur plusieurs lignes, suivant le nombre de domaines que vous souhaitez explorer. Chaque ligne correspond alors à un sujet ou à un secteur de la vie du couple. La colonne de gauche représente la Femme et celle de droite représente l'Homme. Un arcane de gauche décrit donc la position, c'est-à-dire l'état psychologique et la situation concrète de la Femme par rapport au sujet défini. Un arcane de droite décrit donc la position, c'est-à-dire l'état psychologique et la situation concrète de l'Homme par rapport au sujet défini. La colonne du milieu décrit la résultante de l'interaction Homme-Femme et la synthèse. L'idéal est de créer ce tirage à deux, en choisissant ensemble des points et en les écrivant, puis de l'expérimenter à deux, où chaque partenaire place les arcanes dans sa colonne, en alternant pour la synthèse.

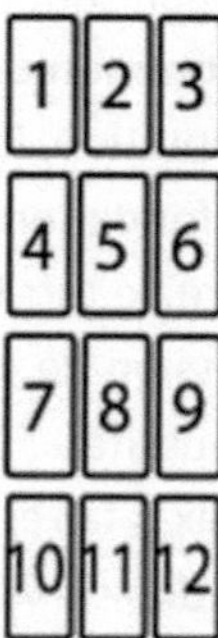

Vous pouvez choisir comme sujet ou comme domaine par exemple :

- Ce qui a incité chaque partenaire à s'engager avec l'autre en fonction de son idéal
- Ce qui incite chaque partenaire à rester avec l'autre
- Le point fort majeur apporté par chaque partenaire
- Ce qui est donné
- Ce qui est reçu de l'autre,
- Le point qui pose problème pour chaque partenaire et qui est à améliorer
- Les espoirs,
- Les craintes
- L'influence de l'environnement
- Ce qu'il est nécessaire de faire pour que la relation s'améliore
- Le corps

- La situation matérielle

- La façon de penser et l'adaptation

- L'environnement familial

- Le cœur et la façon d'aimer

- La santé et les questions pratiques

- Les relations du couple

- La sexualité

- Le travail, la vie spirituelle,

- Les projets,

- Les loisirs

- Sur quoi débouche la relation à court terme

- Sur quoi débouche la relation à long terme

Si vous avez plusieurs jeux de tarots ou si vous souhaitez utiliser les arcanes mineurs pour approfondir un sujet spécifique ou tous les sujets, vous pouvez aussi placer trois cartes pour la femme, trois cartes pour l'homme et une résultante au milieu, pour chaque sujet, comme ci-dessous.

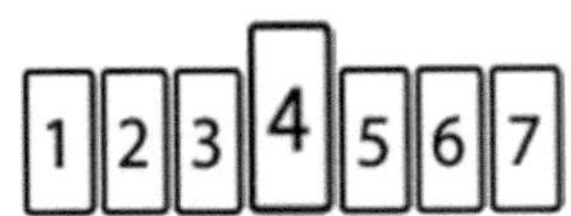

15 – LE TIRAGE ASTROLOGIQUE A DOUZE ARCANES

Ce tirage complet et complexe permet de dresser un bilan complet de la situation présente et de décrire la vie d'une année. Ce tirage couvre une durée d'une année maximum. Il s'effectue sous la forme d'une discussion où il est nécessaire de poser des questions pertinentes et d'obtenir des réponses claires. Il a l'avantage d'être profond et complet. Il permet particulièrement bien de faire des liens entre ce que vous portez à l'intérieur et ce que vous créez dans votre vie à l'extérieur. Vous mélangez les cartes, vous les étalez devant vous face contre table puis vous demandez à la personne d'en choisir douze que vous positionnez comme ci-dessous.

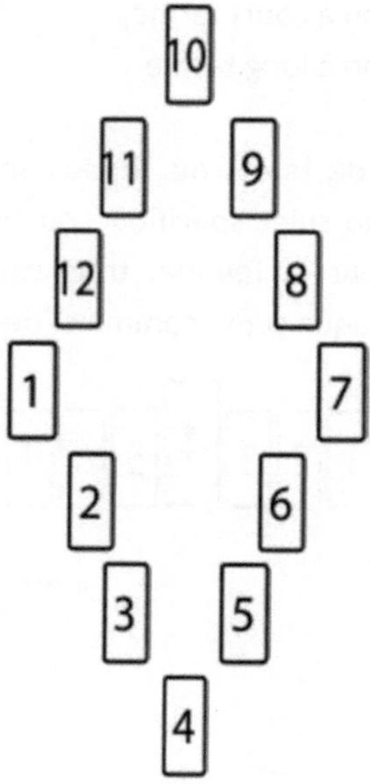

Vous pouvez aussi effectuer ce tirage sous une forme horizontale comme ci-dessous.

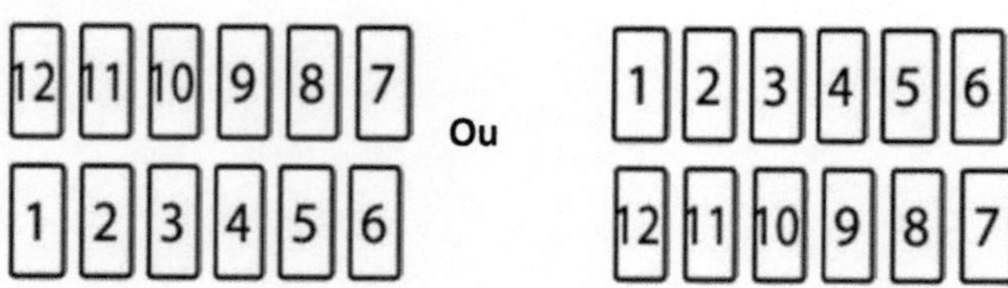

Définition des 12 maisons ou positions :

Maison 1 : Votre état d'esprit et votre situation présente, là d'où vous partez, votre façon de démarrer les choses, votre énergie, votre corps physique, votre tonus psychologique, ce que vous faîtes, votre état d'esprit, votre vision de la vie, vos objectifs, votre façon de vous présenter, de réagir et de vous affirmer, l'image qui est donnée, votre personnalité, vos intentions et vos possibilités.

Maison 2 : Votre relation au corps, au plaisir, à la propriété et à l'argent, votre richesse, les ressources vous permettant de gagner de l'argent, l'argent que vous gagnez par vous-même, votre situation financière, vos habitudes de consommation, votre budget, vos acquisitions, ce que vous possédez, votre sensualité, votre joie, vos plaisirs, votre incarnation dans la matière et comment vous pouvez vous enrichir.

Maison 3 : Votre façon de penser, d'apprendre, d'analyser, de communiquer et de vous adapter à votre environnement, de mettre les choses en forme et de vous mettre en mouvement dans la vie concrète. Votre intelligence fraternelle et commerçante. Votre entourage proche, vos familiers, les nouvelles que vous recevez, votre correspondance, vos écrits, vos petits déplacements, vos frères et sœurs et tout ce qui touche au commerce.

Maison 4 : Votre « chez-vous », votre héritage familial, vos racines, votre façon de trouver le bien-être et la sécurité émotionnelle, votre vie au foyer, votre famille, l'ambiance au foyer et dans votre famille, vos trésors cachés, votre âme, votre patrimoine, votre mère, votre inconscient, votre passé, votre histoire personnelle, votre bien-être, votre façon de vous nourrir, votre début de vie et votre fin de vie. Le père. L'amour et l'éducation de la mère.

Maison 5 : Vos repères, la conscience que vous avez de vous, l'expression de votre pouvoir créateur et de l'amour qu'il y a dans votre cœur, l'amour que vous donnez, votre façon de vous exprimer en tant que centre et de vous valoriser, votre vie sentimentale, vos relations amoureuses, vos créations, votre premier enfant, votre éducation, vos loisirs, vos vacances et comment vous pouvez réussir. L'amour et l'éducation du père.

Maison 6 : Votre intelligence technique, votre santé et votre façon de prendre soin de votre santé, votre adaptation au monde matériel, votre façon de vivre votre travail quotidien et de servir, vos conditions et votre environnement de travail, vos petits soucis quotidiens, vos difficultés répétitives, vos obligations, vos limitations, vos petites contraintes, votre hygiène de vie, vos examens, votre rangement, votre relation aux plantes et aux animaux, votre comptabilité et votre relation aux chiffres.

Maison 7 : Votre façon d'entrer en relation avec autrui, d'être en harmonie et de participer à la civilisation, vos comportements envers les autres, votre couple, votre conjoint(e), vos associations, vos partenaires et associés, vos contrats, vos histoires juridiques, vos rivalités, votre vie sociale, votre vie conjugale, ce que vous recherchez chez les autres, votre antipode, votre défi majeur, votre fidélité ou infidélité, votre façon de créer de l'harmonie et le mariage.

Maison 8 : Votre quête de vérité, votre parcours initiatique, ce qui est occulté ou refoulé chez vous et que vous devez révéler, ce qui doit être transformé, détruit ou évacué en vous, votre part d'ombre et vos angoisses, ce qui vous ensorcelle, votre vérité profonde, le trésor caché qu'il y a en vous, l'argent reçu des autres, vos héritages, vos crises, vos transformations, les changements en vous et dans votre vie, vos profits, votre façon de vivre votre sexualité, vos désirs sexuels, votre vie sexuelle, votre jouissance de l'argent et de la matière, votre relation à la mort et à l'au-delà.

Maison 9 : Votre besoin d'expansion et d'épanouissement, votre façon d'explorer et de trouver votre place dans la société, votre intégration sociale, votre vocation, votre relation à l'espace et à l'éducation, votre adaptation dans l'espace, votre relation au système et à la société, votre façon d'élargir vos horizons et votre vision, vos grands voyages du corps et de l'esprit, vos études supérieures, votre façon d'administrer votre vie, votre vie spirituelle extérieure, votre idéal de vie extérieure, votre philosophie de vie, votre relation à l'étranger et aux personnes étrangères et vos affaires.

Maison 10 : La façon dont votre vie s'organise, votre chemin de réalisation, vos ambitions, votre statut social, votre profession, votre carrière et l'évolution de votre carrière, votre relation avec les administrations et l'état, vos responsabilités, vos ambitions, vos projets à long terme, ce que vous construisez, vos grandes réalisations, votre évolution intérieure, votre élévation, votre leçon de vie majeure, votre évolution vers la sérénité et vers votre vérité profonde. La mère et la Grand-Mère.

Maison 11 : L'expression de votre intelligence psychologique et technologique mais aussi de votre spécificité, l'aide que vous apportez et celle que vous recevez, vos appuis, votre réseau, vos relations amicales, vos expériences de groupe, vos activités en groupe, votre clientèle, vos projets, vos espérances, votre deuxième enfant, votre libération intérieure et vos solutions obligatoires pour vous libérer.

Maison 12 : Votre vie intérieure profonde, les influences de vos mémoires généalogiques et de vos vies passées, ce qui nourrit votre foi, ce qui vous permet de vous évader, ce qui vous enchante, vos souffrances, vos longues maladies, vos trahisons, vos chagrins, vos épreuves majeures, vos lourdes contraintes, les choses secrètes et cachées dans votre vie, votre expérience des hôpitaux, votre capacité à vous intégrer dans le collectif, votre don de voyance, votre santé psychique, votre évolution spirituelle, votre objectif à long terme, votre expérience de la transcendance, vos expériences mystiques, votre conscience cosmique, votre façon de terminer les choses et ce que vous laissez derrière vous.

Définition des maisons ou positions dérivés :

Le concept de maisons dérivées a été développé par les astrologues grecques il y a presque 2000 ans. Il consiste à associer le symbolisme de deux maisons d'une certaine façon. On utilise surtout ce concept pour associer la maison 7 et les autres maisons. La maison 7 représente l'autre, le conjoint, l'époux ou l'épouse. On défini cette maison comme point de départ. Elle devient donc une maison 1 mais la maison 1 de la maison 7, donc du conjoint. La maison 8 devient la maison 2 du conjoint, la maison 9 la maison 3 du conjoint et ainsi de suite. Le point de départ est lié au significateur de la question. Si la question concerne un grand voyage, on prend comme point de départ la maison 9. Si la question concerne les finances, on prend comme point de départ la maison 2. Si la question concerne le développement d'une clientèle, on prend comme point de départ soit la maison 3 soit la maison 11.

Exemple détaillé d'une maison dérivée : La maison 7 du conjoint.

Dans un tirage, le conjoint est représenté par l'arcane en maison 7. Dès lors :

- Maison 7 de la consultante = Maison 1 du conjoint. Elle décrit Le conjoint et comment il s'affirme.

- Maison 8 de la consultante = Maison 2 du conjoint. Sa façon de s'enrichir, sa situation financière, sa contribution financière, les conséquences financières de ce qu'il fait et sa relation au plaisir et à la matière.
- Maison 9 de la consultante = Maison 9 du conjoint. Son entourage, ses frères et sœurs, ses déplacements et sa façon de communiquer.
- Maison 10 de la consultante = Maison 4 du conjoint. Sa famille, ce qui le nourrit, son père, ses comportements au foyer.
- Maison 11 de la consultante = Maison 5 du conjoint. Ses créations, ses enfants, ses comportements amoureux, ce qu'il donne.
- Maison 12 de la consultante = Maison 6 du conjoint. Sa santé, son hygiène de vie, son travail quotidien, sa gestion administrative et ses éventuelles contrariétés.
- Maison 1 de la consultante = Maison 7 du conjoint. Ses relations sociales, sa participation à la civilisation, sa relation à l'art et sa façon de vivre la vie de couple.
- Maison 2 de la consultante = Maison 8 du conjoint. Ses relations à l'au-delà, ses comportements sexuels, ses gros soucis éventuels, ses crises et transformations, ses éventuels héritages, son évolution spirituelle.
- Maison 3 de la consultante = Maison 9 du conjoint. Sa philosophie de vie, son activité professionnelle, ses voyages.
- Maison 4 de la consultante = Maison 10 du conjoint. Sa carrière, son organisation, son image sociale, son évolution.
- Maison 5 de la consultante = Maison 11 du conjoint. Ses relations amicales, ses activités en groupe, l'aide qu'il donne ou qu'il reçoit, ses appuis et soutien, sa libération.
- Maison 6 de la consultante = Maison 12 du conjoint. Sa foi, ses souffrances, ses épreuves ou sa transcendance, ses fortes contrariétés ou maladies éventuelles ou son évolution spirituelle.

On peut aussi utiliser cette technique pour l'argent (point de départ = maison 2), pour les frères et sœurs ou les écrits (point de départ = maison 3), pour le foyer ou le père, (point de départ= maison 4), pour un enfant ou une création (point de départ= maison 5), pour la santé (point de départ = maison 6), pour une transformation ou un héritage (point de départ = maison 8), pour la vie professionnelle (point de départ = maison 9), pour la carrière ou la mère (point de départ = maison 10), pour un projet, une relation amicale ou le futur (point de départ = maison 11) ou pour une longue maladie ou pour l'évolution spirituelle (point de départ = maison 12).

Exemples : Le père est représenté par la maison 4. La maison 5 (maison 2 à partir de la maison 4) renseigne sur l'argent du père, la maison 6 (maison 3 à partir de la maison 4) renseigne sur les frères et sœurs du père, la maison 7 (maison 4 à partir de la maison 4) renseigne sur le père du père, la maison 9 (maison 6 à partir de la maison 4) renseigne sur la santé du père, la maison 2 (maison 11 à partir de la maison 4) renseigne sur les amis et appuis du père, la maison 3 (maison 13 à partir de la maison 4) renseigne sur les épreuves et l'évolution spirituelle du père et ainsi de suite.

Procédure d'analyse du tirage :

Ce tirage peut être effectué avec plusieurs niveaux de complexité.

Premier niveau :

- Vous analysez en premier les arcanes présents dans les maisons les plus importantes du tirage, les maisons 1-4-7-10. Elles décrivent les quatre pierres angulaires que sont le consultant, son foyer, son conjoint et sa carrière. Elles vous donnent un indicateur du degré plus ou moins dynamique du tirage.

- Vous calculez ensuite le total des arcanes dans ces quatre maisons. Cela décrit l'ambiance de la période concernée, vous donne une synthèse générale et peut donner une importance plus grande à l'une des douze maisons si l'arcane que vous obtenez est identique à celui présent dans une autre maison.

- Vous repérez les lames positives, négatives et neutres.

- Vous analysez ensuite les arcanes dans les autres maisons. Cette analyse doit être effectuée premièrement en interprétant chaque arcane en maison. Soit c'est l'arcane qui va aider et coloré la maison, soit c'est la maison qui va aider l'arcane à s'exprimer.

- Quand vous analysez un arcane en maison vous évaluez si les valeurs de l'arcane de la maison sont semblables, similaires, totalement différentes voire incompatibles. Vous repérez si un arcane en lien avec le significateur de la maison est dans « sa » maison, c'est-à-dire dans la maison qui se rapproche le plus de la signification symbolique de l'arcane (exemple : Impératrice en M3, Pape en M9). Sa force sera plus conséquente. Cela génère un facteur chance de part une maîtrise de la maison.

- Vous observez ensuite où est représenté(e) le/la consultant(e). La maison concernée aura une grande importance dans les mois à venir. Si le/la consultant(e) n'apparaît pas, vous pouvez supposer que la personne dirigera de façon inconsciente son année.

Second niveau :

- Ensuite, vous pouvez analyser les axes en prenant en compte la maison opposée, aussi appelée maison miroir (Maison 1 et maison 7 et inversement Maison 7 et Maison 1, maison 2 et maison 8 et inversement Maison 8 et Maison 2, maison 3 et maison 9 et inversement Maison 9 et Maison 3, maison 4 et maison 10 et inversement Maison 10 et Maison 4, maison 5 et maison 11 et inversement Maison 11 et Maison 5, maison 6 et maison 12 et inversement Maison 12 et Maison 6). Un arcane tend à évoluer vers sa maison opposée. Un arcane dans une maison opposée donne des informations sur l'avenir donc sur le futur d'un arcane en maison. Une maison peut être renforcée ou affaiblie selon son miroir.

- Vous pouvez ensuite effectuer une synthèse des axes 1-7/2-8/3-9/4-10-5-11/6-12 en tenant compte du symbolisme similaire ou différent des arcanes dans les couple de maisons. Vous pouvez aussi additionner les arcanes dans les maisons opposées pour obtenir un arcane occulte qui résume l'axe.

- Vous pouvez enfin analyser chaque lame en la comparant avec ses lames environnantes. L'arcane en position 1 peut ainsi être analysé avec les arcanes en maison 2, 11 et 12. L'arcane en position 2 peut être analysé avec les arcanes en maison 1, 3, 10, 11 et 12. Associer plusieurs arcanes nécessite de très bien connaitre les mots clefs de chaque arcane. Vous construisez alors des phases en associant les mots clefs des différents arcanes, en lien avec ce que représente la maison concernée. C'est un peu comme si « l'arcane voisine » rendait visite à la maison concernée et apportait son énergie. Il y a trois exemples d'analyse des arcanes environnantes dans le tirage de Léa, quelques paragraphes plus loin. Vous pouvez analyser plusieurs maisons pour traiter des thèmes spécifiques, comme les maisons 4,5 et 7 pour la vie sentimentale, la maison 6, la maison 9 et la maison 10 pour la vie professionnelle, les maisons 6,8 et 12 pour la santé et les maisons 8,9 et 12 pour la vie spirituelle. Vous pouvez également effectuer le total des arcanes dans les maisons 1,5 et 9 pour analyser l'énergie et la créativité du consultant pour la période considérée. Vous pouvez effectuer le total des arcanes dans les maisons 2,6 et 10 pour analyser les réalisations matérielles et professionnelles du consultant pour la période considérée. Vous pouvez aussi effectuer le total des arcanes dans les maisons 3,7 et 11 pour analyser la vie relationnelle du consultant pour la période considérée. Vous pouvez enfin effectuer le total des arcanes dans les maisons 4,8 et 12 pour analyser la vie émotionnelle du consultant pour la période considérée.

- Vous pouvez finalement utiliser les maisons dérivées pour analyser des questions spécifiques. Si les informations ne sont pas complètes, vous pouvez placer un arcane mineur à côté de l'arcane majeur. Vous pouvez aussi pratiquer un tirage en croix, domaine par domaine.

Exemple : Léa, la cinquantaine, vient me voir et me demande d'effectuer un tirage astrologique. Elle est psychomotricienne en hôpital gériatrique à mi temps et travaille dans son cabinet en tant que praticienne en Médecine Traditionnelle Chinoise. Son compagnon Théo souhaite également effectuer un tirage astrologique. Il a également la cinquantaine. Il est traducteur, consultant et écrivain.

Voici le tirage de Léa et une interprétation résumée : Chaque point interprété peut l'être en analysant les tendances comportementales, les besoins et les événements possibles.

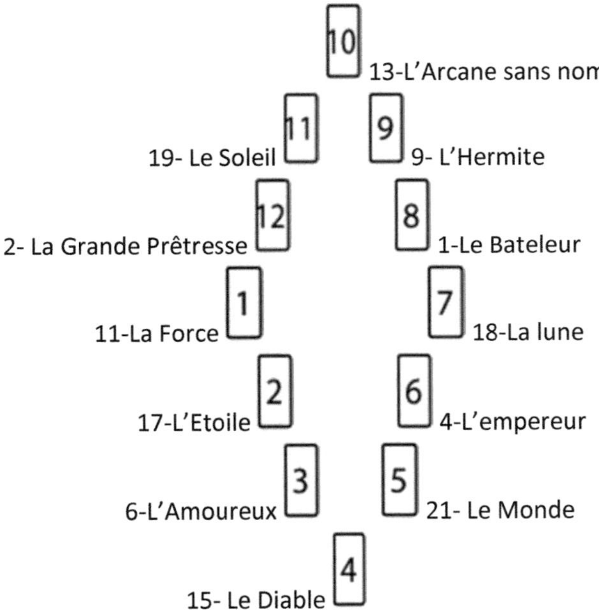

Voici pour rappel la structure du tirage en version horizontale

La Force en maison 1 : Léa est une personne volontariste avec beaucoup de cœur. Elle sait ce qu'elle veut, se fixe des objectifs et fait ce qu'il faut pour maîtriser les situations. En tant que psychomotricienne et praticienne en MTC, elle travaille beaucoup sur le corps. Elle doit veiller à prendre soin de son énergie afin de ne pas s'épuiser.

Exemple d'analyse des arcanes environnants : Cela indique que Léa est à la fois une personne volontaire (11) très secrète (2) joyeuse (19) et heureuse de vivre (17).

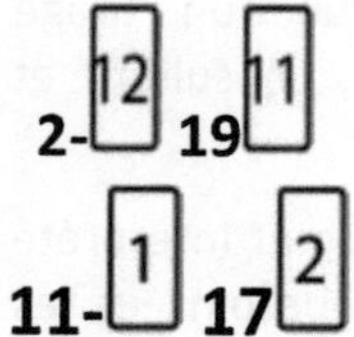

Le Diable en maison 4 : Après échange, Léa me confirme qu'elle est viscéralement attachée à son domicile, qu'il y a un ravalement de façade prévu ainsi que d'autres travaux dans son immeuble et que la facture risque d'être salée.

La Lune en maison 7 : La Lune indique la nécessité de savoir se ressourcer. Elle décrit aussi le conjoint de Léa, Théo et leur relation, où il y a de riches échanges émotionnels.

L'arcane sans nom en maison 10 : Cet arcane laisse présager de grands changements durant l'année. Elle indique aussi que l'une des activités de Léa, l'acupuncture, qui est l'une des cinq branches de la Médecine Traditionnelle Chinoise, risque d'être dominante durant l'année à venir. Léa souhaite à terme quitter la structure gériatrique qui l'emploie pour être entièrement à son compte. L'arcane sans Nom et le Diable dans l'axe parental peut indiquer que Léa est très préoccupée par la situation et la santé de ses parents.

Le total des quatre arcanes (11+15+18+13=57=12). Ce qui est au cœur de l'année, ce sont les activités de Léa qui consiste à soulager les souffrances et les misères du monde.

L'Etoile en maison 2 : Cela décrit la bonne situation financière de Léa et sa capacité à générer une certaine abondance.

Exemple d'analyse des arcanes environnants : L'Etoile en maison 2 indique la bonne situation financière de Léa. Construisons des phrases avec les mots clefs des différents arcanes. Par ses nombreuses initiatives (arcane 11) et la maîtrise (arcane 11) de ses savoirs (arcane 2) Léa fait passer l'état des personnes qui viennent la voir de la douleur (arcane 13) à la joie (arcane 6). Son efficacité (arcane 11) est reconnue (arcane 19). Ses compétences (arcane 11) et son intelligence relationnelle (arcane 6) lui permettent de générer l'abondance (maison 2) dans sa vie (arcane 17).

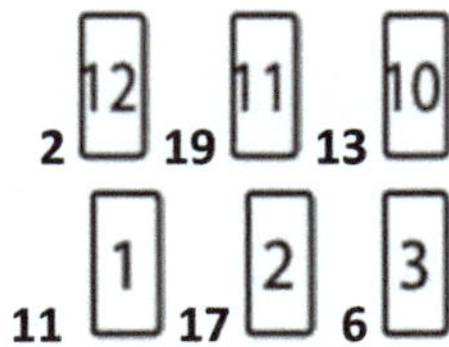

L'Amoureux en maison 3 : Cela décrit une intense activité relationnelle au sein de l'environnement, les riches échanges intellectuels qu'elle vit au sein de son couple et beaucoup de déplacements pour sa vie sociale.

Le Monde en maison 5 : Cela décrit une relation amoureuse épanouissante et complète ainsi qu'un voyage avec son amoureux.

L'Empereur en maison 6 : Léa a construit et consolide sa situation professionnelle et développe une certaine assise. Elle doit par contre faire attention à ne pas trop travailler et éviter le surmenage.

Le Bateleur en maison 8 : Après échange, Léa m'a confirmé qu'elle souhaite démarrer une nouvelle activité en lien avec l'énergétique et que cela l'enthousiasme. Elle me confirme qu'elle a parfois des maux (maison 8) de tête (arcane1) et des petites inflammations (arcane 1) mais qu'elle parvient rapidement à se soigner grâce à l'acupuncture.

L'Hermite en maison 9 : L'Hermite dans la maison de la vie professionnelle et des voyages évoque un chantier, des études ou un long voyage d'étude. Léa approfondit en effet ses compétences et compte partir un mois en Chine. L'Hermite indique que Léa va sans doute prendre de la distance par rapport à son lieu de travail actuel et certainement quitter l'hôpital où elle travaille. Cela se fera quand tout le chemin aura été parcouru, au bon moment.

Le Soleil en maison 11 : Le Soleil en maison 11 indique que Léa consacre l'essentiel de son énergie à aider les autres et à des activités en groupe et qu'elle vit de belles relations amicales. Cet arcane évoque un futur ensoleillé et un désir de travailler un peu plus avec des enfants.

La Grande-Prêtresse en maison 12 : C'est l'arcane qui représente l'activité et l'engagement de Léa. La Maison 12 correspond à l'arcane du Pendu, à la maladie, aux soins et à la capacité à soulager les souffrances.
Question : Léa me demande comment va évoluer sa vie professionnelle.

Exemple d'analyse des arcanes environnants : Cela indique que Léa travaille beaucoup sur les structures (arcane 9) qu'elle remet les gens en mouvement (13) en transformant les situations, qu'elle a de très bon résultats (19) et qu'elle redonne de l'espoir aux gens qu'elle soigne (17). Elle confirme qu'elle est très appréciée dans son environnement et que son travail lui plait (6) même s'il y a quelques personnes négatives (15).

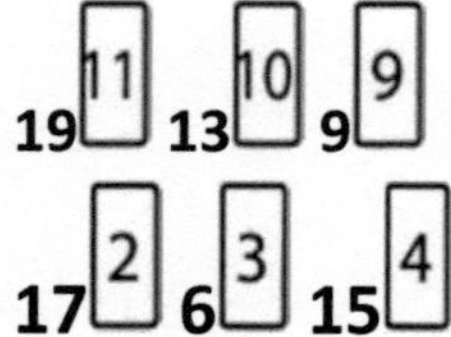

Analyse de l'arcane opposé : La vie professionnelle est représentée par la maison 9 ou se trouve l'Hermite. Elle me confirme que le travail à l'hôpital gériatrique est parfois un peu pesant. Il y a l'amoureux en maison 3, dans la maison opposée. Léa va donc faire un choix et aller vers une situation plus agréable, avec plus de relationnel et moins de travail sur les structures. C'est effectivement ce qu'elle souhaite. L'activité est représentée par la maison 1 où se trouve la Force. La Lune en maison 7 indique une évolution de l'activité au sein d'une structure beaucoup plus intime comme un cabinet privé.

Voici le tirage de Théo et une interprétation résumée :

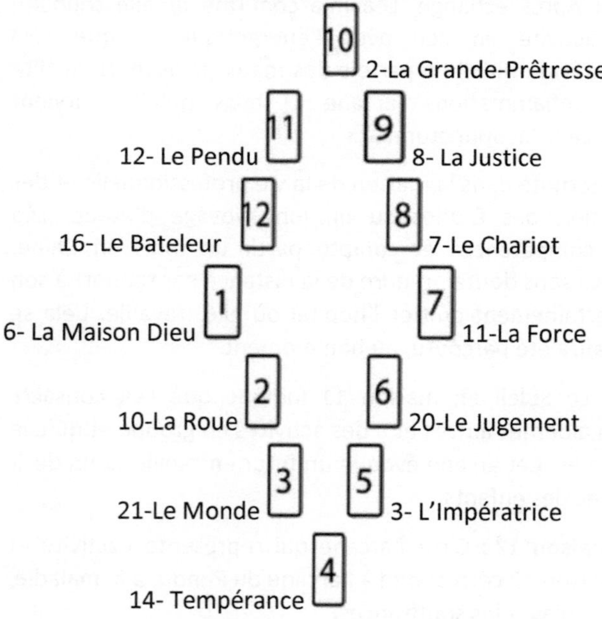

Voici pour rappel la structure du tirage en version horizontale

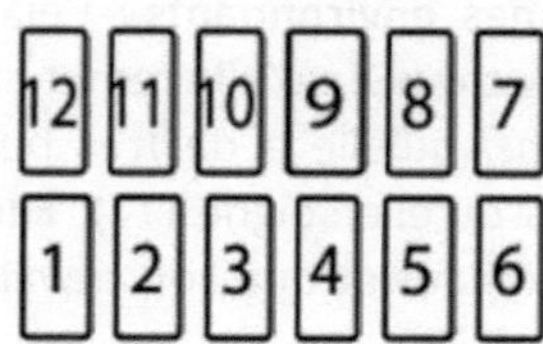

La Maison Dieu en maison 1 : Théo est un personnage complexe, à la fois très intériorisé, profond, pertinent, toujours un peu en chantier, avec un côté parfois révolté et explosif et une vive intelligence à la fois linguistique, psychologique et technologique. Il doit veiller à éviter de trop s'enfermer dans sa tour.

Exemple d'analyse des arcanes environnants : Cela indique que Théo est à la fois une personne très intériorisée (16) dynamique et jeune d'esprit (1) méditative et inspirée (12) et aussi très cérébral (10).

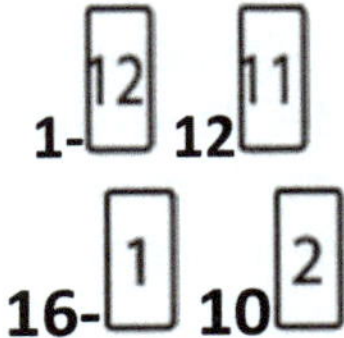

Tempérance en maison 4 : Théo recherche au foyer tranquillité et sérénité. Il apprécie beaucoup de recevoir des groupes d'ami(e)s. Il travaille beaucoup chez lui avec internet comme outil de travail.

La Force en maison 7 : La Force en maison 7 décrit la compagne de Théo, Léa, une femme énergique et passionnée, avec qui il entretient une relation forte et une relation de cœur. Elle décrit aussi ses comportements relationnels qui sont francs et passionnés. Il gagnerait parfois à être plus diplomate.

La Grande-Prêtresse maison 10 : La Grande Prêtresse en maison 10 évoque les livres que Théo a écrit et ceux qu'il est en train d'écrire. Elle indique que beaucoup de choses dans la vie de Théo sont en préparation et en train d'accoucher

Le total des quatre arcanes (16+14+11+2=43=7). Ce qui est au cœur de l'année, ce sont les nombreuses démarches que Théo effectue pour développer son activité et sa petite entreprise de conseil. L'arcane 7 est également présent dans la maison 8, ce qui signifie que cette maison sera mise en valeur durant la période du tirage. La maison 8 est la maison des changements et des transformations. L'année correspondant au tirage risque donc d'être riche en changements.

La Roue de Fortune en maison 2 : Elle montre que Théo gagne sa vie grâce à son intelligence, sa pertinence et son adaptabilité. Elle suggère une évolution graduelle et logique de sa situation financière.

Exemple d'analyse des arcanes environnants : Théo génère de la richesse grâce à son intelligence (arcane 10), grâce à ses activités de conseil (arcane 16), grâce à ses activités de traducteur et à ses formations (arcane 21) et grâce à ses livres (arcane 2).

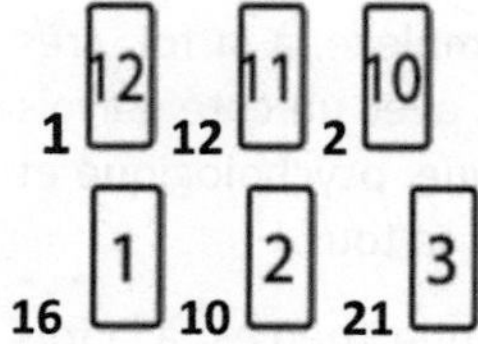

Le Monde en maison 3 : Cela décrit le travail de traducteur de Théo ainsi que la traduction de ses livres dans différentes langues étrangères.

L'Impératrice en maison 5 : La maison 5 symbolise les créations et l'Impératrice la communication. Théo a écrit une dizaine de livres et effectue des démarches pour les faire connaitre auprès des libraires. La maison 5 représente l'amour et Théo confirme l'importance de la communication et des échanges intellectuels dans sa relation avec Léa.

Le Jugement en maison 6 : Dans ses différentes activités toutes basées sur la communication, Théo apporte des messages qui génèrent des transformations. Il anime également des conférences et des stages.

Le Chariot en maison 8 : La maison 8 est entre autre celle des difficultés. Après échange, Théo me confirme qu'il a régulièrement des difficultés motrices au niveau des hanches.

La Justice en maison 9 : La Justice dans la maison de la vie professionnelle et des voyages évoque une recherche d'équilibre, des associations et la relation avec les administrations. Elle évoque une conscience des structures, des lois du monde et de l'univers et des prises de conscience quand aux conséquences des actions effectuées. Après échange, Théo évoque son projet de changer de statut juridique au cours des douze prochains mois, ces nombreuses interventions en milieu associatif, sa passion pour les civilisations (arcane de la justice) étrangères (maison 9) et comment une partie de ses activités contribue à rééquilibrer ce qui était déséquilibré.

Le Pendu en Maison 11 : Le Pendu en maison 11 indique que ce qui aide surtout Théo, ce sont ses inspirations, ses recherches spirituelles, sa foi et sa capacité à accepter les situations et les gens comme ils se présentent. Cet arcane évoque un futur axé sur la vie spirituelle. Théo m'indique qu'il aimerait pouvoir s'investir plus pour contribuer à soulager les souffrances et les misères du monde.

Le Bateleur en maison 12 : La maison 12 correspond aux épreuves et aux souffrances mais aussi à ce qui est une source de rêve, d'évasion, d'enchantement et d'évolution spirituelle. Le Bateleur symbolise l'énergie, le démarrage de nouvelles activités, l'action et ses outils nécessaires pour obtenir des résultats. Après échange, Théo a confirmé que les thèmes de l'énergie et de la motivation ont toujours été des épreuves pour lui et que son rêve est de créer des outils qui débouchent sur une évolution spirituelle et qui contribuent à soulager les souffrances et les misères du monde.

Question : Théo me demande ce qu'il peut faire pour faire évoluer son activité professionnelle.

Exemple d'analyse des arcanes environnants : L'activité professionnelle et l'expansion sont représentées par la maison 9. C'est en préparant ses projets avec le plus grand soin et en permettant aux choses d'accoucher (arcane 2), en prenant son Chariot et en allant frapper à différentes portes, en effectuant des démarches, en travaillant avec des entreprises (arcane 7), en travaillant sur sa communication (maison 3) et en développant son réseau (arcane 14) et ses liens avec l'étranger (arcane 21) que Théo peut générer une expansion de son activité professionnelle.

Analyse de l'arcane opposé : La vie professionnelle est représentée par la maison 9 ou se trouve la Justice et par la maison 10 ou se trouve la Grande-Prêtresse. Cela indique que les nombreuses activités associatives (arcane 8) vont prendre de l'ampleur et déboucher sur des voyages et des liens avec l'étranger (arcane 21) tandis que les livres de Théo (arcane 2) aideront beaucoup les personnes qui les liront (arcane 14).

16 – TIRAGE ANNUEL A DOUZE ARCANES

Vous pouvez également effectuer un tirage annuel sur 12 mois, en choisissant une carte par mois en les étalant comme suit. Vous pouvez aussi compléter avec 12 arcanes mineurs qui sont placées sous les arcanes majeurs. L'interprétation est similaire au tirage cinéma ou JFK vu précédemment.

Conclusion : Ces différents tirages vous permettent d'avoir une vision globale et synthétique du monde de la tarologie mais aussi de créer votre propre tirage.

Annexe : Exemple de parcours de développement personnel thérapeutique.

Cycle 1 : Réintégrer les 10 grandes puissances de votre âme :

Introduction : Questions à vous poser : Qu'est ce qu'il y a ici et maintenant ? Qu'avez-vous besoin de conscientiser, de travailler et de réharmoniser ? Où avez-vous besoin de mettre de l'attention, de l'amour et de la maîtrise ? Quel est votre objectif ?

- Quel chemin a parcouru l'âme qui est en vous et que vous êtes ?
- Quelles qualités avez-vous développées ?
- Quel est votre but dans cette vie ?
- Quelle part de votre mission est déjà réalisée ?
- Que vous reste-t-il à faire ?
- Que devez-vous faire pour le réaliser ?

Objectif principal : Connaissance de votre plan d'âme, de votre projet de vie, de votre structure psychologique et de votre plan d'évolution avec :

- Votre Diamant de Naissance ou plan d'évolution
- Votre thème astral approfondi
- En option : Votre thème Maya

Livres conseillés d'Eric Jackson Perrin

Livre 1 : Le Tarot Eternel
Livre 2 : Le Diamant de Naissance
Livre 3 : Les bases de l'astrologie
Livre 4 : Maîtriser l'analyse et l'interprétation du thème astrologique
Livre 5 : Les mystères de l'astrologie Maya
Livre 6 : Le chemin de votre vérité profonde

Objectifs secondaires : Conscience de ce que vous créez dans votre vie. Travail sur la réintégration de vos planètes, avec mise en place d'objectifs dans chaque domaine de votre vie, soit concrètement :

1- Votre fonction bien-être (Lune) : Travail sur votre naissance, vos parents, vos mémoires, vos émotions et votre bien-être. Travail avec le rêve éveillé libre ou le rêve éveillé astrologique.

Pour développer votre bien-être :

Livres : Emotions mode d'emploi. Christel Petitcollin et le rêve éveillé libre de Georges Romey.

- **Exemple de méditation guidée :** Le voyage dans le lieu des mémoires (personnelles, familiales ou mémoires de vies passées).

    - Travail sur l'alimentation et sur l'eau : Consommer des légumes et des fruits (kiwi, goji, cacao) et osmoser, réinformer et vortexer votre eau.

    - Travail avec le rêve : Rêve éveillé et le rêve éveillé astrologique.

2- Vos fonctions de réussite (Soleil et Mars) : Travail sur votre énergie, votre vitalité, votre présence, vos valeurs, votre identité, votre estime de soi, votre amour et vos capacités créatrices. Travail sur votre motivation, votre confiance en vous, votre affirmation de soi, votre capacité à prendre une décision et à passer à l'action.

Livres recommandés pour réussir :

    Livre 1 : Wake up par Christine Lewiki

    Livre 2 : Manuel des chakras par Shalila Sharamon

    Livre 3 : Les onze lois de la réussite par Anthony Robbins

    Livre 4 : L'éveil de votre puissance intérieure Anthony Robbins

    Livre 5 : Votre mission de vie par Dan Millmann

    Livre 6 : Le pouvoir du moment présent par Eckhart Tollé

    Livre 7 : Le livre de l'art royal par Bô Yin Râ

Diverses séances de coaching que vous pouvez effectuer :

    Séance 1 : La sphère de vos objectifs

    Séance 2 : Passer de votre rêve à votre réalité

    Séance 3 : Gérer votre saboteur

    Séance 4 : Rencontrer et questionner votre guide

    Séance 5 : Ancrer votre confiance en vous

    Séance 6 : Découvrir votre film de vie

    Séance 7 : Faire un collage pour voir votre passé/présent/futur

    Séance 8 : Rencontrer le meilleur de vous-même

    Séance 9 : Ecrire votre testament

    Séance 10 : Apprendre à méditer

3- Votre fonction d'adaptation et de communication (Mercure) : Travail sur votre communication et votre adaptation.

Livres pour communiquer efficacement et humainement :

    Livre 1 : Le petit prince par Antoine de Saint Exupery

    Livre 2 : Les 4 accords Toltèques par Don Miguel Ruiz

    Livre 3 : La communication non violente par B.Rosenberg

    Livre 4 : Comment se faire des ami(e)s par Dale Carnegie

    Livre 5 : Actualisez votre potentiel avec le MKT de réseau par John Kallench

4- Votre fonction de vie et de lien dans la matière (Vénus) : Travail sur votre joie, votre plaisir, votre bonheur, votre relation à l'argent et à l'abondance (Vénus matière). Votre couple intérieur et extérieur, votre équilibre, votre harmonie. (Vénus aérienne).

Livres pour créer une vie de couple harmonieuse :

Livre 1 : Comment trouver l'âme sœur et la garder par Anne Teachworth
Livre 2 : La puissance de l'amour par Raphael Payeur
Livre 3 : La sainte folie du couple par Paule Salomon
Livre 4 : Le Mariage par Bô Yin Râ
Livre 5 : Faire l'amour de manière divine par Barry Long
Livre 6 : Le livre du bonheur par Bô Yin Râ
Livre 7 : Esprit et forme par Bô Yin Râ
Livre 8 : Les femmes viennent de Vénus par John Gray
Livre 9 : Psychologie de la vie conjugale par Roger Mucchielli

5- Votre fonction d'épanouissement dans le monde (Jupiter) : Travail sur votre place en ce monde, votre intégration sociale, votre autorité, votre épanouissement, votre expansion et votre abondance.

Lectures pour créer l'abondance dans votre vie :

Livre 1 : Votre mission de vie par Dan Millmann
Livre 2 : Psychologie de la relation d'autorité par Roger Mucchielli
Livre 3 : Les 7 plumes de l'aigle par Henri Gougaud
Livre 4 : Les enseignements de Don Carlos par Victor Sanchez
Livre 5 : Techniques de visualisation créatrice par Shakti Gawain
Livre 6 : Les constellations d'abondance par Sarah Le chevalier
Livre 7 : Devenez la source de votre abondance par Sanaya Roman
Livre 8 : Osez devenir riche par Nathalie Cariou
Livre 9 : Comment attirer l'argent et l'abondance par Mary Laure Teyssedre

6 - Votre fonction de cheminement vers votre vérité profonde (Saturne) : Travail sur vos questions, votre évolution, votre pratique de la méditation, votre cheminement vers la sérénité et la réalisation de votre projet de vie.

Propositions de lectures pour prendre conscience de l'ordre du monde.

Livre 1 : Le hasard n'existe pas par K.O Schmidt
Livre 2 : Les secrets de l'âme par William Buhlmann
Livre 3/4 : Le livre du Dieu Vivant et Le but suprême par Bô Yin Râ

7- Votre fonction de libération (Uranus) : Travail sur votre libération, votre contribution au plan des anges, votre aide, vos relations amicales et votre relation à la liberté.

Propositions de lectures pour développer la fonction de thérapeute en vous :

Livre 1 : L'origine des problèmes et leurs solutions par Gérard Perrin
Livre 2 : De la thérapie à l'initiation par Gérard Perrin
Livre 3 : Désagrégation des traumatismes hérités par Philippe Palem
Livre 4 : Le décodage intuitif par Sylvain Belanger
Livre 5 : Les guérisseurs russes par Petra Naumayer
Livre 6 : Les grandes victoires de la psychologie par Pierre Daco
Livre 7 : Psychologie par Jean Delay
Livre 8 : La relation d'aide par Carl Rogers
Livre 9 : Dialectique du moi et de l'inconscient par Carl G Jung
Livre 10 : Le choix de la liberté par Richard Bandler
Livre 11 : Espoir et résilience par Dan Short

Propositions de lectures pour devenir acquérir plus de liberté :

Livre 1 : Jonathan Livingston le Goéland par Richard Bach
Livre 2 : Le fantôme de la liberté par Bô Yin Râ

8- Votre fonction de transcendance ou de communion avec le divin (Neptune) : Travail sur l'intégration de vos mémoires généalogiques et de vos vies passées, sur votre foi, votre communion avec le grand tout, votre amour inconditionnel et votre expérience de la présence divine.

Propositions de lectures pour accéder au sacré et communier avec l'amour :

Livre 1 : Le Prophète par Kalil Gibran
Livre 2 : La prophétie des Andes par James Redfield
Livre 3 : Autobiographie d'un yogi par Yogananda
Livre 4 : La vie des Maîtres par Baird Spalding
Livre 5 : Conscience et absolu et Je Suis par Nissargadatta Maharaj

9- Votre fonction de transformation et de préparation à votre vie future dans l'au-delà (Pluton) : Travail sur votre vouloir le plus profond, vos pulsions archaïques, vos combats pour la lumière, Vos transformations, votre gestion du saboteur, votre relation à la sexualité et votre relation à l'au-delà.

Propositions de lectures pour sortir de la matrice et prendre conscience de l'au-delà :

Livre 1 : Oscar et la dame rose par Eric Schmitt
Livre 2 : Les thanathonautes et l'empire des anges par Bernard Weber
Livre 3 : Le livre de l'au-delà par Bô Yin Râ
Livre 4 : 40 années d'expériences de sorties hors du corps par Akhena
Livre 5 : Le voyage hors du corps par Robert Monroe
Livre 6 : Voyage au delà du corps par William Buhlmann
Livre 7 : 0,001% par Marc Auburn

Livre 8 : La dixième prophétie par James Redfield

Cycle 2 : Guérison de vos blessures d'âme et Travail sur les mémoires (mémoires émotionnelles, mémoires généalogiques et mémoires de vies passées).

Propositions de lectures et constitution de votre arbre généalogique puis constellations familiales à faire :

Livre 1 : Les cinq blessures qui empêchent d'être soi-même par Lise Bourbeau
Livre 2 : Ces histoires qui guérissent par Louis Mehl-Madrona
Livre 3 : Bienheureuse maladie par Bruno Repetto
Livre 4 : Comment paye-t-on les fautes de ses ancêtres par Nina Canault
Livre 5 : Psychogénéalogie appliquée par Paola del Castillo
Livre 6 : Constellations familiales de Bert Hellinger
Livre 7 : Aïe mes aïeux par Anne Ancelin

Découvertes et pratique des techniques suivantes auprès de spécialistes : KINESIOLOGIE, EFT (Emotional Freedom Technique), GTS, EMDR-DECEMO, THE WORK, NEURO-TRAINING.
Rêve éveillé libre et rêve éveillé astrologique.

Cycle 3 : Pratique de la respiration : Pratique d'une technique de respiration consciente. Exemple : Stage de base de la fondation « Art de vivre » (voir site artdevivre.fr) et technique de yoga « Sudharshan Kriya yoga ».

Cycle 4 : Pratique de la méditation et du silence intérieur : Intégrer les chapitres 9 et 10 sur « la méditation » et » la méditation des cycles » puis pratiquer la méditation.

Cycle 5 : Travail corporel :

- Pratique des chants sacrés.
- Pratique de la danse des cinq rythmes ou de la Biodanza
- Massage et rééquilibrage énergétique avec la Médecine Traditionnelle chinoise et/ou la Médecine Ayurvédique.
- Pratique de la marche et du Tai Chi
- Pratique d'une activité corporelle qui vous convienne

Cycle 6 : Gestion de projet.

- Définition de votre projet de vie et de votre projet d'évolution
- Mise en place d'actions pour avancer.
- Reconnaissance et célébration de votre réussite.
- Travail en réseau pour faire avancer l'humanité vers sa libération

Vous pouvez vous-même créer votre propre parcours en fonction de vos inspirations et en fonction de ce que vous sentez juste pour vous. Le parcours qui est juste vous emmène vers plus de joie et vers plus de sérénité. Il vous donne la sensation de cheminer sur un sol solide.

■■■

Conclusion du livre : J'espère que ce livre atypique vous permettra d'ouvrir de nouvelles portes, de progresser et d'accéder à d'autres dimensions dans votre vision et votre utilisation du Tarot.

****

Remerciements

Ce livre a pu se faire grâce à l'intervention de différentes personnes qui m'ont fait découvrir le Tarot, qui m'ont aidé à en comprendre les structures et la profondeur et qui m'on permis de développer une pratique intuitive profonde.

Avec amour et gratitude, je remercie :

Daniel Jackson, Marie-Christine Jackson et Marguerite Bennasar
Nephtys
Jean-François Kermoyan
Denis, Corinne, Nathalie et Hélène
Nadine Kaiser
Bruno de Nys
Carole Sautier et Marie-Hélène Laugier

****

Bibliographie :

Le Tarot vous parle
Alexis Tournier

Le livre de l'Art Royal
Le livre du bonheur
Le livre du Dieu Vivant
Le mystère du Golgotha
Bô Yin Râ

Le Tarot Méthode complète
Bruno De Nys

Le Tarot qui guérit et ABC du Tarot
Colette Sylvestre

Le Tarot de Marseille
Emilie Porte

Le tirage en croix illustré en 72 exemples
Jean-François Kermoyan

The tarot, History, Symbolism and divination
Robert M. Place

Méditations sur les 22 arcanes du tarot
Valentin Tomberg

Etudes proposées en Développement Personnel

Outils de conscience

Votre Diamant de Naissance

En tant qu'être humain créé par la Source, vous êtes un Diamant qui ne demande qu'à briller ! Pour cela, il est nécessaire de polir, c'est à dire de prendre conscience, puis d'exprimer chacune de ces facettes ! Véritable outil de connaissance de soi, ce « Thème astronumérologique », basé sur votre nom+prénom+date de naissance, vous révèle dans toutes vos dimensions, à travers 24 facettes de votre être. Etude d'environ 70 pages. Tarif PDF envoyé par mail : 60 € Tarif Version papier : 80 €.
Consultation de 02h00 : 70 €.

Votre Thème Astral Approfondi

Votre thème de naissance représente la structure et le cheminement de votre âme, mais aussi ce qu'elle a choisi de rencontrer comme expériences. Axé sur la dimension psychologique et karmique, ce thème astral révèle votre structure, vos fonctionnements, vos atouts, vos contradictions et vos possibilités d'expression. Il vous aide à comprendre certaines difficultés et schémas de vie répétitifs, afin de les résoudre. Etude d'environ 120 pages. Tarif PDF envoyé par mail : 60 €. Tarif Version papier : 80 €.
Consultation de 02h00 : 70 €.

Votre Thème annuel

Chaque année (à la date de votre anniversaire), un nouveau thème se dessine pour vous…c'est votre Révolution solaire (nouvel ascendant, nouvelles configurations planétaires). Elle est le paysage de votre année, avec ses propositions, ses potentialités à exprimer, ses difficultés à transcender. Cette étude offre un éclairage sur votre année. Elle vous aide à l'optimiser et à lui donner du sens. Etude d'environ 15 pages. Tarif PDF envoyé par mail : 30 €. Tarif Version papier : 50 €. Consultation de 02h00 : 70 €.

Votre Thème Maya

« L'homme est un Dieu qui se souvient des cieux ». Document unique en France, ce Thème Maya vous offre une vision surprenante de vous-même et de votre vie, une vision d'un autre espace-temps ! Il décrit votre projet de vie ou l'intention principale de votre incarnation puis votre chemin sacré pour retourner au centre de vous-même, à la Source. Cette étude est établie selon le calendrier traditionnel Maya et selon le calendrier des 13 lunes. Etude d'environ 50 pages. Tarif PDF envoyé par mail : 60 € Tarif Version papier : 70 €.

http://www.coaching-evolution.net   06 62 51 32 26